通用新闻写作精编

阎 杰 高鸿雁 杨 旭 编著

内容提要

新闻写作为新闻传播提供文本，是一个非常重要的基础性环节。本书概述新闻的基本框架，具体讲解消息、通讯、特写、专访、调查报告、采访札记、新闻评论、特稿、报告文学、信函、新闻资料等通用新闻的写作规范，并提供大量最新范文，对新闻写作有很强的指导性。本书适用于广大新闻工作者和新闻爱好者，也可作为各类学校相关专业的教材和学习参考书。

图书在版编目（CIP）数据

通用新闻写作精编/阎杰，高鸿雁，杨旭编著. —
北京：气象出版社，2016.4（2019.12 重印）
ISBN 978-7-5029-6338-5

Ⅰ.①通… Ⅱ.①阎… ②高… ③杨… Ⅲ.①新闻写作 Ⅳ.①G212.2

中国版本图书馆 CIP 数据核字（2016）第 079553 号

Tongyong Xinwen Xiezuo Jingbian

通用新闻写作精编

出版发行：	气象出版社
地　　址：	北京市海淀区中关村南大街 46 号　邮政编码：100081
电　　话：	010-68407112（总编室）　010-68408042（发行部）
网　　址：	http://www.qxcbs.com　E-mail：qxcbs@cma.gov.cn
责任编辑：	蔺学东　刘畅　　终　审：吴晓鹏
责任校对：	王丽梅　　　　　　责任技编：赵相宁
封面设计：	博雅思企划
印　　刷：	三河市百盛印装有限公司
开　　本：	720 mm×960 mm　1/16　　印　张：15.5
字　　数：	300 千字
版　　次：	2016 年 5 月第 1 版　　印　次：2019 年 12 月第 2 次印刷
定　　价：	38.00 元

本书如存在文字不清、漏印以及缺页、倒页、脱页等，请与本社发行部联系调换

前　言

在现代社会,新闻发挥着传播协调、宣传教育、舆论监督、服务休闲的重要作用。新闻写作为新闻传播提供文本,是一个非常重要的基础性环节。

为提高有关人员的新闻写作能力、适应处理新闻工作的需要,本书概述新闻的基本框架,具体讲解消息、通讯、特写、专访、调查报告、采访札记、新闻评论、特稿、报告文学、信函、新闻资料等通用新闻的写作规范,并提供很多范文。

概括起来,本书的特点是"通用"和"精编"。

"通用",即适用于各方面的新闻工作。在高科技的信息化时代,新闻工作的范围愈加广泛。从横向看,不仅有很多通用新闻,而且经济、科技、教育、文化、卫生、政法、军事、外事等各个领域以及报纸、杂志、广播、电视、网络等各种媒体都有专用新闻;从纵向看,每项工作的调研、计划、实施、评估等阶段也有独具特色的新闻。本书综观新闻工作,介绍通用新闻的写作知识,以扩大适用面。

"精编",即着力提高编写质量,力求少而精。主要有三点:一是精简。新闻的文种繁多,无法囊括,本书只就适用范围最广、使用频率最高的11个文种集中介绍。二是精要。有关写作知识涉及诸方面,不能泛泛而述。在编写中以相关最新法律、法规为依据,借鉴最近研究成果,用精练的语言对名称解释、主要特征、种类划分、基本结构、注意事项加以说明,以求精当切要。三是精选。新闻浩如烟海,本书从不同的角度精心挑选时文、短文、佳文,其中多是国家级新闻媒体发表以及中国新闻奖等获奖的作品,为读者提供范例。

本书在编写过程中参考新闻学、传播学、写作学的著作、教材以及新闻例文资料,在此向有关作者致以衷心的感谢。

由于水平和时间有限,难免有不足之处,敬请专家和读者不吝赐教。

编著者

2016年2月1日

目 录

前　言
第一章　新闻写作概说…………………………………………………（1）
　第一节　新闻的含义与特征……………………………………（1）
　第二节　新闻的分类与作用……………………………………（3）
第二章　消息……………………………………………………………（8）
　第一节　消息概述………………………………………………（8）
　第二节　动态消息………………………………………………（13）
　第三节　综合消息………………………………………………（17）
　第四节　经验消息………………………………………………（20）
　第五节　述评消息………………………………………………（22）
　第六节　人物消息………………………………………………（26）
　第七节　简明消息………………………………………………（29）
第三章　通讯……………………………………………………………（32）
　第一节　通讯概述………………………………………………（32）
　第二节　人物通讯………………………………………………（36）
　第三节　事件通讯………………………………………………（41）
　第四节　风貌通讯………………………………………………（47）
　第五节　工作通讯………………………………………………（52）
　第六节　小通讯…………………………………………………（56）
第四章　特写……………………………………………………………（60）
　第一节　特写概述………………………………………………（60）
　第二节　人物特写………………………………………………（65）
　第三节　事件特写………………………………………………（69）
　第四节　场面特写………………………………………………（71）
第五章　专访……………………………………………………………（78）
　第一节　专访概述………………………………………………（78）
　第二节　人物专访………………………………………………（84）
　第三节　事件专访………………………………………………（88）
　第四节　科学专访………………………………………………（93）

第五节　问题专访……………………………………………（96）
第六章　调查报告………………………………………………（101）
　　第一节　调查报告概述………………………………………（101）
　　第二节　综合调查报告………………………………………（109）
　　第三节　专题调查报告………………………………………（113）
　　第四节　微调查报告…………………………………………（118）
　　第五节　调查附记……………………………………………（122）
第七章　采访札记………………………………………………（126）
　　第一节　采访札记概述………………………………………（126）
　　第二节　采访日记……………………………………………（132）
　　第三节　采访手记……………………………………………（135）
　　第四节　采访随感……………………………………………（140）
第八章　新闻评论………………………………………………（145）
　　第一节　新闻评论概述………………………………………（145）
　　第二节　社论…………………………………………………（153）
　　第三节　评论员文章…………………………………………（155）
　　第四节　短评…………………………………………………（162）
　　第五节　编者按………………………………………………（167）
第九章　特稿……………………………………………………（170）
　　第一节　特稿概述……………………………………………（170）
　　第二节　单篇特稿……………………………………………（176）
　　第三节　系列特稿……………………………………………（182）
第十章　报告文学………………………………………………（189）
　　第一节　报告文学概述………………………………………（189）
　　第二节　人物报告文学………………………………………（195）
　　第三节　事件报告文学………………………………………（201）
　　第四节　问题报告文学………………………………………（206）
第十一章　信函…………………………………………………（212）
　　第一节　信函概述……………………………………………（212）
　　第二节　记者信函……………………………………………（215）
　　第三节　受众信函……………………………………………（219）
第十二章　新闻资料……………………………………………（224）
　　第一节　新闻资料概述………………………………………（224）
　　第二节　大事记………………………………………………（229）
　　第三节　简介…………………………………………………（235）
　　第四节　文摘…………………………………………………（238）

第一章 新闻写作概说

第一节 新闻的含义与特征

一、新闻的含义

长期以来,关于新闻的定义众说纷纭。概括起来,有四种类型:一是活动说,把新闻作为一种报道的活动,如"新闻的定义,就是新近发生的事实的报道"(陆定一《我们对于新闻学的基本观点》);二是事实说,把新闻视为一种事实,如"新闻就是广大群众欲知、应知而未知的事实"(范长江《记者工作随想》);三是信息说,认为新闻是一种信息,如"新闻是向公众传播最近事实的信息"(宁树藩《论新闻的特性》);四是手段说,把新闻归结为一种手段,如"新闻是报道或评述最新的重要事实以影响舆论的特殊手段"(甘惜分《什么是新闻》)。以上说法各有道理。这里把前两种加以融合,即新闻是经过媒体报道的新近发生、发现或者变动着的具有新闻价值的事实。

新闻有广义和狭义之分。广义新闻是指媒体常用的各种新闻体裁,包括消息、通讯、特写、专访、调查报告、新闻评论等;狭义新闻仅指消息。本书所述的是广义新闻。

新闻写作,是新闻学的一个重要分支,是一种研究新闻写作特点、规律、过程和方法的理论。主要包括:新闻写作基础论,如主题、材料、结构、表达方式、表现技法、语言;新闻写作过程论,如采访、拟稿、修改、编发;新闻写作文种论,如消息、通讯、特写、专访等。作为一种理论,新闻写作直接、具体、有效地体现着借助文字、图表、电声、音像、网络、手机短信等手段传递新闻消息,因而被广泛运用。

二、新闻的特征

(一)真实性

所谓真实性,是指在新闻中事实不仅确实存在也合乎客观规律,属于本质的真实。真实是新闻的生命。这是因为用事实说话是新闻最重要的基本规律,事实必须真实;报道事实是新闻的社会功能,评价其优劣首先看它真实还是虚假。具体来说,真实性表现在如下几个方面:确有其事;构成新闻的人物、事件、时间、地点、原因、结果基本要素准确;事实的环境、过程等属实;涉及的文字、数据等资料确凿;人物的语言、动作、心理活动符合实际。要确保新闻的真实性,必须深入采访,多搜集第一手材料;认真核对第二手材料;尊重事实,不任意夸大或者缩小,更不能无中生有;理解新闻真实与艺术真实的区别,恰当借鉴艺术手法,但绝不能虚构包括细节在内的事实。

(二)时效性

所谓时效性,是指缩短事实从发生到报道的时间差,以提高新闻价值。它是衡量新闻的一个决定性标尺。新闻姓"新",只有最快地报道事实,如新情况、新事件、新见解、新经验、新问题、新趋势,才能让受众了解新的信息、获得新的启发。时效性包括两个方面:一是及时,即迅速报道已发生、正进行中、即将发生的事实,使受众有种新鲜感;二是适时,即抓住最佳报道时机,在最近的特定时刻显出最大的新闻价值。要提高时效性,必须切实转变观念和作风,改进一事一报终结式的模式,采取全时报道、即时报道等方式来"抢"独家新闻;记者要肯吃苦、动脑筋、细体察、速捕捉、快拟稿,编辑室也要为当日新闻大开绿灯,在严把质量关的前提下尽量加快编发的速度,从而提高新闻的时效性。

(三)简明性

所谓简明性,是指新闻简洁明了。一方面,新闻崇简。在信息日趋密集、生活节奏越来越快的今天,简洁不仅弥补媒体版面、栏目、时长的不足,增加新闻容量,还提高写作和阅读的速度。简洁表现在:主题单一,围绕这一主题选材、谋篇、择技、遣词、造句;除了必要的综合性述说外大多采用一文一事的方法;突出重点及特点,做到主次分明、详略得当;直述其事,一般不必渲染铺陈;精心锤炼词句,力求词约而义丰。另一方面,新闻尚明。新闻使用大众媒体传递信息,让受众看得懂、听得明白是必要前提。明了表现在:信息要素相对完整,不可缺失;思路明晰,不要混乱;表达明确,不能模糊;语言通俗易懂,切忌晦涩。

(四)可读性

所谓可读性(包括可听性、可视性),是指新闻适合于受众阅读(包括收听、收看)的程度。从整体上看,新闻有最为广泛的受众群体,让受众不仅易读而且感到可读,才能收到新闻传播的最佳效果。可读性包括必读和耐读两个要素。必读是指新闻确有用处,让受众感到适合所需而非读不可。真实、新鲜、益智、人情味、趣味性的新闻与受众的工作和生活息息相关或者虽不直接关联也能产生浓厚兴趣,都会引人关注。耐读是指新闻具有审美意蕴,经得起反复阅读,值得欣赏。新闻在主题表现、材料取舍、结构安排、表达方式选择、语言运用等方面的精心设计,力求新颖、活泼,可以引人入胜。可见,必读和耐读是新闻实用性与艺术性的统一,能产生很强的说服力和感染力。

第二节 新闻的分类与作用

一、新闻的分类

新闻是一个交叉性文体,涉及的范围十分广泛,从各个角度可以划分为很多类。因此,这里试对新闻分类如下。

(一)按范围分类

1. 国际新闻

包括国际重要事件新闻、双边或者多边关系新闻等。

2. 国内新闻

包括国家新闻、区域新闻、地区新闻、行业新闻、组织新闻等。

(二)按内容分类

1. 时政新闻

即中央及地方党、人大、政府、政协等政务活动的新闻。

2. 经济新闻

即工业、农业、贸易、财税、金融等方面的新闻。

3. 科教文卫体新闻

即科技、教育、文化、卫生、体育等方面的新闻。

4. 政法新闻

即公安机关、检察院、法院等方面的新闻。

5. 军事新闻

即军队、武警等方面的新闻。

6. 外事新闻

即涉外事务的新闻。

7. 社会新闻

即社会中的生活、风貌、事件、问题、意识等方面而且与受众生活密切相关的新闻。

8. 娱乐新闻

即快乐、消遣活动以及演艺圈的新闻。

(三)按事实与解释的构成比例分类

1. 纯新闻

即只叙述事实,不多作解释,不延伸背景的新闻。如动态消息。

2. 解释性新闻

即不仅报道事实,而且注重对事实作多方面解释的新闻。如述评消息。

(四)按新闻与事件的关系分类

1. 事件性新闻

即以一个独立的新闻事件为核心展开的报道。如事件通讯。

2. 非事件性新闻

即对一段时间或者一定空间内发生的多个事件或者多种情况的综合反映,揭示客观规律。如综合调查报告。

(五)按事实发生的状态分类

1. 突发性新闻

即突然发生事实的新闻。如自然灾害新闻。

2. 持续性新闻

即逐步发生变化事实的新闻。如追踪性新闻。

3. 定期性新闻

即按一定周期或者期限发生事实的新闻。如党代会新闻。

(六)按事实的感应特征分类

1. 硬新闻

即时效性、重要性强的新闻。

2. 软新闻

即时效性不太强、重要程度稍弱,通常以人情味、知识性、趣味性取胜的新闻。

(七)按稿件来源分类

1. 新闻通稿

即通讯社统一提供给媒体的新闻稿,如新华社通稿;有时也指机关、企事业单位对外发布新闻时统一提供的新闻稿。

2. 自编新闻

即由媒体自己采写编发的新闻。

(八)按文种分类

1. 消息

包括动态消息、综合消息、经验消息、述评消息、人物消息、简明消息等。

2. 通讯

包括人物通讯、事件通讯、风貌通讯、工作通讯、小通讯等。

3. 特写

包括人物特写、事件特写、场面特写等。

4. 专访

包括人物专访、事件专访、科学专访、问题专访等。

5. 调查报告

包括社会概况调查报告、典型经验调查报告、新生事物调查报告、揭露问题调查报告、历史事实调查报告等。

6. 采访札记

包括采访日记、采访手记、采访随感等。

7. 特稿

包括人物特稿、事件特稿、风貌特稿、问题特稿等。

8. 报告文学

包括人物报告文学、事件报告文学、问题报告文学等。

9. 新闻评论

包括社论、编辑部文章、评论员文章、专论、专栏评论、短评、编者按等。

10. 信函

包括问题型信函、建议型信函、咨询型信函、求援型信函、表扬型信函、感谢型信函、批评型信函、致歉型信函等。

11. 新闻资料

包括大事记、组织沿革、统计数字汇集、专题概要、名录、人物传记、科普作品、简介、文摘等。

12. 新闻公报

包括会议公报、统计公报、外交公报等。

13. 新闻论文

包括专题性新闻论文、论辩性新闻论文、综述性新闻论文等。

此外,还有其他文种,这里不逐一介绍。

(九)按构成分类

1. 单篇新闻

即独立成篇的新闻。

2. 系列新闻

即相关联的组合新闻。

（十）按篇幅分类

1. 长篇新闻

即篇幅较长的新闻。

2. 中篇新闻

即篇幅适中的新闻。

3. 短篇新闻

即篇幅较短的新闻。

4. 微型新闻

即篇幅特别短的新闻，如简明消息、微调查报告、微议。

（十一）按传播渠道与信息载体分类

1. 文字新闻

即以文字为报道方式的新闻。主要指报纸新闻、杂志新闻。

2. 图表新闻

即以图片和表格为报道方式的新闻。如照片、美术作品、统计图、统计表等。

3. 电声新闻

即以声音和电波为介质报道的新闻。主要指广播新闻。

4. 音像新闻

即以声音和画面为主要传播符号报道的新闻。主要指电视新闻。

5. 网络新闻

即综合运用文字、图片、图像、音响、动画等手段借助网络平台和网络技术编发的新闻。

6. 手机短信

即通过手机短信传播的新闻。

二、新闻的作用

（一）传播协调

新闻的基本功能是传播信息。当今，媒体大力开发信息资源，全天候、全方位地向社会传播信息。在现代生活中，受众的年龄、性别、职业、层次等方面有很大差异，对信息的要求各有不同，因此媒体对信息进行合理配置，采取有效方式传播各种信息。由于客观事物的复杂性，媒体在传播信息的同时还进行必要的解释分析，帮助受众进一步了解信息。可见，充分发挥新闻的传播功能，能最大限度地满足受众的信息需求。同时，新闻还有协调作用。它及时报道各个领域的活动，并给受众提供合理的解释和引导；阐明长远发展的目标和任务，增加受众的凝聚力；惩恶扬善，帮助受众树立正确的价值观；化解矛盾，调动受众齐心合力解决问题，从而促进社会的和谐发展。

（二）宣传教育

新闻是党和国家的"喉舌"，带有鲜明的政治性，成为宣传党的方针政策和国家的法律法规的重要工具。比如，用消息及时报道政务信息，通过专访对有关时政问题进行解读，以新闻评论揭示相关的实质及意义，运用通讯、调查报告反映贯彻执行的概况、值得推广的经验和应该解决的问题。同时，作为一所"开放的学校"，新闻是学校教育的重要补充，对受众有很大的影响力。如同中央电视台科教频道的广告词"知而获智，智达高远"。通过新闻传递政治、经济、文化、科技等方面的知识，有助于受众完善知识结构、提高综合素质。比如，借鉴先进者的经验及反面典型的教训，了解优秀传统文化，学习科普知识，都大有裨益。

（三）舆论监督

从新闻角度看，舆论就是受众的言论。新闻以信函、专访、新闻评论等多种形式报道受众关注的热点、难点问题以及所持的态度，根据需要调查、回复、点评。新闻的功能之一在于反映舆情、引导舆论。就是说，在反映受众的呼声的同时施以正确引导，弘扬主旋律。舆论监督特指受众通过新闻媒体反映现实生活中存在的问题并促使其解决的一种手段，监督对象主要是组织及公务人员。它是与党内监督、法律监督相配套的一种形式，是推动社会主义民主政治建设的重要途径。舆论监督是新闻媒体拥有运用舆论的独特力量，具有开放性与广泛性，主要方式有报道、评论、讨论、批评、发内参等，但核心是公开报道和新闻批评。要坚持依法监督，发扬求实精神，进一步拓宽舆论监督的范围，力求舆论监督方式多样化，同时还要把正面宣传与舆论监督结合起来。

（四）服务休闲

新闻还有服务休闲的作用。一方面，新闻服务受众。它有广义和狭义之分。广义服务是指传播新闻信息本身在于为受众提供基本的服务；狭义服务是指特殊的新闻，即专门的服务性新闻。这里指的是后者。这种服务属于公共服务，为受众的工作、生活中急需解决的非商务活动无偿地提供信息，针对性强，切实可用。比如提供商品信息、天气预报、法律咨询、购物向导，涉及商业广告文案、天气预报消息、法律知识问答、购物指南等，写作成为受众日常生活及其他处理实务的有效手段。另一方面，新闻满足受众休闲的需要。其中不少内容与快乐、消遣活动以及娱乐有关，比如体育节目、综艺节目、选秀节目、影视剧，也要使用海报、节目单、影视剧剧情简介及评论等。需要说明，新闻向受众提供健康、丰富、有趣的娱乐是必要的，但娱乐毕竟不是新闻的主流，不能把新闻娱乐化。

第二章 消 息

第一节 消息概述

一、写作要点

(一)名称解释

消息,是简要、迅速地报道新近发生、发现或者变动着的具有新闻价值事实的一种新闻体裁。

(二)主要特征

1. 时效性。消息重在紧密配合形势,及时反映各个领域的发展变化。同时,采写、编辑、发出都突出一个"快"字,这样能使信息"保鲜",体现应有的新闻价值。

2. 简明性。消息常用一事一报的形式快速传递和反馈信息,它篇幅较短、主题集中、表达直接、语言精练。一般在千字以内,有的只有百余字甚至一句话。

3. 模式性。消息有相对固定、特殊的结构形式。基本上由标题、消息头、署名、正文组成;其中正文的结构形式主要是倒金字塔式,其他的形式统称为非倒金字塔式。

(三)种类划分

1. 按范围分,有国际消息、国内消息。
2. 按内容分,有动态消息、经验消息、综合消息、述评消息、人物消息等。
3. 按结构分,有倒金字塔式消息、时序结构式消息、逻辑结构式消息等。
4. 按篇幅分,有长消息、短消息、简明消息。
5. 按构成分,有单篇消息、系列消息。
6. 按媒体分,有报纸消息、杂志消息、广播消息、电视消息、网络消息等。

(四)基本结构

1. 标题

从类型上看,有引题、正题和副题。引题,又称肩题、眉题,往往交代背景、揭示意义、烘托气氛，以引出正题；正题，又称主题、母题，是对事由和主题的概括；副题，又称辅题、子题，一般用来补充说明信息的来源、依据或者次要事实。

从形式上看，有单标题、双标题和多行标题。①单标题，只有一个正题，如《我国与"一带一路"沿线国家经贸合作扎实推进》。②双标题，有引正式和正副式两种。引正式包括引题和正题，如《南海昨日开出广东首份行政审批"负面清单" 收紧政府的"手" 放开市场的"腿"》；正副式包括正题和副题，如《珠三角企业"机器人总动员"——大范围应用工业机器人，推动技术红利替代人口红利》。③多行标题，由引题、正题、副题构成，如《北京携手张家口获得2022年冬奥会举办权 中国再次拥抱奥运 习近平致信申办冬奥会代表团表示热烈祝贺》。

系列消息有总题和分题或者事由和分题。如总题《关注槟榔产业发展》，分题《今年海南槟榔供不应求，价格一路走高，效益凸显——产得快赶不上嚼得快 消费市场已从湖南快速拓展至全国，销量年均增速达20%～30%》《本土深加工拉长产业链，提高附加值的同时还带动就业 海南槟榔越来越耐嚼》《我国槟榔产业总产值400亿元 湖南占300亿元，海南占100亿元》。

2. 消息头

这是消息的标志。消息头可分为讯、电两类。"讯"是指通过邮寄或者书面递交形式传递的消息，通过自身的新闻渠道所获取的本埠消息写"本报（或者'刊''网'）讯"，从外埠寄来的稿件还标明发布消息的时间和地点，如"本报北京×月××日讯"。"电"用于通过电报、电传、电话等形式传递的稿件，一般由版权、地点、时间、电构成，如"新华社上海×月××日电"。转发其他新闻媒体稿件在版权、地点、时间、电的前面加"据"等字样，如"据新华社香港×月××日电"。此外，广播电台、电视台的消息头常写"本台消息""本台记者报道"等。

3. 署名

大多把作者姓名写在消息头后或者正文后，外加圆括号；有时在标题正下方署名。

4. 正文

导语。指消息开头的第一段或者第一句话，用简洁的文字交代最重要、最新鲜的事实及其意义，起着提纲挈领的作用。主要有七种写法：一是叙述式，概括最有新闻性的事实；二是描写式，对主要事实的某一场景、有意义的某一情节或者侧面进行简练而又极具特点的描绘；三是评论式，在叙述事实的同时对所报道的事实加以评价，揭示内涵和意义；四是提问式，提出相关问题，以引起注意；五是比较式，通过对比、类比等方式彰显个性特征；六是引语式，引用别人或者其他文章的话，自然过渡；七是结论式，起笔写事实的结果。

主体。承接导语，阐述导语所揭示的主题或者回答导语提出的问题，具体叙述事实。在层次安排上主要有两种：一是时间顺序，就是按时间的推移循序渐进，或者写事实的发生、发展、结局过程，或者以采访经过的先后为序，显示清晰的脉络；二是逻辑顺序，就是根据事物的内在联系安排层次，或者按由重到轻、由主到次的顺序逐一介绍，或者体现由因到果、由果及因的因果关系，或者安排分述若干具体事实、分说几个不同侧面、自身前后不同及彼此之间相反对比的并列方式，或者由点到面、由面到点，或者循着对事实由浅入深的认识逐层递进。此外，还有借鉴散文的结构方式等。

结尾。又称结语。消息的结尾宜顺势而行，紧扣主题，力求简洁、有余味。主要有六种写法：一是评论式，对所报道的事实加以评价，可以直接议论，也可以转述有关评语；二是总结式，一些内容比较复杂的消息，可以在结尾总括上文；三是希望式，在事实已表达清楚的基础上，引导人们进一步联系现实、认清责任、提出希望；四是展望式，对事实的发展方向和结果做出预测；五是引用式，引用相关人物或者文章的话来收束；六是补充式，补充导语和主体部分未提及的相关内容，使报道更加充实。有时不单设结尾，文章自然收束。

背景。即事实产生的历史、环境条件及其他相关资料，能丰富内容、深化主题、增加知识性和趣味性。背景有三种类型：一是对比性背景，进行今昔、正反、左右等对比，从而突出特征；二是说明性背景，介绍有关政治、历史、地理、人物等情况，说明原因、条件、环境，帮助受众更好地理解内容；三是注释性背景，对受众不易理解的名词术语、专业知识、新的提法、缩略词组等作适当解释。背景的位置比较灵活，可以一次或者多次穿插，也可以写一段话、几句话甚至一句话。

需要说明的是，广播消息要恰当处理播音、录音以及音乐、音响、特效等关系；电视消息要把同期声、画外配音、播音员播音、音乐、声响、现场、字幕、解说词等要素巧妙融合；网络消息考虑多媒体技术的综合运用。

5. 附录

如有必要，可以加图片、表格等。

(五)注意事项

1. 捕捉敏锐。要写出好消息，必须练就一双慧眼，善于捕捉蕴藏在生活中有新闻价值的事实。这与较高的理论修养、较强的采访技能、较好的观察和思维能力是分不开的。

2. 安排合理。对拟选用的材料要根据表现主题的要求和文体及文种特点做一番梳理，做到先后有致、主次分明、疏密相间、伏应适当。

3. 表达恰当。消息的表达直截了当、高度概括，不追求蕴藉繁丰；以叙述、说明为主，偶用描写、议论，抒情也是点到为止。

二、范文阅读

▲广播消息

尾砂中提炼出大产业

赣州是全国重点有色金属基地之一,素有"稀土王国"的美誉。然而,稀土开采产生的尾砂、废水污染曾长期困扰着赣州各稀土矿区。发展与环境的矛盾,倒逼当地另辟蹊径,引入资源综合利用项目,对尾砂、废水再提炼,不仅保护了环境,还回收了流失的宝贵稀土资源,有效促进了赣州的经济支柱产业良性发展。请听江西台记者周围、彭世翔,通讯员李兴满发来的报道:《尾砂中提炼出大产业》。

经过几十年的稀土开采,给赣州留下了一座座沟壑纵横、尾砂淤积的废弃矿山。破坏的植被、流失的水土、板结的土壤、污染的水质曾经随处可见。龙南县足洞矿区是其中的典型区域。

然而,昨天(12月3日),记者来到这里采访时,却发现废弃的稀土尾砂已经成为各原料公司争抢的"香饽饽"。经过激烈竞争,龙南县南裕稀土资源综合利用有限责任公司获得当地黄沙、关西、足洞矿区的尾砂库的处理权,公司董事长钟化云告诉记者,他们的两项稀土资源综合利用研究成果已获得国家发明专利,年综合处理稀土污水达720万吨、稀土尾砂15万吨,回收流失的稀土250吨。

(出录音)"我们通过打砂船,先把淤泥和砂提取出来,然后再把它们分离。分离以后,这个砂可用作建筑用砂,剩下的淤泥回收,再把它储存起来,以后可用作陶瓷材料。"(止)

看准了赣州稀土尾砂中富含高岭土的原料优势,江西石湾环球陶瓷有限公司果断落户赣州市寻乌县,公司总经理助理曾勇慎告诉记者,利用稀土尾砂中的高岭土作为陶瓷生产原料,企业可降低20%的生产成本,一条生产线每个月可以节省300多万元。丰富的稀土尾砂资源又让公司决定追加投资,生产线从原来的1条增加到6条。

(出录音)"赣州地区本身的陶瓷厂就比较少,需要陶瓷的量也很大,这边的材料都符合我们的使用,本身赣南稀土尾矿量特别大,储量特别多。我们也一直注重资源的再利用。"(止)

赣州市利用废弃稀土尾砂发展陶瓷工业产业项目,年处理稀土废料能力超过5万吨,可回收稀土氧化物超过1万吨,各稀土矿区周边环境也大为改善。寻乌县环境监察大队大队长邱成竹说:

(出录音)"利用废弃矿山稀土尾砂做建材,做陶瓷,消除了废弃矿山遗留下来的影响。"(止)

作为全国唯一的稀土综合开发利用试点城市,赣州市积极落实稀土废弃物资源综合利用税收优惠政策,为稀土资源综合利用项目争取资金扶持,按照"谁投入、谁开发、谁治理、谁受益"的原则,鼓励企业、单位和个人开发治理稀土尾砂、废水。赣州矿业公司副总经理夏小秋说:

(出录音)"稀土资源综合利用项目,国家有资金支持,我们正在不断争取,报的几个方案,都批复下来了,市里也通过税收优惠等方式积极扶持。目前,赣州稀土销售额位居全国第一,稀土产业已成为全市最重要的支柱产业,同时,稀土尾砂再利用,衍生出的产业今年为赣州创造综合经济效益10亿5千万元。"(止)

(本文引自江西广播电视台、赣州人民广播电台,2013年12月4日)

▲电视消息

超强农民:1＝190

杨国栋　李永和　李鑫

黑龙江省克山县仁发现代农机专业合作社规模经营,连片种植,发挥出大农机优势,合作社一个农民的工作量,相当于190名中国普通农民做的农活儿。

今天,克山县仁发现代农业农机专业合作社红灯高挂,1222户社员选出的43位代表正在参加一年一度的社员代表大会,并领取2012年红利。上午10点,院子里鞭炮齐鸣,分红仪式开始了。

【现场:合作社理事长李凤玉:"张军,3300元!"】

【同期:克山县仁发现代农业农机专业合作社社员张军:"特好了,今年啊,一手没伸就挣了3万多块,打工我还挣了2万多。"】

【同期:克山县仁发现代农业农机专业合作社社员王新村:"入社后呢,像今年,我一亩地分了700多元,效益与入社前相比差距非常大,效益非常好。"】

仁发合作社是2010年由种粮大户李凤玉领办创立的,当时总投资2000万元,7名农民占四成,其余六成由国家和省政府以下摆农机形式给予补贴。合作社打算把农户分散的土地进行集中连片经营,但是大多数农民对合作社这一新生事物不托底,第一年没有农民带着土地入社,合作社只能租赁农民的耕地。

【同期:克山县仁发现代农业农机专业合作社理事长李凤玉:"农民对土地流转的账算不清,我们是怎么破解的?就是到各家各户给农民算细账。"】

仁发合作社推出了"保底加分红"政策,在与农民签订的合同里白纸黑字地写明:不管收成如何,每亩耕地一年最低分给农民350元,超出部分另外分红。农民一看有账算了,纷纷用土地折资入股。2012年,入社农户达到1222户,耕地面积达3万多亩①。这时,大农机有了用武之地,种管收全程机械化,外加大型喷灌设备和高产种植技术,农作物获得了大丰收。玉米和马铃薯总产量超过同等地块2000多万斤②,相当于增加了2万亩耕地。

【现场:克山县仁发现代农业农机专业合作社理事长李凤玉:"2012年我们的总收入达到55940167元,实现总盈余27585684元,亩效益759元。"(鼓掌)】

2012年,仁发合作社的32名农民,平均每人耕作和管理的耕地将近1000亩,而同样耕种这些地,全省平均需要50个人,放在全国,这个数字将变成190人。合作社超强的效率,超高的效益,搅热了旁听农民的心绪。

【同期:克山县河南乡农民刘双义:"看到今年发钱发分红的场面挺壮观,我挺眼馋。"】

今天,总共有813户农民签约加入仁发合作社。今年,合作社的耕地面积达到了5万亩。

【同期:黑龙江省农机局局长郑联邦:"未来全省要力争用5~8年的时间,建设2000个大型农机专业合作社,届时覆盖全省粮食主产区的1.2亿亩耕地,提前实现粮食生产全程机械化作业的目标。"】

【同期:黑龙江省社会科学院研究员王占国:"这意味着将有500多万的农业从业人员从土地中解放出来,为城镇化建设、建成小康社会创造条件。"】

(本文引自黑龙江电视台,2013年2月8日)

第二节 动态消息

一、写作要点

(一)名称解释

动态消息,是对最新变动的新闻事实所做的及时报道。

(二)主要特征

1. 变动性。这是动态消息的最主要特征。动态消息着眼于社会生活及自然环境的最新变动,比如政策调整、人事变动、经济运行、会议召开、突发事件以及新发现、新成果、新动向,并且迅即报道。

---

① 1亩=1/15公顷≈666.7平方米,下同。
② 1斤=0.5千克,下同。

2. 客观性。动态消息是一种"纯新闻",以提供新闻信息为主要任务。在表达上客观叙事,作者很少直接发表议论、抒发情感。

（三）种类划分

1. 按范围分,有国际动态消息、国内动态消息。

2. 按内容分,有事件性动态消息、非事件性动态消息。

3. 按时态分,有已发生事实动态消息、正进行中事实动态消息、即将发生事实动态消息。

4. 按构成分,有单篇动态消息、系列动态消息。

（四）基本结构

1. 标题

单标题。如《教育部:校园足球将成推进学校体育改革的突破口》。

双标题。如引正式《两岸金融与产业融合发展实现新突破　首只两岸合作人民币私募股权基金正式运营》、正副式《餐饮业"数据化"变革加剧——互联网改变了从实地采购开始的所有链条,资本市场的注意力越来越集中到后端》。

多行标题。如《引洮河之水　济陇中之贫　引洮供水二期工程开工　惠及甘肃11个贫困县420万人》。

系列动态消息有总题和分题或者事由和分题。如总题《独龙江公路隧道贯通》,分题《一条路的前世与今生　从国营马帮到真正的公路　半年大雪封山历史将被改写》《一座山的认识与保护　独龙江隧道设计尽可能保护植被　防雪棚洞建设在我省属首次》《一群人的梦想与改变　孩子们终能在寒假回家过年了　过往司机再也不用提心吊胆了》。

2. 消息头

根据实际情况处理。

3. 署名

一般写在消息头后或者正文后,有时置于标题正下方。

4. 正文

在内容上,动态消息多是一事一报,要考虑新闻5个"W"、1个"H"六要素。即何人"Who"、何事"What"、何时"When"、何地"Where"、何因"Why"、如何"How"。由于报道的对象及内容不同,在叙写时有所侧重。比如,事件消息侧重于事件的发生、发展、结局,活动消息突出活动的主题、过程,会议消息着重写会议的议程、决议。

在结构上,根据实际需要选择恰当、新颖的导语方式,起笔入题;主体或者按时间推移或者按逻辑顺序,也可以两者交叉进行;结尾的写法多样,有时不单设结尾;背景灵活处理。

此外，有时加附录。

(五)注意事项

1. 有动感。无论是起轰动效应的大事还是有典型意义的小事，都要用概述和白描的方法写出它们的变化过程，突显情势，使人如临现场。

2. 抢时间。在瞬息万变的今天，要争分夺秒，抓住最佳时机，及时地做出独家报道，令人耳目一新。

二、范文阅读

▲已发生事实动态消息

上海自贸区挂牌
——中国打造改革开放新"模板"

新华网北京9月29日电（记者韩淼　许晓青　张祎）29日10时许，在毗邻长江口的上海浦东外高桥，微软全球资深副总裁、大中华区董事长贺乐赋从上海市委书记韩正手中接过合资企业营业执照，双方满面笑容。

"001号"，微软与百视通合资成立的"上海百家合信息技术发展有限公司"，成为首家入驻中国（上海）自由贸易试验区的企业。

这是始自1978年的中国改革开放迎来的又一个历史性时刻：2013年9月29日，中国（上海）自由贸易试验区诞生。

中共中央政治局委员、上海市委书记韩正为试验区揭牌。商务部长高虎城、上海市市长杨雄为试验区管理委员会挂牌。

仪式现场中外记者云集，一些记者提前2小时来占位。仪式不过短短15分钟，但舆论普遍认为上海自贸试验区意义非凡，堪比20世纪90年代中国建立上海浦东新区。

《华尔街日报》称，上海自贸试验区有潜力成为中国的"规则改变者"。

两天前，国务院印发了《中国（上海）自由贸易试验区总体方案》，划定了"以开放促改革、促发展"蓝图。

29日下午，自贸区举办发布会，宣布了管理办法、投资和海关等监管方案以及投资领域"负面清单"。

这意味着，自贸区覆盖的上海浦东近29平方公里土地，将成为未来中国改革开放的新地标和"试验田"。

35年改革开放，中国创造了经济奇迹，但原有发展模式难以为继，推进新的改革开放势在必行。

7月23日，习近平总书记在武汉强调，必须以更大的政治勇气和智慧，不失时机深化重要领域改革。

9月11日,李克强总理在大连夏季达沃斯论坛上表示,中国经济发展的奇迹已进入提质增效的"第二季",并特别提及在上海建立自由贸易试验区。

上海自贸区的主要任务是"按照先行先试、风险可控、分步推进、逐步完善的方式,形成与国际投资、贸易通行规则相衔接的基本制度框架",涉及加快政府职能转变、扩大投资领域开放、推进贸易发展方式转变、深化金融领域的开放创新、完善法制领域的制度保障等五方面。

国务院发展研究中心党组成员隆国强说,自贸区虽然设在上海,却顶着"中国"头衔,凸显其"国家战略"的地位。

复旦大学经济学院院长袁志刚认为,上海自贸区推进贸易和投资便利化,意义不亚于2001年中国加入世界贸易组织,是获取开放新红利的"再入世"。

将于今年11月举行的中共十八届三中全会,被认为将从"顶层设计"高度出台全面深化改革和扩大开放的路线图。

国际分析机构注意到,上海自贸区与未来中国改革突破点的多个领域密切相关,自贸区的试验能否成功,将决定相关改革会否在全国铺开。

(本文引自新华网,2013年9月29日)

▲即将发生事实动态消息

我国颁布首个"现代化建设"主题区域规划
苏南2030年追上主要发达国家

本报苏州5月3日电(记者赵京安)记者从江苏省委召开的"苏南现代化建设示范区工作会议"上获悉:近日,经国务院同意,国家发展改革委正式印发《苏南现代化建设示范区规划》,标志着我国第一个以现代化建设为主题的区域规划正式颁布实施。

江苏苏南地区包括南京、无锡、常州、苏州和镇江五市,地处长江三角洲核心区,是近代中国民族工业发祥地,也是我国经济社会最发达的地区之一。改革开放以来,苏南全面建设小康社会走在全国前列,为率先基本实现现代化奠定了坚实基础。

规划明确,围绕到2020年建成全国现代化建设示范区,到2030年全面实现区域现代化、经济发展和社会事业达到主要发达国家水平的目标,重点推进经济现代化、城乡现代化、社会现代化和生态文明、政治文明建设,促进人的全面发展,将苏南地区建成自主创新先导区、现代产业集聚区、城乡发展一体化先行区、开放合作引领区、富裕文明宜居区,为我国实现社会主义现代化积累经验、提供示范。

推进苏南现代化示范区建设,事关国家区域协调发展大局和我国现代化建设"三步走"战略实施。国家要求,江苏省和国务院有关部门解放思想,抢抓机遇,勇挑重担,锐意创新,在新的起点上开创科学发展新局面,谱写现代化建设新篇章。

(本文引自《人民日报》,2013年5月4日)

第三节 综合消息

一、写作要点

（一）名称解释

综合消息，是围绕一个主题，把一定时间或者空间内发生的有新闻价值的事实综合起来所做的报道。

（二）主要特征

1. 覆盖性。这种消息覆盖面广，在时间延伸和空间横跨上不受限制，可以涉及许多领域，适用于过程较长的重要事实、同一主题的各个方面、对某一事实作全面报道。

2. 归纳性。这种消息对大量的材料进行分析，找出一些规律性东西，因此，有一定的深度和较强的指导意义。

（三）种类划分

1. 按范围分，有国际综合消息、国内综合消息。
2. 按主体分，有自身报道综合消息、其他媒体报道综合消息。
3. 按结构分，有纵式综合消息、横式综合消息、纵横式综合消息。
4. 按构成分，有单篇综合消息、系列综合消息。

（四）基本结构

1. 标题

单标题。如《全国各地广泛开展青年志愿服务行动》。

双标题。如引正式《全国各地举行抗战胜利70周年纪念活动　忆抗战往事　抒家国情怀》、正副式《向管理要成效　向改革要活力——各地各部门努力建设一支符合好干部标准的事业单位领导人员队伍》。

多行标题。如《落实"让审理者裁判、由裁判者负责"，扭转"信访不信法"倾向　海南全省法院不再"大接访"　主审法官和合议庭对案件负责，法院领导不批条子、问案子　开通网上申诉平台，试行律师代理信访，拓宽诉求表达途径》。

标题中有时写"综述"等词语，如《为发展改革提供强大精神动力——2014年宣传思想文化工作综述》。

系列综合消息有总题和分题或者事由和分题。如总题《交通安全在整治　平安出行在贵州》，分题《贵州公安交警大数据云平台成效初显》《全省"打非治违"集中整治交通违法统一行动"第一波次"战果卓著》等。

2. 消息头

根据实际情况处理。经常写"本报（或者'刊''台''网'）综合消息"。多地系列综合消息一般每则也写消息头。

3. 署名

大多写在消息头后或者正文后，有时写在标题正下方。

4. 正文

导语。交代背景，揭示主题，勾勒概况，提起下文。

主体。大体来说，纵式综合消息把有关内容划分几个时间段或者由浅入深地依次叙写，横式综合消息按不同地域、行业、组织、部门或者若干现象、问题、特征、认识、侧面等并列说明，纵横式综合消息兼有纵式之长和横式之广；单篇综合消息采用纵式、横式、纵横式的方法，系列综合消息把表现同一主题的几个动态消息或者简明消息并排编发。

结尾。总括上文，补充说明有关事项。有时不单设结尾。

背景。由于综合消息涉及面广，为选择背景提供较大的时间和空间，要精选背景并把它们安排在最恰当的地方。

此外，如有必要可加附录。

（五）注意事项

1. 勤梳理。对材料作一番归类，分别划入一"事"多"时"、一"事"多"地"、同"题"多"事"、同"事"多"报"等，显示清晰的时间顺序和逻辑关系。

2. 巧布局。根据表达主题的需要、选择合适的角度、运用适当的方法来安排材料，比如哪个在先哪个在后，点与面如何照应，对比及类比关系怎样显现，都要处理好。

二、范文阅读

▲全国综合消息

制度建设逐步完善　文明旅游氛围渐成
——2014年全国文明旅游工作综述

本报记者　郑彬

"乱刻乱画、破坏公共设施的现象越来越少了。"安徽省九华山风景区管委会文明办副主任袁廷文感慨地说，与过去"以罚代管"管理方式不同，通过典型宣传、志愿服务、游客评选等活动，将景区、游客、旅行社紧密联系在文明旅游的主线上，使文明旅游深入人心。

2014年以来，中央文明办、国家旅游局等部门，通过抓游客的宣传引导、文明旅游的制度建设、以出境游为重点的文明旅游督查等，深入持续开展文明旅游工作，并取得明显成效。

各地响应"文明旅游"倡议,开展了内容丰富的主题活动。浙江省文明办、旅游局在萧山机场专门开辟出境旅游团队文明安全宣传点,供旅行社团队游客出境前集中开展行前教育;江苏省文明办将文明旅游教育纳入全省组织开展的"八礼四仪"文明礼仪养成教育中,引导青少年从小学习文明旅游常识、培养文明旅游观念;福建省旅游局在20人以上团队中实施文明旅游督导员制度,引导游客自我教育、相互提醒。

每逢节假日,一些组团社甚至个别大的旅行社超范围经营、变相转让特许经营权,承包挂照、为他人代办旅游签证,产品经营操作流程不规范,时常出现违规的业务操作和宣传促销行为,容易造成游客和旅行社之间的矛盾,引发不文明行为。

2014年,中央文明办、国家旅游局等部门多次下发通知,组织开展文明旅游专项督查,采取明察暗访等形式,组织全行业开展以出境游为重点的文明旅游督查,推进国家周边地区的文明旅游引导。

各地注重把好护照关、组团关、出境关、交通关、落地关、行程关等"六关",工作关口下移;组织实施领队、导游培训计划,抓住文明旅游的关键;组织开展"文明旅游、礼貌乘车"活动,把工作延伸到公交站点、景区景点、社区基层。

2014年,中央媒体和地方媒体呼应,网上网下联动,正面宣传和反面曝光力度大,文明旅游公益广告刊播频次高,媒体宣传实现了平时有报道、节假日有热潮,舆论声势明显加强,教育警示作用更有成效。数据显示,2014年国内旅游36亿人次,出境旅游首次突破1亿人次大关。从各地旅游部门反馈情况看,游客文明出游意识普遍提高,不文明旅游行为有所减少:10月1日,北京天安门广场升旗仪式后垃圾清运量比上年同期减少近三成;广东丹霞山景区售票厅、外山门景区入口、游客中心候车点等地游客遵守秩序、文明礼让、耐心等待、有序排队;出境游方面,国人整体素质较以前有一定程度提高,大多数中国游客能够遵守国际文明准则,自觉学习和尊重当地的民风民俗,注意行为规范,改善了中国游客的国际形象。

"文明出游习惯的形成是渐进过程,一方面要多渠道、多形式加强对文明行为的宣传引导和提醒教育,让游客做到心中有数、言行有度、文明有序;另一方面,需建立相应的惩处机制,对不文明行为进行有力约束。"天津市文明办刘金刚说。

正在起草的《全国游客不文明行为记录管理暂行办法》,对公示对象、公示范围、公示程序和惩戒方式作出规定,强化了对游客不文明行为的约束规范。国家旅游局在修订的《出境旅游条例》中,也增加了旅行社和导游领队文明服务和文明旅游宣传引导的职责,以及旅游者文明旅游义务的相关要求。

为推动文明工作制度化和规范化,2014年,国家旅游局通过将文明旅游相关要求入法规、入标准、入合同,加强文明旅游工作的制度保障,坚持依法行政、依法管理。国家旅游局会同国家工商行政管理总局联合修订发布的《团队境内旅游合同(示范文本)》《团队出境旅游合同(示范文本)》《大陆居民赴台湾地区旅游合同(示范文本)》中,增加了旅行社及游客文明服务、文明引导、文明旅游等方面的权利和义务。

各地广泛宣传普及新修订的《旅游法》,依法规范公民文明旅游行为,加强旅游行业管理,推广使用国家旅游局修订的旅游合同示范文本,把文明旅游的要求纳入其中。江苏、浙江、山东、福建等地以"明白纸"的方式,将文明旅游要求附在合同后。各地还结合本地实际细化国家旅游局《团队旅游行前说明规范》,将文明旅游要求上升为行业标准,行前教育更加规范。有10个省(区、市)将文明旅游内容纳入本地文明城市测评内容中,加大了分值权重,通过考评机制促进工作落实。

(本文引自《经济日报》,2015年2月16日)

第四节 经验消息

(一)名称解释

经验消息,是对最新出现的有典型性和指导性先进经验所做的报道。

(二)主要特征

1. 实时性。这种消息与报告、总结、先进事迹材料等直接介绍典型经验不同,它是把经验当新闻写。也就是说,经验消息必须是新近发生的有新闻价值的事实的实时报道。

2. 言事性。这种消息不是抽象地概括经验一二三,而是用具体的事实来提出问题和解决问题,让受众从事实中领悟经验。

(三)种类划分

1. 按内容分,有学习经验消息、生产经验消息、管理经验消息等。
2. 按过程分,有试点经验消息、推广经验消息。
3. 按数量分,有单一经验消息、多条经验消息。
4. 按构成分,有单篇经验消息、系列经验消息。

(四)基本结构

1. 标题

单标题。如《中原实验:"三化"一盘棋解河南之"难"》。

双标题。如引正式《上海浦东成立市场监管局一年多,人员配备向一线倾斜,机构从整合迈向融合　市场监管,一个部门覆盖全流程》、正副式《"去地方化"为司法公正保驾护航——聚焦省以下法院检察院人财物统管制度改革》。

多行标题。如《罗坊镇36个村级便民服务代办点　破解服务群众"最后一公里"问题　该创新之举自明年1月1日起将在我市全面铺开》。

系列经验消息有总题和分题或者事由和分题。

2. 消息头

根据实际情况处理。

3. 署名

一般写在消息头后或者正文后,有时放在标题正下方。

4. 正文

导语。交代事由,概述成效,揭示经验,阐述意义等。

主体。叙写经验的思想基础、社会环境、创造过程、具体做法、突出效果。在层次上,或者写缘由、发展、成效的过程,或者分概况、做法、成效、启示几个部分,或者围绕主题把经验分成几种做法、几个特点等并列介绍,以上几种写法经常综合运用。

结尾。归纳经验,说明借鉴意义。如前文已有这些内容,就不单设结尾。

背景。包括经验产生的社会条件、引用资料、主要人物介绍等,酌情考虑。

此外,有时加附录。

(五)注意事项

1. 求新。经验最忌落入俗套。要深入调研,以最快速度、最佳视角发现先进典型,找出寓于事实中经验的鲜明个性和普遍意义。

2. 务实。写经验不能只图"面子"的好看,更要注重"里子"的充实。因此,不能只写做了什么以及如何做的,还要突出做得怎么样,也就是让受众看到实效如何。

二、范文阅读

▲农业改革经验消息

利益面前,干部退一步

虹桥镇二次改制突出"公平共享",干部退股、再次分配

本报讯 (记者徐蒙 实习生谢金晶)曾是集体资产改制"排头兵"的闵行区虹桥镇,又一次来到改革的当口。最近,虹桥镇先锋村、虹五村等10个村进行了"推倒重来"的第二次改制,并定下规则:所有干部退出当年的"岗位股"和受让的村民股权。

为何要推倒重来?20世纪90年代末,虹桥镇推行改制入股,10多年来,乡村变城市,农民并没有全数变股东。当年改制时,村里还有农田,商务楼才零星开建,村民意识不到股权的价值,宁可变现,纷纷将股权转让给村干部,加上当年为进行岗位激励、鼓励干部多持股而设的"岗位股",村干部手里的股权渐渐多了。虹桥镇党委书记张有为告诉记者,当年改制最成功的先锋村,55%的村民手中没有或只有少量股份。

现在的虹桥镇,已是上海"黄金地段"。当年改制中,土地和物业都没有出让,酒店、写字楼等产权仍属集体资产,10多年中资产规模今非昔比。可是盘子越大,不公平的因素也放得越大:早年退光股权的村民,虽然社会保障不错,却享受不到资产增值红利,心里不是滋味。

"虽然当初转让是村民自愿,但这不等于公平。"张有为解释,改制后土地仍属于全体村民集体所有,而集体资产增值,说到底还是依托城镇化后的土地增值。村民为城镇化做出贡献,却得不到实惠,说明不公平;一大半村民享受不到发展的红利,说明没有共享。

二次改制,虹桥镇坚守"公平、共享"四字原则。而干部退股,就是要把虽说自由自愿,但也因当年信息不对称而多获的利益"让出来"。有些村干部心里有想法,或者说能不能"拖一拖",或者说最好"别折腾"。

镇党委意识到,如果"拖一拖",往后就更难改;要是"不折腾",干群矛盾就会加深。

二次改制中,干部退股没有商量余地,以制度保证必须退出。最先完成的先锋村,没有一名干部不退股,共将538万股岗位股和200多万股受让股全部退还村民,占全部原始股37%。没想到,一些干部退股后反倒踏实了:"感觉一身轻了,再也不会被村民背后议论'拿多了'。"

干部退股、再次分配只是一个开头。在此基础上,虹桥镇已拟订方案,年内将镇级集体资产也量化分配到每位村民。最近,还将进行全镇民主选举,选出55名村民股东代表,并建立董事会、监事会和股东代表大会。当集体资产真正握在村民手中后,怎么管理资产,干部说了不算,书记、镇长也无权动用,只有"三会"通过,才能真正拍板。

(本文引自《解放日报》,2013年8月29日)

第五节 述评消息

(一)名称解释

述评消息,是运用述事与评论结合的方法对有新闻价值的事实所做的报道。

(二)主要特征

1. 述事性。这种消息不是新闻评论,叙事是它的基础,占大量篇幅,重在向受众报道有关事实。

2. 评论性。这种消息不是单纯的报道,目的在于通过对事实的点评表达作者的观点,因此它有一定的深度。

(三)种类划分

1. 按范围分,有国际述评消息、国内述评消息。

2. 按内容分,有形势述评消息、工作述评消息、思想述评消息、事件述评消息等。

3. 按构成分,有单篇述评消息、系列述评消息。

（四）基本结构

1. 标题

单标题。如主题式《"乖孩子"培养法扼杀创新精神》、事由式《百姓私家车免费停进县委大院》、提问式《科技成果转化谁说了算?》。

双标题。如引正式《深圳商事主体总量突破 100 万户 13 个深圳人就有一个在创业》、正副式《书香沉淀,让一座城养成阅读习惯——写在 2015 上海书展开幕之际》。

如有必要,可以拟多行标题。

标题中有时写"述评"等词语。如《大国外交新纪元——2014 中国外交述评》。

系列述评消息有总题和分题或者事由和分题。如事由"中国经济发展新常态",分题《新理念 引领发展迈向新境界——中国经济发展新常态述评之一》《新机遇开拓经济发展新空间——中国经济发展新常态述评之二》。

2. 消息头

根据实际情况处理,有时不设此项。

3. 署名

一般写在标题正下方,有时放在消息头后或者正文后。

4. 正文

导语。说明背景,概述事实,揭示主题,交代结论等。

主体。层次安排有以下几种:或者写事实发生、发展、结局的过程,或者包括事实、评价两个部分,或者分几种观点、几个特征、不同侧面等若干层,或者按意义、内容、问题及对策的顺序来报道。

结尾。揭示主题,总结上文,展望未来,补充说明。有时不单设结尾。

背景。由于表达的需要,经常对有关历史、环境、政策、技术性资料等进行解释。

此外,有时加附录。

（五）注意事项

1. 即事明理。选择贯彻执行党的方针政策、突发事件、重要成果、影响大并且涉及受众切身利益的重要事实作具体报道,通过对事实本身的分析来揭示蕴涵的意义。

2. 夹叙夹议。用叙述交代事实,用议论加以点评,两者巧妙结合。叙述,在概述现象、事件、问题的同时穿插有关政策、知识等的解释;议论,恰当引用负责人、专家、群众的话语体现权威性和客观性,作者的评析点到为止。

二、范文阅读

▲事件述评消息

转基因博弈背后的国家利益较量

杨晶　李皎　高祥　牟维宁

新华社昨晚发布消息，中国农业部批准发放3个转基因大豆进口安全证书，加上已经批准的5个品种，目前已有8种转基因大豆可以向中国输入，转基因农作物进口进一步放开。消息一出，引发民众极大争议，更让旷日持久的转基因优劣之争再度激化。由食品安全引发的争议下，潜藏着哪些利益暗流？转基因作物获准入华，对中国农业影响几多？请听本台新闻述评《转基因博弈背后的国家利益较量》。

此次农业部再度为新品种转基因大豆"开绿灯"，业内外众说纷纭。黑龙江大豆协会副秘书长王小语、中国农业大学食品学院副教授朱毅等业界、学界众多专家针锋相对，以"转基因食品是否致癌"为焦点，"挺转基因"与"反转基因"两派掀起新一轮激烈论战。

【王小语：通过分析报告，我们最终得出的结论——国内肿瘤发病可能与转基因大豆油的消费是高度相关的！】

【朱毅：如果说你去实地调查，进行科学比对，都会发现，全部都是谣言！对转基因不利的所谓科学论文都是不可信的，无一例外！】

转基因食品到底安全不安全？自15年前转基因作物进入国门起，争论从未停止，至今尚无定论。但转基因作物进口造成的影响，却不仅仅停留在生物技术安全层面。来自中国海关的数字表明，争议不断的15年间，转基因作物进口数量屡创新高。以量多且消费面广的大豆为例，去年我国进口大豆数量比15年前增加52倍，其中绝大部分是转基因产品。

【韩长赋：从大豆原产地国变成了世界第一大豆进口国。大豆进口增长速度，很多人都始料未及、估计不足。坦率地讲，我搞农业这些年，我知道会增长，但是增长这么快，我也是没想到。】

在提到"洋大豆"进口量激增时，农业部部长韩长赋话语中频频出现"始料未及""没想到"等字眼。据国际权威经纪公司福四通调查，目前中国进口大豆占全球大豆出口总量的70%……但随之而来的，产量大、成本低的进口转基因大豆源源不断涌入国门，国产大豆由于成本价格竞争劣势，空间被挤压殆尽，主产区黑龙江大豆种植面积6年下降近1倍。著名农业专家刘忠堂指出，中国大豆对外依存度早已突破预警红线，市场定价权已旁落国外巨头手中，众多以大豆为原料的加工企业生产自主权不断沦丧，中国非转基因大豆产业正遭遇空前危机！

【刘忠堂：(大豆)价格逐渐往上涨，着急要买，中国也没有，就得上国外去，高价的

合同。市场马上就散出来,说是美国大豆、南美大豆又丰收了,价格要下调。咱们的企业就承受不了了……】

据统计,由于货源和产能限制,国内九成非转基因大豆加工企业已亏损停产,随之被外资低价兼并。大型大豆压榨企业,除九三粮油集团外,全部被世界四大粮商融资或兼并……对此,国内农产品贸易专家王培志忧心忡忡。他表示,转基因大豆是一个符号,代表着中国农产品在国际竞争中的劣势,背后折射的是国家利益正遭受严重威胁。

【王培志:大豆是表现出最早受到产业损害的行业。如果一个一个产品被外资所控制,那我们最后整个农业产业都会受到严重损害。农业是国民经济基础,那就会动摇。】

业内专家分析,非转基因农产品之困,有进口依存度过高、进口与国产价格倒挂、市场体系建设滞后、价格不稳定等诸多原因,从国家战略角度,国内市场防范国际市场冲击的准备,目前还远远不够。中国工程院院士、中国农业科学院副院长吴孔明强调,如何维护转基因博弈中的国家利益,是比探讨转基因技术本身安全与否更重要的当务之急。

【吴孔明:到目前为止,从国际上看,从国内看,技术是不是安全没有定论,这是从科学层面上说。但社会层面上,实际上是关系到我们国家的社会安全,关系到我们这个饭碗端在谁的手里的非常核心的问题……】

截至目前,我国发放农业转基因生物安全证书已达82个,准许进口转基因作物涵盖大豆、玉米、油菜等多个领域。业内人士担忧,一旦中国大范围开放转基因作物市场,凭借资金和渠道优势,外国公司将利用产品先发优势彻底占领中国市场,中国农业将沦落为为外国资本打工的境地。吴孔明呼吁,在端稳主粮饭碗同时,要探索出一条"敏感农产品"发展规划,避免引发多米诺骨牌效应,使大豆的今天成为玉米等其他农产品的明天。

【吴孔明:欧洲人口跟它的土地是平衡的,完全可以不进口;美洲是世界最大的粮仓,就是出口。我们中国人多地少,随着我们的城市化进程,(粮食)缺口越来越大……】

加入WTO后,中国经济开放度越来越高,必须学会在国际规则中寻找出路,通过国有资本市场化运作,重新掌握市场话语权。国务院发展研究中心副主任韩俊建议,从政策扶持入手,创新中国农业发展新体制,建立现代化、市场化产业链,建立种植者、加工者的利益攸关区。

【韩俊:最大的问题是现在农民种粮,他赚不了多少钱;同时地方政府把发展粮食看成是一种负担,对财政收入没什么贡献,抓粮食就意味着奉献。积极性不高的话,粮食怎么可以稳住呢?这是最大的一个隐忧……我们可以改进的政策空间仍然是很

大的,需要采取一些综合性措施。】

国家大豆工程技术研究中心总农艺师龚振平则从产业升级角度提出建议。他以大豆为例建议,要想避免高科技名义下的国际资本垄断,中国农产品应清晰产业规划、整体布局,利用绿色、有机、天然优势,保住份额、占领市场。

【龚振平:无论从农业补贴和从生产规模,都不具备人家的优势。我们怎么规划好我们市场?必须差异化竞争!我们的大豆优点在哪儿?是油用和食用兼用!从食品加工这块,我们大豆是非转基因的,那这是绿色之一吧?就完全能消费掉我们黑龙江省产的这部分大豆,这样我们的企业就能振兴起来。】

就在今天,"中国批准转基因大豆进口"消息传出后,全球转基因种子巨头孟山都股价上涨4.53%。自1997年美国实施国家植物基因组计划以来,孟山都等多家美国公司投入巨额资金进行研发,主宰了世界转基因种子市场。反观我国转基因研究,没有统一组织管理,还处于"散兵游勇"阶段,一些研究机构甚至已被国际巨头"招安"。教育部大豆生物学重点实验室副主任张淑珍认为,抛开安全性等因素,转基因被公认为当下最尖端的农业技术,不能把它视为洪水猛兽,而应迅速掌握。一旦丢掉这个阵地,将意味着彻底失去农业安全主动权。

【张淑珍:作为技术储备,我们不能落后于发达国家……】

值得关注的是,在网络有关转基因讨论中,着眼国家利益的反思逐渐增多,越来越多民众把目光从"健康安全"转向"粮食主权"。同时,以"中国粮仓"黑龙江为代表的国内农业主产区,正纷纷酝酿出台相应措施,调整农业结构、提升土地产能、改良种植品种,努力扭转本土农业被国外转基因作物蚕食局面。龙广评论员、农业经济专家刘小宁指出,在转基因博弈这场没有硝烟的战争中,对粮食安全和国家利益的考量时刻不能放松!

【刘小宁:进口转基因大豆这种冲击,为我们敲响了警钟。我们必须有清醒认识:在转基因之争问题上,国家利益高于一切!必须采取有针对性的对策,趋利避害,维护国家的整体利益,确保我们国家的粮食安全,确保13亿人的粮食安全。我们一刻都不能放松,一刻都不能动摇,应该长抓不懈!】

(本文引自黑龙江人民广播电台,2013年6月14日)

第六节 人物消息

(一)名称解释

人物消息,是对新闻人物最新情况所做的报道。

(二)主要特征

1. 代表性。在这种消息中,无论是名人还是百姓,无论是正面人物还是反面人物,都有引起关注的新闻点,有一定的典型意义。

2. 轮廓性。这种消息不对人物详叙细描,只需用画轮廓的方法介绍相关的事实,使受众了解主要信息。

(三)种类划分

1. 按身份分,有主要领导人消息、英雄模范消息、社会名流消息、普通百姓消息、起警示作用的反面人物消息等。

2. 按人数分,有个体人物消息、群体人物消息。

3. 按构成分,有单篇人物消息、系列人物消息。

(四)基本结构

1. 标题

单标题。如《行医七十载 大爱慰苍生》。

双标题。如引正式《"忠"放首位绝对听指挥 "武"当第一随时上战场 祖国强祖国昌:"忠勇孪生兄弟"10年演绎血性军人精武传奇》、正副式《硕士刘应文回乡领办农机合作社——让农民"挺起腰杆"种水稻》。

如有必要,也可以拟多行标题。

系列人物消息有总题和分题或者事由和分题。如总题《天南地北安阳人》,分题《张素霞:用双手改变命运的人》《秦辉的"三级跳"》等。

2. 消息头

根据实际情况处理。

3. 署名

一般写在消息头后或者正文后,有时置于标题正下方。

4. 正文

导语。概述与人物相关的最重要、最新鲜的事实,引用人物语言或者描写某一场景,对人物进行评价等。

主体。具体叙写有关事实。在层次上,可以按人物成长的过程或者事件发展的顺序叙述,也可以按几种特色、多个人物并列述说或者由主到次介绍。

结尾。对人物或者有关事实进行评论,补充说明有关情况。有时不单设结尾。

背景。主要是人物简介。

此外,有时附人物照片等。

(五)注意事项

1. 取事精当。由于人物消息篇幅较短,要在一人一事的原则下选择真实、典型、新颖的事实,并揭示事实的深刻寓意。

2. 写人传神。以事写人,事因人显,应该通过人物的言行反映正面人物的精神风貌和反面人物的警示作用。

二、范文阅读

▲文化人物消息

山东作家莫言获诺贝尔文学奖

本报高密 10 月 11 日讯　晚上 7 点刚过,高密的大街上便响起了鞭炮,一条消息在鞭炮声中口口相传:高密走出去的山东作家莫言荣获 2012 年度诺贝尔文学奖。这是中国籍作家首次问鼎这一奖项。

几天前,莫言成为诺贝尔文学奖大热门的消息不胫而走。来自国内外 20 余家媒体的记者奔向高密,在莫言文学馆的手稿里,在莫言出生的大栏乡平安村,在高密的剪纸、扑灰年画和山山水水中找寻密码,期待一条爆炸性新闻。

这是收获的季节,高密的棒子黄澄澄地摆满了场院和房顶,侍弄着活计的老乡们略带疑惑地观望着纷至沓来的记者。莫言的二哥管谟欣已经说不清接待了几拨客人,但他还是面带笑容。

随着时间推移,记者群里散发出焦急和期盼的气氛。他们不停地看表,翻着网页,并一遍一遍追问着莫言的下落。莫言事后对记者说,那时,他正躲在一个地方逗着小外孙玩耍,还舒舒服服吃了顿晚饭。

"成了!"晚上 7 点刚过,记者当中一个手疾眼快性子急的率先确认了这一消息,人群中随即爆发出热烈的掌声。

在斯德哥尔摩当地时间 10 月 11 日 13 时,远在北欧的瑞典文学院宣布,2012 年诺贝尔文学奖授予中国作家莫言。

瑞典文学院常任秘书彼得·恩隆德在瑞典文学院会议厅先后用瑞典语和英语宣布了获奖者姓名。他说,中国作家莫言的"魔幻现实主义融合了民间故事、历史与当代社会"。

诺贝尔文学奖评委之一、瑞典汉学家马悦然说,莫言的作品十分有想象力和幽默感,他很善于讲故事。莫言获奖会进一步把中国文学介绍给世界。

晚 9 点,让各路记者找得好苦的莫言终于现身。对于获奖,莫言表示"可能是我的作品的文学素质打动了评委,中国文学是世界文学的一部分,表现中国独特的文化和民族风情,站在人的角度上,立足写人,超越了地区、种族的界限。"他强调,"诺贝尔文学奖是重要的奖项,而并不是最高的奖项",自己要"尽快从热闹喧嚣中解脱出来,该干什么干什么"。

莫言出生于 1955 年 2 月,原名管谟业,山东高密人。小学即辍学,曾务农多年,也做过临时工。1976 年 2 月离开故土,尝试写作。1981 年开始发表作品,一系列乡土作品充满"怀乡""怨乡"的复杂情感,被称为"寻根文学"作家。他的主要作品包括

《红高粱家族》《丰乳肥臀》《檀香刑》《蛙》等。长篇小说《蛙》获第八届茅盾文学奖。

按照诺贝尔奖有关规定,所有获奖者将前往瑞典首都斯德哥尔摩,参加12月10日举行的颁奖典礼。

(本文引自《大众日报》,2012年10月12日)

第七节　简明消息

(一)名称解释

简明消息,又称简讯、短讯,是最新变动的有新闻价值的事实的最简短、最迅速的报道。

篇幅极短的快讯也属于简明消息。

(二)主要特征

1. 简略性。总的来看,这种消息应划入动态消息。之所以单独强调,是因为它比常见的动态消息篇幅短小,表达概略,通常200字左右,一句话消息、标题消息的字数更少。

2. 快捷性。这种消息有更高的时效要求,要求即时报道,让受众迅速了解有关信息。

(三)种类划分

1. 按范围分,有国际简明消息、国内简明消息。

2. 按内容分,有重要事件简明消息、一般事件简明消息。

3. 按时态分,有已发生事实简明消息、正进行中事实简明消息、即将发生事实简明消息。

4. 按形式分,有段落消息、一句话消息、标题消息等。

5. 按构成分,有单篇简明消息、系列简明消息。

(四)基本结构

1. 标题

单标题。如主题式《重庆出入境检验检疫打破辖界》、事由式《全国书法篆刻作品展开幕》。

有时拟双标题。如引正式《见证滨海新区简政放权历史　"109枚封存审批公章"被国博收藏》、正副式《环保部督查7省市空气质量——多地仍存在扬尘等现象》。

系列简明消息多拟栏目标题,单篇是否拟题酌定。

2. 消息头

根据实际情况处理。一句话消息、标题消息不设此项。

3. 署名

多写在消息头后或者正文后,有时置于标题正下方。一句话简明消息、标题消息不设此项。

4. 正文

大体来说,简明消息的要素不必齐全,一般只写何人、何事、何时、何地,有时省略何因、如何;结构不必完整,一两段文字已将导语与主体合并或者删去其一,也不单设结尾,在受众知晓的前提下不必专门交代背景。

(五)注意事项

1. 抓核心。要抓住单一事实的核心部分,简明扼要地报道,着力突出要旨,无须面面俱到,更不要注意细枝末叶。

2. 善压缩。要讲究删繁就简的艺术,尽量压缩篇幅,做到多一字赘疣、少一字残缺。

二、范文阅读

▲单篇简明消息

辽宁部署 2015 红盾网剑专项行动

本报讯　辽宁省工商局决定从即日起至 11 月开展 2015 红盾网剑专项行动。此次专项行动以规范网络市场秩序,促进全省网络市场健康发展为目标,以维护网络消费者、经营者合法权益为落脚点,针对消费者、经营者和媒体反映强烈的电子产品、汽车配件、服装鞋帽、农资及其他具有特点的重点商品和突出问题,强化对网络交易平台的监管督导及责任落实。工商部门加强对全省网络经营者"亮照亮标"情况的排查,推进网站(店)经营者身份识别;严厉打击网络交易非法主体网站,依法查处利用网络进行不正当竞争、销售假冒伪劣商品、"刷信用"等违法行为。(麻小军　李红)

(本文引自《中国工商报》,2015 年 7 月 8 日)

▲系列简明消息

2015 春运一线
郑州　查询推出"云服务"

本报郑州 2 月 4 日电　(记者王汉超)春运已至,车站客流激增,一台功能齐全的查询系统可以解决不少旅客的问询。近日,记者在郑州东站候车厅看到一套可为游客"解忧"的高科技设备,这是首套铁路智能查询系统,调试人员管它叫"云服务":"它目前已经集纳了 21 种功能,问路、查车次、特殊人群预约服务等都能在上面实现,万一旅客手机没电了,还可以在这里应急拨打 3 分钟电话。"

郑州火车站也在售票厅、候车厅、中通廊铺设了无线网络,实现车站全覆盖。

重庆　服务用上"微手段"

本报重庆2月4日电　（记者蒋云龙、刘真珍）春运首日，重庆火车站预计将发送旅客6.5万人。为服务老幼病残孕等重点旅客，重庆火车站设置专门服务点、并主动运用微信、微博等"微手段"接受预约，无偿提供接送进出站、上下车服务。除了现场求助和电话预约，老幼病残孕等需要帮助的旅客可以直接联系重庆火车站官方微博、微信。车站接到预约后，将安排志愿者前往地铁口、公交站接人，并提供无偿的进出站、上下车接送服务。

川渝贵地级市　自助售票全覆盖

本报成都2月4日电　（记者张文）记者从成都铁路局获悉：该局投放的火车票自助售票设备已全面覆盖四川、重庆和贵州的地级及以上城市火车站和部分客流较大的县城火车站，以方便旅客自助购票。据了解，成都铁路局目前已投入自助售票设备863台，比去年春运期间增加了440余台。目前，成都铁路局已设置站外自助设备51台。

广州　移动客服首上线

本报广州2月4日电　（记者李刚）春运首日，首个铁路移动客服中心正式上线，旅客可借助"网上候车"规划自己的春运出行，车站借助"移动客服中心"减少旅客在车站滞留时间。记者在高铁广州南站了解到，不少旅客在车站大幅宣传广告提示下，通过手机扫描二维码并下载安装"广州铁路"APP，即可查询自己乘坐的列车是否晚点、进站情况、入检口安排等。也可以查询余票信息、车票代售网点等基本服务信息。

（本文引自《人民日报》，2015年2月5日）

第三章 通 讯

第一节 通讯概述

一、写作要点

(一)名称解释

通讯,是综合运用表达方式和表现技法,具体生动地报道人物、事件、风貌、工作的一种新闻体裁。

(二)主要特征

1. 翔实性。在内容上,通讯和消息一样要求确凿无误,但它比较详尽地叙写人物思想和行为的变化、事件的发展、风貌的表现、工作进程及成效,因而显得更加丰富。

2. 形象性。在表达上,消息直接述说,通讯可以综合运用表达方式和表现技法并使用文学语言来刻画人物、描述事件、展示风貌、介绍工作,以增强报道效果。

(三)种类划分

1. 按范围分,有国际通讯、国内通讯。

2. 按内容分,有人物通讯、事件通讯、风貌通讯、工作通讯等。

3. 按表现形式分,有常规形式通讯、特殊形式通讯。

4. 按篇幅分,有长篇通讯、中篇通讯、短篇通讯、小通讯。

5. 按构成分,有单篇通讯、系列通讯。

6. 按媒体分,有报纸通讯、杂志通讯、广播通讯、电视通讯、网络通讯等。

(四)基本结构

1. 必备项目

(1)标题

单标题。主要有六种写法:一是公文式,如《老县长素描》;二是对象式,如《玉树工地上的老张和小张》;三是主题式,如《南水北调　构建中华大地新"水网"》;四是事由式,如《老字号的味道》;五是背景式,如《红山嘴,大雪即将封山》;六是提问式,如《为何金门供水总差"最后一公里"?》。

双标题。有两种:一是引正式,引题揭示意义、渲染气氛,正题说明主题或者事实,如《东晟纸业轻视环保被责令停产治理　重视环保使奥辉纸业得到良好回报　同是造纸厂　盛衰两重天》;二是正副式,正题揭示主题或者意义,副题交代对象、事由、文种,如《守望精神家园的太行人——红旗渠精神当代传奇》。

系列通讯有总题和分题或者事由和分题。如总题《衡阳破坏选举案透视》,分题《疯狂的红包　失控的选举》《不担当之害　无异于腐败》《知耻而后勇　铁腕正风纪》。

（2）署名

一般写在标题正下方,有时写在消息头后或者正文后。

（3）正文

前言。主要有两种写法:一是直起式,开篇直述其人其事,直接抒发感情或者直接发表见解,为全篇定基调;二是侧起式,通过描写场景和引用典故、诗文名句等方式为下文做铺垫。

主体。在层次上,主要有以下三种:一是纵式结构。按照时间的推移介绍人物、事件、风貌、工作以及采访经过,易于了解进程及始末;或者用递进式,围绕主题逐层深入地叙议。二是横式结构。多地、多行业、多项工作、多个侧面等并列叙写或者把截然不同的事物对比说明。三是纵横式结构。就是把以上两种结构交错安排。此外,还有集锦式、辐射式、蒙太奇式、悬念式、意识流式等结构。在写法上,在叙述、说明的基础上,灵活运用描写、抒情、议论等多种表达方式,并且适当运用表现技法和修辞手法来描摹和渲染。

结尾。主要有两种写法:一是点睛式,深化主题或者解释意义;二是补充式,对上文补充说明,丰富内容,增加韵味。如无必要,可以不单设结尾。

此外,广播通讯诉诸听觉,电视通讯视听结合,网络通讯多媒体运用,安排正文也要发挥各自特长。

2. 选择项目

（1）消息头

是否设此项,酌定。

（2）附录

有时加图片、表格等。

（五）注意事项

1. 突出时代感。通讯对工作具有较强的引导和教育作用,要求作者站在时代的高度,善于发现那些具有个性特征和普遍意义的典型人物、事件、风貌、工作,并提炼富有时代精神的主题。

2. 增强表现力。通讯不仅叙写事实,还要描摹形象。因此,要恰当运用表达方式、表现技法、修辞手段进行立体描述和细节刻画,运用生动活泼的群众语言,来感染受众。

二、范文阅读

▲报纸通讯

老红军和他的三个兵——
送雷锋当兵,送郭明义当兵,送老儿子当兵是余新元最自豪的事

本报特约记者　杜树人

12月3日,记者来到解放军鞍山军分区干休所的老红军余新元家。走进客厅,一幅雷锋的照片出现在眼前,雷锋的嘴角挂着微笑,像在和我们打招呼。"我就是余新元!"犹如洪钟响过,一双大手握住了记者的手。落座后,记者同×老像多年未见的老朋友一样,亲热地唠了起来。

"送"自己去当兵

余老先是轻描淡写地谈了自己当兵后的76年。

"1936年10月,红军来到会宁,会宁离我家不远。毛主席也来了,他讲话我去听过,好多话我没大听懂,但他说红军是咱穷人的队伍,这句话我听懂了。所以,我把放羊的鞭子一扔,当了兵。那时,我差一个月满13岁。"

"我参加过大小500余次战斗。黄土岭战役,左腿被敌人机枪打成了马蜂窝,是白求恩主刀保住了我的腿;狼牙山反扫荡中,我与'狼牙山五壮士'同在一个团,受伤后昏迷了200多天;百团大战中,我的屁股上被炮弹炸出7个眼儿……"

"我是1981年离休的,最后一站是鞍山军分区副政委。退休30多年来就干了一件事儿——宣传雷锋。你看,我的聘书,一铁箱子都装不下。我是全国146所大中小学校的校外辅导员,还是多家单位的党课教员和顾问。30年间,我作雷锋专题报告、上党课4000多场,听众差不多有400万人……"

送雷锋去当兵

接着,余老流着眼泪谈了送雷锋当兵的经过。

"1959年底雷锋报名参军,当时我是辽阳市武装部政委。雷锋身高和体重都差一点点,评议时被拿了下来。我问小雷子,你现在拿38元8角5分工资,不是挣得挺多吗?雷锋回答说,我报名参军是想到前方打仗。听了雷锋的话,我一连叫了几声好。后来,雷锋搬到我家来住,一住就是58天。有一天改善伙食吃菜包子,我问雷锋,你当兵爸妈同意吗?雷锋把刚咬了两口的菜包子放下了,眼里全是泪水。雷锋是最后一个穿上军装的,那天他可高兴了。他对我和老伴说,首长,让我叫你一声爸爸吧！阿姨，让我叫你一声妈妈吧！走那天，我老伴给他买了背心、裤衩、毛巾，一直把他送到车站，嘱咐说，'小雷子啊，阿姨希望你到部队好好干，当毛主席的好战士'。"

"雷锋牺牲的消息我是在《前进报》上看到的。我老伴把报纸递给我，流着泪说：'咱那儿子走了！'想到雷锋和我们全家相处的日子，想到雷锋经历的那些往事，我们全家人都哭了，连中午饭都没吃……"

送郭明义去当兵

再接着，余老笑着谈起了送郭明义当兵的经过。

"1976年底，有一天，郭明义的父亲来到我这，没进门就喊：'老政委啊，我来找你来啦！'见到他，我就乐了。我说，啥事啊？他爸说，我今天来没别的事儿，就是送我儿子郭明义当兵。我问，检查上了吗？他爸说，检查上啦！我说，检查上了不就行了嘛！他爸摇着头说：'不行不行，今年检查上的可多了，听说走得少，反正你得让我儿子走上！'我说：'你怎么跟当年雷锋一样的调，还赖上我了是不是。'我拿起电话，打给军分区动员科科长车文普，问了一下郭明义的情况。小车说，郭明义体检、政审都过关了。我说，郭明义他爸、他叔是鞍钢工人出身，郭明义是个好苗子，部队需要这样的。"

"新兵出发时，郭明义代表全体新兵发言。郭明义精瘦精瘦的，说话倒很有力量：'我们要向雷锋学习，做毛主席的好战士！'前些日子，郭明义到我家来，我对他说，当雷锋传人，不能当带引号的。你说我说得对不对？郭明义说，对！对！"

送老儿子去当兵

最后，余老神情严肃地又谈起了老儿子余锦旗。

"孩子们对自己要求都挺严，从不干越格的事儿，大格小格都不越。老儿子余锦旗1978年当兵。到部队后他给我写信，让我找人调动调动。我回信写了11页纸，我说你别埋怨老爹对你要求严，你不要和别人比，要和雷锋比。老儿子看我不开口，就闷着头干了下去。这小子干得还行，入伍一年多就被评为军区装甲兵优秀共青团员，入伍第二年就入了党，还当上了班长。1981年年底，老儿子退伍回来被分到鞍钢最北的选矿场当工人。后来，公安局选警察，他被选中了。老儿子对我说：'老爹，我最后一次求你，找人说句话，让我进一个条件好一点的公安分局。'我摇摇头。结果，老儿子被分到鞍山郊区一个分局，当上了一名侦查员。你知道干这行很危险，我天天担心。老儿子干得挺出色，被评为全国优秀人民警察、鞍山市劳动模范、辽宁省优秀青年卫士等，荣誉标兵也是一大堆！"

告别余老时，余老和记者来了个拥抱。他把脸贴在我的脸上，紧紧地、紧紧地，一股暖流涌遍我的全身……

（本文引自《辽宁日报》，2012年12月15日）

第二节 人物通讯

一、写作要点

(一)名称解释

人物通讯,是以新闻人物为对象,反映其先进事迹和精神风貌或者起警示作用的报道。

(二)主要特征

1. 类型性。这种通讯中的人物分为正面人物和反面人物两类,前者是反映时代精神、具有崇高品德、创造先进业绩的优秀人物,代表着社会发展的方向;后者充当反面教材,具有警示意义。

2. 立体性。与人物消息比,人物通讯显得更立体,把学习、生活、工作所经历的"表象"与其思想感情"内涵"结合起来,形神兼备。

(三)种类划分

1. 按身份分,有主要领导人通讯、英雄模范通讯、社会名流通讯、普通百姓通讯、起警示作用的反面人物通讯等。

2. 按人数分,有个体人物通讯、群体人物通讯。

3. 按写法分,有传记式人物通讯、特写式人物通讯、组合式人物通讯等。

4. 按构成分,有单篇人物通讯、系列人物通讯。

(四)基本结构

1. 标题

单标题。如身份加对象《算账书记吴金程》、对象加主题《方永刚:真情传播真理》、对象加事由《两个舟曲女人的灾后一年》、对象加评语《陈冰:身残志坚的当代公安"保尔"》。

双标题。以正副式为主,如《永远和人民在一起——献给顽强奋战在抗震救灾最前线的中国共产党人》。

标题中常写"记""小记""追记""印象""故事"等词语。如《百姓心中的丰碑——追记公安局长的楷模任长霞》。

系列人物通讯有总题和分题或者事由和分题。如总题《种粮大户夏根固的故事》,分题《幸福的烦恼》《多余的忧虑》《轻松的耕种》《划算的合作》《贴心的实惠》《田头的琢磨》《绿色的防控》《增值的稻田》《上涨的工钱》《资金的困扰》《丰收之后的担忧》《盘点收成》。

2. 署名

写在标题正下方、消息头后或者正文后。

3. 正文

前言。以肖像或者场面描写、所得荣誉、人物简介、人物简评等起笔,要新巧夺人。

主体。着重写人物的性格特征和典型事实,从而展示精神面貌或者起警示作用。在层次上,传记式人物通讯把人物成长的过程划分成几个阶段逐一叙说,或者抓住最主要的某些阶段重点介绍;特写式人物通讯聚焦于某项工作、某种任务、某一事件、某个场景按时间顺序或者逻辑顺序安排;组合式人物通讯可以按照几个故事、若干认识、不同侧面、多个人物并列描述,也可以分主次刻画。

结尾。赞誉人物,指出警戒,展望前景,补充说明,等等。

此外,是否加消息头和附录,酌定。

(五)注意事项

1. 突出个性。要选择性格、经历、事实等带有鲜明个性特征的人物,着力打造"这一个",给受众留下鲜明的印象。

2. 妙用手法。在矛盾冲突中刻画人物,借他人之口或者景物描写等烘托人物,用个性化语言和生动细节体现人物性格。

二、范文阅读

▲军人通讯

"九天猎手"蒋佳冀
本报记者　倪光辉

两度斩获空军飞行员对抗空战考核"金头盔",10余次执行重大演习演练任务,15次实弹打靶命中率100%,被空军授予"矢志打赢的模范飞行员"荣誉称号……

交出这份成绩单的,是一名1999年入伍的"80后"特级飞行员——空军航空兵某三代机团团长蒋佳冀。

去年12月30日,由全军官兵投票产生的2014年度"践行社会主义核心价值观、争做新一代革命军人"10位新闻人物揭晓,蒋佳冀赫然在列。

《孙子兵法》称:"善攻者,动于九天之上。"蒋佳冀,就是九天之上善攻的猎手。

"没有永远的战法,只有永远的变化"

2011年秋,中国空军首次对抗空战检验性考核拉开战幕,100余名精英飞行员列阵鏖战,争夺10个象征职业至高荣誉的"金头盔"。此次对抗,是一场"自由仗",战机上天,只要能打赢,想怎么打就怎么打。

作为参战的少数几名"80后"飞行员,蒋佳冀第一仗便遭遇威名远扬的王牌部队飞行员,装备性能和对抗经验都优于自己。

第一天,双方从7000米高空缠斗到3600米中空。激战中,他大速度、大幅度急转抢先,战机过载超过7个G,接近了性能极限。但他沉着冷静,抓住战机,连战连捷,最终以大比分完胜对手。首战告捷,他又接连战胜对手,成为当年最年轻的"金头盔"获得者。一年后,蒋佳冀蝉联这一殊荣。

从名不见经传的"蓝天雏鹰"到令人瞩目的"尖刀团长",蒋佳冀的身上深深烙上了时代的印记。

那年,部队组织对战机信息系统进行升级。"空军是高技术兵种,设备更新,必将带来观念创新。"蒋佳冀敏锐地嗅到了这一战斗力"增长点"。熟练掌握设备基本性能后,他还向专家求教,并找来外军相关资料,摸索不同模式的使用方法,将几项新功能应用融入日常战术训练。"悟性极高,内心敞亮。从不藏着掖着,敢于发表个人看法。"蒋佳冀的二代机教员、老副团长陈玉林这样总结蒋佳冀的成功秘诀。

"没有永远的战法,只有永远的变化",蒋佳冀与战友们研练了10余套行之有效的战法,先后被四总部评为"全军优秀基层干部"和"全军学习成才标兵",荣立了二等功。

每次飞行训练,都是"打仗前的最后检验"

"九天猎手"绝技是怎么样炼成的?

"他有一双鹰眼!"有人告诉记者。经测验,蒋佳冀目视发现距离比有些飞行员多出5~10公里。

先敌发现、胜敌一半,空战中,目视发现能力至关重要。然而,一直以来,目视发现训练主要靠老飞行员的零碎经验,缺少系统科学的训练方法。

为此,蒋佳冀专门请教医科大学的眼科专家,了解眼睛基本构造和功能特点,并利用对抗训练契机反复试验,总结出间隔扫视、循环搜索、交替搜索等训练办法,终于练成"绝技"。

"飞得高,因为他看得远。"在师政委廖应宾看来,蒋佳冀的骄人成绩,更源于另一种层面的眼力。

1999年高中毕业,蒋佳冀放弃做民航飞行员的机会,选择招飞入伍当空军飞行员;2003年军校毕业,婉拒"留校当教员"的劝说,选择到一线作战部队;2006年初露锋芒,放弃在二代机部队提前晋职的机会,选择从头开始改装新型战机……

心中想着飞行,脑子琢磨打仗,是他的工作常态。每场对抗前,蒋佳冀都认真研究对抗空域特点、对手战机性能、干扰手段,对空战的每一个环节都精心做了预案。在蒋佳冀眼里,每次飞行训练,都是"打仗前的最后检验"。

上高原、穿戈壁、赴沿海……这些年来,蒋佳冀在高难课目中练、在处置特情中练、在突破极限中练,执行重大演训任务10余次,15次实弹打靶全部命中。

"为荣誉而战,人人皆可成'王牌'"

在航空兵部队有句行话:"飞行的结束,才是训练的开始。"

走进飞行讲评室,飞行员、领航员、电抗人员、机务骨干悉数列席。背后数台电脑一字排开,态势图、飞行参数、视频等数据实时回放。讲台上,飞行员讲述空战过程,讲台下不断有人提出建议。他们一秒一秒地回放空中动作,一个数据一个数据计算核对,有时为了一个动作、一个数据争得面红耳赤,有时又为了一套战法的成型又彻夜难眠。

"我要带的不只是会飞的飞行员,而是会打仗的战斗员。"自2011年3月当大队长时起,蒋佳冀便旗帜鲜明地提出了新员带教理念。

"从第一架次飞行开始,就植入打仗意识!"基础科目开飞前,蒋佳冀就给新员灌输如何在空中学会生存;战术科目训练中,设置"假想敌",从能量、角度、高度等方面分析每个动作的战术价值;为让新员感知实战的火药味,他专门组织观看对抗空战视频,请参加过"金头盔"空战的老飞行员分析讲解……

"没有平时战时,只有岗位战位。"秉承为战而飞的理念,蒋佳冀一系列训练举措,使新员成长周期缩短7个月。蒋佳冀带出的14名飞行员,个个都是执行重大任务和创新战法训法的排头兵,其中9人已成为某新机团大队长、副大队长等。2014年9月,蒋佳冀被任命为团长。

"以前升空作战,想得更多的是'击落对手',而今后,我的眼里要装着一张体系制胜图。"自信、奋进、超越,透过蒋佳冀的心声,记者感受到其代表的精武之风,正在空军部队蓬勃生发……

(本文引自《人民日报》,2015年1月12日)

▲社区干部通讯

陈叶翠的"当家语录"

许娟 尹衍霞 徐宁 吕晓燕

今年58岁的陈叶翠当了26年家,大家都说她是个"好当家"。因为家当得好,她当选为党的十八大代表,还被提名全国道德模范。陈叶翠当的是什么家?这个家她又是怎么当的呢?近日,我们到历下甸柳一社区进行了深入采访。下面就让我们一起来听听社区当家人陈叶翠的"当家语录"。

陈叶翠语录:堵门并不是办法,服务才能深入人心。我就把这个心掏给老百姓,老百姓会把心掏给我。我就是这么衡量我自己。

(现场音记者:大爷你是上这活动活动?大爷:你有什么事儿吗?记者:我没事,我来找陈主任。)

采访陈叶翠,我们没有特意安排,很随机地在她的社区里转了转。

(大爷:陈主任不一定在家。事儿太多了,还得开会,还得干么,人都找她,什么事儿都找她。)

正说着呢,陈叶翠从远处急匆匆地走了过来,她正要去附近的社区小工厂看看,这两天活儿多,不知道这人手够不够用。

(现场音工厂声音)

(陈叶翠:哎,张红,怎么样了现在?张红:行,挺好的。陈叶翠:一天干多少个?张红:这现在200来个吧。陈叶翠:200来个,20来块钱。张红:对,对,昨天晚上带回家干了50多个。陈叶翠:老公支持了吗?张红:支持了……)

一边笑眯眯地跟张红聊着天,一边陈叶翠也站在桌旁折起了纸袋子。今年54岁的张红孩子上大学,生活本就不宽裕,下岗后想出去找个工作补贴一下家用,可这个年纪又没啥学历,工作并不好找。

(陈叶翠:她是出去打工,就是年龄的事儿。打打三五天,一个星期就回来。多少个单位了?张红:有六七个单位了。干着干着吧人家年轻人来了,人多了,人家先让年纪大的先下去。陈叶翠:我动员她来的。她这个利索劲的沉下心来干,她一个月拿1000块钱没问题。)

说是小工厂,其实面积不过几十平方米,几排桌子和椅子,还摆了要制作成纸袋的纸张,条件虽然简陋,但没少让陈叶翠费心。说起来,当初要建这个工厂,还是因为社区里一个叫李珍的女孩。

(陈叶翠:这个李珍今天没来。李珍因为是个残疾人,当时我给她跑单位跑了得有13个单位。每次去,人家都说,好,你回家等着吧,回家等着吧,其实等来等去就没消息了。)

那段时间,陈叶翠整天着急上火。

(陈叶翠:她是四级智力残疾嘛,所以人家单位都不要。不要怎么办你说,所以我就觉得求谁不如求自己。)

工厂刚创建的时候,没有场地,是陈叶翠四处奔波给找来的,没有工作台,是陈叶翠一砖一瓦给铺好的。为了留住客源,她还曾经发动社区里的党员一起和工人糊纸袋,一个通宵糊了将近一万个。还好,小工厂经营得不错,除了李珍,这里还曾经先后容纳过50多名社区里的"就业困难户"。

(居民:天天有活儿干,现在活儿你看成品这么一些,不间断这活儿。)

(陈叶翠:我们现在是什么,不是厂家炒我们,我们要炒厂家,反正这种加工活儿是比较多了,所以他们来跟我们谈协议的时候,按月结账,不按月结账我就不跟你合作。)

在陈叶翠的忙活下,社区里还成立了就业促进会,并跟30家大型企业签订了劳动合同,这几年社区里的500多名下岗失业人员全部实现了就业和创业。

(居民:都能找着活儿,不挑不拣,接着我就能给你找着活儿,俺主任就是这个样儿,没有失业的。)

让大家都有活干不容易,那让社区里的247户拆迁居民都满意,听起来就更不是件容易的事了。因为居民不满拆迁安置的方案,甸柳一社区辖区内的济南二汽片区改造项目曾经一度搁置了好几年,现在大家想起来还直挠头。

　　(拆迁居民:我们是单位宿舍,单位根本就不管。单位就想着急着把这块地卖出去,我挣了钱再说。一开始不认为陈主任能给我们管这件事儿……)

　　卧室才6个多平方米,放不下一张1米8的床;许多户型常年在阴面,见不到一点阳光……这样的设计难怪居民有意见,了解到这些情况之后,一边说着不该管,一边陈叶翠就忙活起来了。

　　(陈叶翠:这个事情本不该我们管,但你在我们社区住着,我们就尽这个义务给你管……)

　　那些日子,陈叶翠在开发商和居民之间两头跑,一个月的时间硬是跑烂了一双鞋。

　　(陈叶翠:因为你这个方案确实不合理。后来我们收集意见,一些老百姓的意见。说句实在话,这个社区你得主持一个正义。)

　　最终,开发商妥协了。

　　(陈叶翠:开发商花了100万元,又用了上海一个设计院的设计,把这个户型才公布出去,大家没有意见了。)

　　2013年9月,涉及拆迁的247户居民全部顺利搬迁,没有一个人愿意拖后腿。

　　(拆迁居民:有的满意得就像疯了一样,也喊,也跳,哎呀我得谢谢陈主任,没有陈主任这次领着我们找,我们能赶上这个好事儿?)

　　就业、住房是老百姓的大事,其实,社区里的点点滴滴在陈叶翠看来都不是小事。

　　(居民:头一阵家里下水道有点不通,陈主任在我们家弄到晚上8点多。有的老人儿女们都远,她都派义工,买饭啊,什么打扫卫生,做被子,我们反正就是太幸福了。)

　　(居民:不管大小事只要找主任没有办不了的。都信任主任,有困难不用愁。)

　　……

(本文引自济南广播电视台,2013年11月21日)

第三节　事件通讯

一、写作要点

(一)名称解释

　　事件通讯,是以新闻事件为对象,反映其发生、发展、结局以及意义的报道。

（二）主要特征

1. 叙事性。这种通讯侧重于记事，报道具有新闻性的典型事件，较为详细地介绍事件的原因、过程、影响，同时叙事还与写人相结合。

2. 多样性。这种通讯取材范围很广，从国外到国内，大至执政治国小至衣食住行，多则数事并陈少则一事述说，既可鸟瞰也可管窥，根据写作意图处理。

（三）种类划分

1. 按轻重分，有重大事件通讯、一般事件通讯。

2. 按内容分，有大事型事件通讯、成果型事件通讯、感人型事件通讯、揭露型事件通讯、突发型事件通讯等。

3. 按时间分，有现实事件通讯、历史事件通讯。

4. 按写法分，有全景式事件通讯、片段式事件通讯。

5. 按构成分，有单一事件通讯、系列事件通讯。

（四）基本结构

1. 标题

单标题。如公文式《"三北"造林记》、主题式《爱心无价》、事由式《世纪大阅兵》、背景式《相思正是吐黄时》、提问式《渤海二号钻井船翻沉事故说明什么?》。

双标题。如引正式《谁持彩练当空舞　雪域天路舞银蛇　拉日铁路开通运营》、正副式《贫困县刮起奢侈风——河南濮阳干部建豪宅机关盖大楼》。

标题中常写"记""印记""纪事""纪实""纪略""故事""目击""亲历"等词语。如《共同为未来发展思考——2010上海世博会纪略》。

系列事件通讯有总题和分题或者事由和分题。如总题《"油耗子"现形记》，分题《拉油车中途驶入神秘停车场》《记者潜伏停车场　目击"油耗子"黑色交易》《记者追踪光顾停车场拉油车》《运油车偷油被查出　六名司机被控制》。

2. 署名

写在标题正下方，消息头后或者正文后。

3. 正文

从叙事线索上看，事件通讯常用以下五种方法：一是顺叙式，以时间推移为序，按开端、发展、高潮、结局的框架来写，脉络清晰；二是倒叙式，先写事件的结局，然后再叙述事件的发生、发展过程，这种悬念、释念的结构吸引力很强；三是并叙式，把有一定联系的几件事组合起来，共同表达一个主题；四是剪叙式，剪取某个片段分别述说；五是综叙式，把以上几种方法交错运用。

在结构安排上，前言概述事由及背景，交代结局，描写最精彩的场面；主体根据需要安排纵式、横式、纵横式层次；结尾指出结局、加以评价、补充说明等。

此外，有时写消息头、加附录。

(五)注意事项

1. 选材精当。在实地采访的基础上，围绕报道的任务和重点，鉴别事件的价值大小和受众的兴趣浓淡，发掘事件的典型意义，确保事件来源真实、结论正确。

2. 剪裁合理。要考虑事件特点以及文章的主题、篇幅等因素，精心剪裁，做到先后有序、轻重适宜、详略得当。

二、范文阅读

▲科技事件通讯

生物酶素产业诞生记
本报记者　梁捷

在哈尔滨市利民开发区，有一个年生产各种生物酶素8000吨的公司——京福龙农牧科技开发有限公司。公司主要将生物酶素应用在农牧业生产中，解决了多年来农药、化肥过多和抗生素滥用带来的环境污染和食品安全的老大难问题。

公司董事长孙文彬说，创新其实很简单，技术加上资本再加上市场需求，就会带来创新创业的新机会。

数以千次试验，生物酶素研究有了突破

2015年，中央"一号文件"再次关注农业问题，要求在农牧业生产上实现"降肥、减药、稳产、增效"。

我国已有系列生物酶素产品问世，并开始应用在农牧业中。它的发明人是76岁的中国生态学会理事、原厦门大学连玉武教授。40年来，他先后主持、参加各级科研项目21项，其中完成国家自然科学基金7项。他曾结合教学，对生物酶素进行过近20年的基础研究。

2001年，他退休了。查阅多年整理的有关"酶素"技术方面的一大箱子资料时，他再次萌生了继续这项科学研究的想法。

一次次失败，一次次积累，经过长达1年多数千次的试验后，连教授和他的团队终于找到了各个菌种的驯化方法，使多种菌共生成为现实。又经过2年的努力，在"复合菌种"的"筛、选、驯、扩、配"等方面取得了突破性的成果，成功做到了多种有益微生物菌群共生于一体，在生物技术开发上有了重大突破，填补了国家生物酶素研究的空白。

戏剧性邂逅，带来了生物酶素在农牧业上的试验

2011年4月的一天，连教授家里来了一位特殊的客人，他叫孙文彬，在北京从事房地产开发。一天，因为应酬，他酒喝多了。一位朋友给了他一支没正式上市的口服液，说是可以解酒。果然，饮后10分钟，他从酒醉状态中快速清醒过来。于是，他开始寻找这种产品，准备投资开发。用了半年多的时间，他追踪到了厦门大学。这种产

品,就是连教授研究的一种生物酵素制品。

2011年6月,孙文彬联合连教授在厦门市成立了一家生物科技公司。

为了完成植物类、动物类酵素产品试验,孙文彬与连教授一道身背电脑、电子显微镜等仪器设备翻山越岭,上山下乡,足迹踏遍十几个省区。到2014年,连教授与合作者向国家申报了9项发明专利,目前获批3项,包括植物精华酵素、动物酵素、人体综合活性酵素。这三项发明专利表明,我国已取得了生物酵素开发的自主知识产权。

迟到的新技术,带来了农业健康发展的新希望

春华秋实,20年潜心研究,10年持续开发,如今硕果满枝。在连教授的技术支持下,孙文彬已投入3亿元,用于生物酵素技术的持续研发和生产。

目前,生物酵素带来了种植业和养殖业的全新革命。依托植物酵素技术,公司先后开发出酵素茶、酵素蔬菜、酵素水果等,陆续出现在市场上。

自2011年以来,孙文彬和连教授把用生物酵素替代"抗生素"列为攻关课题。为方便研究和实验,2012年,他们将公司迁至哈尔滨市。历时2年多,投入近4000万元,在10多个省区,进行了大面积实验,取得了437个生产实证。通过研究和实验,首次在养殖业中实现了用酵素产品全程替代"抗生素"。

2014年,国内第三方机构"普尼测试"对送检的"无抗猪肉样品"和"无抗鸡蛋样品"进行检测,没有检测出相关抗生素及有害微生物。如今,酵素原粮、无抗肉蛋产品进入市场,成为消费者欢迎的安全食品。

(本文引自《光明日报》,2015年5月19日)

▲应急事件通讯

营救两名被困可可西里澳大利亚探险者

杜汉成　陈洁　刘革平　任桂香

1. 艰苦的搜寻——六天六夜不抛弃　不放弃

【导语】10月8日,2名澳大利亚籍探险者贸然闯入可可西里无人区,17日因胳膊摔伤发出求救信号。从17日17:30开始,青海上下高度重视,先后从格尔木、茫崖派出三支搜救队伍,在可可西里广袤的无人区展开了一场艰苦卓绝的搜寻。

【正文】营救可可西里2名被困澳大利亚人第一救援队是从南线经卓乃湖自然保护站进入,18日晚抵达卓乃湖东岸,被大雪峰(雪月山)挡住了去路,无法到达2名失踪人员坐标点,被迫下撤。

【正文】10月19日,再次比对被困者提供的坐标后,格尔木市于当天10时派出由市特警支队马成章副支队长带队的第二支救援队,驾驶适合于高原草甸行进的轻型越野车,随队配备3名特警、向导、医生、公安消防、GPS操作员共8人,决定从不冻泉保护站进入,经可可西里腹地的库赛湖逼近被困坐标展开搜救。因为行动紧急,

第二支搜救队只带了一部卫星电话和应急食品就赶紧出发了。

【同期】格尔木市公安局特警支队副支队长马成章：第一个他定了两个点名，确定了经度和纬度。

【正文】可可西里地处青藏高原腹地，平均海拔4600米以上，地域面积25万平方公里，高寒缺氧，自然条件恶劣，素有"生命的禁区"之称。在这里进行搜救，对搜救队员的生理和精神的考验都达到了极限……

【同期】马成章：那时候我们卫星电话只能打进来，打不出去。

记者：急坏了吧？

马成章：非常着急。我们局长也是非常着急，让我们每两个小时汇报一次，但是做不到这一点，实在没有办法。

【正文】所幸一个偶然打进的电话让设在格尔木市公安局的指挥部了解到了这一困境。指挥部此后每两个小时会打来一次电话，沟通问题解决了。到了20日下午4点，救援队抵达可可西里豹子峡附近，距离目标还有32公里时，搜救队员遇到了红水河的阻挡。

【同期】马成章：我们当时也是几次想冲破红水河，但是几次冲过去陷住，冲过去陷住，没有办法。

【正文】车辆陷在河中拖不出来，马成章决定留下一名司机看守汽车，其余的队员弃车徒步继续向目标地行进。

【同期】马成章：当时说的是直线距离，卫星遥感测绘测出来的直线距离，进去以后根本就不是那样子的。

记者：绕来绕去？

马成章：河水是绕弯的，假设遇到这个弯儿的时候，你在这个地方是一座山，河水滩，这是一条河，河水绕到你这儿了，这儿有一座山，那就没有办法，你就要绕这个山，或者爬上去，所以这样穿越的话，我们算一下这个距离，以我的经验，我也没有具体数字，但是我感觉至少走了120公里。

【正文】来回120公里的徒步救援，按着在山地上每小时4公里的时速计算，要走30个小时才能完成，更何况这么长的徒步距离还是在海拔接近5000米的地方。还不时有熊、狼、豹子等猛兽出没，威胁大家的生命。白天还好说，到了晚上，气温在零下十几摄氏度，救援队员也没有携带帐篷和睡袋，只能就地找个避风的地方和衣而睡，还得提防猛兽进攻。

【同期】马成章：三天没睡觉。

记者：三天三夜都没睡。

马成章：我随时要提醒队员，不能睡着，睡着就会死掉，不能睡着，始终在提醒队友。

【正文】就是这样大家相互提醒,凭着一股不抛弃不放弃的精神,终于到达了目标地点,找到了2名被困探险者。

【同期】马成章:21号那一天,我们是早上7点钟出发的,走到了下午1点,我们远远地拿着我们的狙击步枪望远镜看了一下,能看到两个点。

记者:两个黑点。

【画面】看见两个点的画面。

【同期】马成章:感觉像人。

记者:狂喜吧?

马成章:那是超狂喜……

【正文】此时,阻隔在眼前的红水河也不再难以逾越。救援队员顾不上怕冷,涉水渡过冰冷刺骨、裹挟着冰碴的河流,接到了被困游客。

【同期】马成章:我们感觉那种情绪是非常激动的,接完了他们以后,我们就完成一半了。

2. 生死回归路

【导语】找到2位被困者,搜救队员和指挥部都松了一口气。没曾想,走出可可西里的旅程比进来时更为艰难。体能透支接近极限的救援队员们一度面临生死考验。

【正文】涉水接被困游客回到岸上,搜救队员有的腿部被河水里的冰碴划得伤痕累累,有的脚趾冻得完全麻木。所幸被困游客伤势无大碍。这使大家觉得看到了胜利的曙光,心情也变得愉悦了起来。大家觉得只要咬着牙走完来时的60公里,就可以坐着汽车回家了,但是随后大家遇到了此次搜救中最大的一个困难。

【同期】马成章:走到离我们停车的地方还剩2公里的时候没路了,河水把路冲了,水涨了,路没了。

记者:涨水了。

马成章:要么就翻山过,山特别高。再没有办法,眼看着车就在我们眼前我们到不了。

【正文】几次尝试失败之后,天已经黑了,没有办法,大家只能就地再露宿一夜。来回120公里的折腾,大家携带的食物和水已经基本耗尽,体力严重透支,让被救游客钻进温暖的帐篷后,在零下十几摄氏度的低温之下,救援队员们捡不到足够可以用来取暖的牛粪。有些队员冷得睡不着觉,只好不停地爬山,用这种最残酷的方式保持身体的温度,那些已经睡着的队员处境则更危险。

【同期】马成章:在天亮之前大家已经开始有幻觉,冷的已经有幻觉,就像出现有好吃的,感觉在做美梦一样,其实我知道,我干了好多年刑警,这个时候就是快冻死之前出现的幻觉,我们一直坚持下来,我就挨个提醒大家,推推这个,摇摇那个。

记者:别睡。

马成章：不能睡，睡下就必死无疑，那个地方太冷了，我们待在那儿也是死，还不如走，我们就翻山。

【正文】多次探索之后，搜救队员们终于找到了回去的路，这是一条贴着悬崖峭壁的小路，稍有不慎就会从200米高的悬崖掉下去。按照2名被困的探险者的话说，这条路"太疯狂了"。

【同期】马成章：这条路相当险，反正我活了38年，没有走过那么险的路。

【正文】与此同时，在原地等候的驾驶员三天都没有得到队友的消息，担心大家的安危，冒险驾车渡河前去接应。谁知，车陷在了河里。到徒步队员回到停车地点时，仍未脱险。这时，天上的云渐渐浓重了。向导说，暴风雪就要来了。

【现场声】拖拽发动机的轰鸣声。

【正文】这是记者见到过的最艰难的拖车过程。大家想了各种方法持续了半天的时间，车还是陷在水里。

【同期】马成章：这个救援过程相当艰难，整个都是涉水，一直在水里面工作，排气管卸掉，倒点油，反正弄着了，挨个四个车来回倒。

【正文】就在大家精疲力竭的时候，第三批接应人员赶到，大家齐心协力，终于把车拖出了河床。救援队员刚登上车，后面暴风雪呼啸而至。

（现场画面＋风声）

【正文】不顾天黑地滑，人员极度疲劳，救援队靠意志连续驾车10小时，终于在23日凌晨2:30分驶出可可西里无人区，回到不冻泉保护站。此时，所有的人员才真的松了一口气。

23日凌晨，获救的2名探险者在搜救队员的帮助下平安返回格尔木市，其中一名右肘部的伤是在可可西里骑车探险时不慎摔的，搜救队的医生在两天前找到他时已经进行了简单的包扎，在格尔木市人民医院经过仔细检查后，医生诊断他的伤势并无大碍，至此六天六夜的搜救活动成功结束。

【同期】被困澳大利亚探险者：非常感谢这些来救我们的警官，他们的工作非常艰辛。我们非常感谢！

（本文引自格尔木广播电视台，2012年10月24日）

第四节 风貌通讯

一、写作要点

（一）名称解释

风貌通讯，又称概貌通讯，是反映某个国家、区域、地区、组织、部门或者某一民族、行业风格和面貌的报道。

（二）主要特征

1. 勾勒性。这种通讯用简洁的笔墨勾勒有关对象的经济、文化、历史等方面的基本轮廓，显示出独有特点和巨大变化。

2. 导引性。这种通讯大多使用第一人称，作者如同导游，携受众在异地游览，与他人畅谈，领略风情，品味意韵，令人得到启迪和感染。

（三）种类划分

1. 按对象分，有国家风貌通讯、民族风貌通讯、区域风貌通讯、地区风貌通讯、行业风貌通讯、组织风貌通讯、部门风貌通讯等。

2. 按内容分，有社会变化通讯、风土人情通讯、文化遗产通讯等。

3. 按写法分，有见闻式风貌通讯、巡礼式风貌通讯、侧记式风貌通讯等。

4. 按形式分，有报道体风貌通讯、散文体风貌通讯、日记体风貌通讯、信函体风貌通讯等。

5. 按构成分，有单篇风貌通讯、系列风貌通讯。

（四）基本结构

1. 标题

单标题。如公文式《边城新记》、主题式《闲不下来的香港暑假》、事由式《乌衣巷：历史深处走来的文化记忆》、提问式《绿色徐州从何来？》。

双标题。如引正式《村若船形，颇有龙舟出海之势　千年水墨龙川村》、正副式《跨越时空的改革坐标——从党的十一届三中全会到十八届三中全会》。

标题中常写"见闻""巡礼""侧记""散记""新记""记游""纪行""探访""踏访""印象""走笔""走进""扫描""掠影""一瞥""拾零""拾趣"等词语。如《拉萨河纪行》。

系列风貌通讯有总题和分题或者事由和分题。如事由"探访母亲河"，分题《西苕溪：十年传奇又一春》《钱江源：长使清流出深山》《楠溪江：人水情未了》《永宁江：喧嚣背后是宁静》等。

2. 署名

写在标题正下方、消息头或者正文后。

3. 正文

前言。交代概况，总述特征，描写景物，说明背景，引出典故，介绍行程等。

主体。具体介绍风貌。由于写法不同、文种各异，要根据实际情况处理。常见的层次安排有四种：一是按事物沿革或者访问的过程，以时间推移为序；二是按采访地点或者对象的变换，以空间变换为序；三是按并排的相关事物以及表现、特征或者同一事物的若干侧面或者截然不同的对比；四是按作者的认识或者情感的变化来安排。

结尾。写法比较灵活。有时不单设结尾。

此外,如有必要可以设消息头、加附录。

(五)注意事项

1. 求异。要细致体察、认真分析,运用类比和对比等方法,着力彰显所写对象的鲜明特点以及崭新面貌,让受众记得住、感触多。

2. 融情。与其他通讯相比,风貌通讯有很强的抒情性。要写出实地采访中所产生的真实、浓烈的情感,做到缘物寄情,情景交融。

二、范文阅读

▲文化遗产通讯

留住即将消逝的村庄
——江山市历史文化村落纪行
毛广绘

在古村落日渐消逝的今天,江山市留住了她们匆匆的脚步。全市 102 个行政村保留着历史文化村落的特色,宛如颗颗散落在乡野的明珠,熠熠闪光。

春夏之交,在古村落中穿行,不禁想起了海子的诗句:我要还家,我要转回故乡,我要在故乡的天空下,沉默寡言或大声谈吐……

一

雨后的大陈村,绿树掩映,古朴中透着清新。

扶着爬满青苔的砖墙,走在湿滑的青石路上,侧耳细听,幽远的小巷里飘来歌声:轻轻地在风中翻转,香香地在碗中盘旋……不管我们走得多远,故乡永远在我们心间……

循声而去,走进古老的"汪氏宗祠",只见男女老少在村支书汪衍君的带领下且歌且舞,歌名叫《妈妈的那碗大陈面》,是他们的村歌。

"大陈村的乡土文化也曾面临消逝。"汪衍君说。

改革开放以来,一些村庄发展迅猛,变化很大,但是她们也消逝了,因为丢掉了该有的灵魂、脚步和炊烟——那些与城市截然不同的生活美学和心灵秩序。这样的村庄只是单纯的"居住地",只是一个"空壳"。

大陈村也一度过度开采资源换取村庄的发展,经济上去了,在全市名列前茅,但村里风气日下,甚至成了央视《焦点访谈》曝光的后进村。

2005 年,汪衍君被推选为村党支部书记。上任第一天,再一次踏入村中那幽深的小巷,望着眼前走过 200 多年风雨沧桑的幢幢古宅,汪衍君若有所思。

在村民惊讶的目光中,汪衍君修缮了古建筑,请人写了村歌《妈妈的那碗大陈面》。

音乐声中,只见汪衍君在天井里深情歌唱,舞台上下,两边厢廊,村民们为他伴舞。一曲终了,汪衍君和白发苍苍的老奶奶偎依在一起。他说,村歌讲述的正是汪氏祖先一个关于母爱的故事。

"大陈面是村里秘传百年的美食,寄托了思念和家的味道。"一位老大爷眼噙泪花。文化润泽了百姓的心田,歌声中,村民被唤醒,浮躁的心得到了抚慰,大陈人不再片面追求经济发展。眼下,虽然人均收入只排在全市中游,但是村民的幸福指数却攀升到全市前列。央视记者再次来到大陈村,这次记录的是村民的幸福。

历史文化村落不仅是历史留给当代的遗产,也应该是当代留给未来的遗产。汪衍君相告,其实我们的生活更离不开其中的文化。

二

同是古村落,形态却各异。

青山环抱,曲径通幽,徽派建筑古雅、简洁,青石板小路纵横交错。这是大陈村。

池塘四周,整洁的村道两旁树木葱茏,整齐划一的户外健身设施、老年活动室等一应俱全。这是永兴坞村。

粉墙黛瓦,素然而立,不带一丝奢华,不见一缕雕琢。小溪潺潺绕村过,荷叶田田迎客来。这是清漾村。

竹林摇曳处,古老的"馒头窑"散落在房前屋后,各式花盆壶罐的泥坯泛着泥土的芳香,成排成列晒在农家院子里,竹椅上,老陶工悠然地抽着烟。这是和睦村。

江山市共有各类历史文化村落102个,其中被命名为国家历史文化名镇1个,省级历史文化村(镇)2个。在这些村落中,散布着古栈道、古牌楼、古宗祠、古建筑群、名人故居等各级重点文物保护单位111处。在推进特色文化村建设过程中,结合特色乡土文化、田园风貌等自然禀赋,江山市科学编制了特色文化村发展与保护规划,力求"一村一品、一村一韵、一村一景"。

保护原真,修旧如旧。各特色文化村也纷纷聘请高资质规划设计单位,发掘文化底蕴,量身绘制蓝图。如清漾村的规划,由全国知名古建专家阮仪三教授作为牵头人,邀请同济大学国家历史文化名城研究中心、同济城市规划设计研究院共同编制完成;保安村、和睦村的规划,还荣获国家级优秀城乡规划设计大奖。

一路走来,我们看到生活在古建筑中的村民同样能享受现代文明生活。因为这些村庄的规划既包括古村落保护、村庄整治,又涉及乡村旅游开发,三大规划同时引领着历史文化村的建设。

廿八都因此成了一个活生生的千年古镇。虽然是一个大景点,但是古镇的居民,绝大多数还是住在老民居里,你随时可以到他们家里讨碗水喝。制作蓑衣的老人,依然坐在自家临街的门房里穿针。还有杂货店、理发店、糕点店等,一如往昔。

三

资金不足,始终是历史文化村落建设的"瓶颈"之一。

江山市找到了破解之法：政府资金保障、引导，确保历史文化村落建设的项目前期及主体工程、基础设施建设。至今，全市累计投入历史文化村落保护利用资金2亿多元。同时，以项目推进、适度开发来带动古村落的保护。

和睦村瓦窑自然村，是一个不足600人的小村落，在商代就有比较成熟的制陶工艺，至今保留着60多座"馒头窑"，被誉为中国古陶的"活化石"。但随着科技的发展和人们生活方式的转变，土陶村慢慢沉寂。

江山市政府及时启动了和睦彩陶文化村的保护与开发项目，成立和睦彩陶文化保护开发有限公司，政府出资2000万元，引入社会资金2000万元，整合村庄整治、幸福乡村建设等资源，统一规划、统一设计、统一建设。和睦人请来了陶瓷工艺美术师姜子牙，在原始制陶工艺中融入仰韶文化、半坡文化和马家窑文化等多种元素，开发生产800余种仿古彩陶工艺品，远销海内外。如今，传统制陶工艺得到传承，土陶文化产业重新成为村民的致富产业。

清漾村是江南毛氏发祥地，也是一代伟人毛泽东的祖居地。踏着青石板和鹅卵石铺就的小路，依次走过清漾祖宅、国学大师毛子水故居、清漾毛氏名人堂等景点，游客络绎不绝。

利用村内原有自然环境和历史遗存的建筑景观，江山市对历史文化村落进行了适度旅游开发，举办"毛氏旅游文化节"等活动，精心培育古村落文化休闲旅游业。清漾、浮里、花园岗等文化特色村，每年签约上海、杭州等城市游客5万人次以上。2009年以来，江山历史文化村落已接待考察游览的客人50多万人次。

古村落的保护还吸引了社会各界的参与，全市92个市级机关部门和部分规模骨干企业结对帮扶共建，到位帮扶资金500多万元。

四

这里，每个老百姓都担当着优秀传统文化保护和传承的重任，每个细胞里都跳动着文化的因子。

年逾古稀的吴赛仙，是省级非物质文化遗产廿八都山歌的传承人。老人现在演出不断，慕名而来的客人想听，她就唱；市里举办大型演出活动，她也登台亮相。在杭州打工的孙女更是欣喜地发现，奶奶的名气已在网络上传播开了。吴老太的"粉丝"遍及海内外，其中不乏专家级的人物，日本的民俗研究者已两次专程来听她唱歌。不过，最让她高兴的，则是山歌课已经在当地学校成为正式科目。

走进永兴坞村缪氏宗祠，最吸引人的莫过于墙上的光荣榜，一边是好媳妇等名单，一边是小孝星等"五小"名单。村支书缪顺朝说："小小光荣榜，让'礼仪孝敬'在孩子们的心里悄悄扎下根。"在村党委会议室里，挂着"省文明村""省文化村"等40多块荣誉匾，是江山所有行政村中最多的，这其中的三分之二和"文化"有关。

多年来，大陈村一直努力构建全村男女老少都能参与的文化平台。村里出资购买了音响等设备,组建了排舞队、坐唱班和合唱团,全体村民可以根据自己的兴趣爱好,参加一项或多项活动。村民汪长秋高兴地说:"白天干活,晚上来唱唱歌,能消除一天的疲劳,也融洽了邻里关系,生活很充实,很开心。"

每年农历十月十的麻糍文化节上,外地人慕名而来,与村民一起互动,举办文艺活动。那一天,全体村民都要登台演出,而村民评选出来的"孝子贤孙""十佳绿化示范户""文明和谐家庭",往往是舞台上最大的明星。

正是充分发挥和实现了农民的主体作用,江山才把历史文化村落的保护工作不断推向深入。

(本文引自《浙江日报》,2012年5月11日)

第五节 工作通讯

一、写作要点

(一)名称解释

工作通讯,是以工作为对象,反映其基本情况、典型经验或者突出问题的报道。

(二)主要特征

1. 指导性。这种通讯反映党的方针政策贯彻执行情况,总结工作中的经验和教训,探讨工作中亟待解决的问题,对推进工作有一定的指导意义。

2. 生动性。这种通讯对工作进行具体形象的描述,用富有文采的语言把人物、事件、理论、情感融为一体,感染力强。

(三)种类划分

1. 按内容分,有基本情况工作通讯、典型经验工作通讯、揭露问题工作通讯等。

2. 按性质分,有综合工作通讯、专题工作通讯。

3. 按写法分,有报道式工作通讯、研究式工作通讯、随感式工作通讯。

4. 按构成分,有单篇工作通讯、系列工作通讯。

(四)基本结构

1. 标题

单标题。如公文式《"三西"扶贫记》、主题式《大学"最后一课",当匠心独具》、事由式《中国大灾重建的"芦山模式"》、提问式《"承诺"未兑现,损失谁来担?》。

双标题。如引正式《聚集19家各具特色的创新孵化器,吸引孵化226个项目 苏州工业园变身创业园》、正副式《无线连接的民意——"大连民意网"的创新与探索》。

标题中常写"记""纪事""纪实""纪略""故事""见闻""侧记""散记""走笔""扫描"等词语。如《三访中干渠——南陵全国率先试点农田水利建管体制改革纪实》。

系列工作通讯有总题和分题或者事由和分题,如事由"'和平方舟'医院船国际人道主义医疗服务",分题《留下一支不走的医疗队:"和平方舟"医务人员在马尔代夫提供医疗培训》《西沙大救援:"和平方舟"赶赴西沙搜救遇险渔民》《灾区急诊室的故事:"和平方舟"在菲律宾灾区设立岸上野战医院》等。

2. 署名

一般写在标题正下方、消息头后或者正文后。

3. 正文

前言。交代背景,说明概况及成效,指出问题及性质。

主体。重在叙事,辅以议理,把概括介绍与精辟分析融为一体。大体来说,基本情况工作通讯按工作的进程或者分过程、做法、成效或者情况、成效等模块叙写;典型经验工作通讯按经验、成效、启示或者经验、成效的顺序或者侧重写几种做法、几条经验;揭露问题工作通讯分问题、原因、影响、对策或者问题、原因、对策具体说明。

结尾。归纳成效,揭示主题,展望前景,提出下一步打算或者解决问题的对策。如果这些内容已在前面说明,则不再安排结尾。

此外,有时设消息头、加附录。

(五)注意事项

1. 有的放矢。要围绕中心工作,从特定的对象出发,总结新做法,研究新问题,尤应注重推广典型经验和提出解决问题的对策。

2. 不拘一格。根据写作需要选准正与侧、整与散、点与面等角度,综合运用表达方式和表现技法,使用新鲜活泼的群众语言,增强可读性。

二、范文阅读

▲管理改革通讯

"两资"改革宿迁先行

宿迁新闻网讯(记者申文勇 王劲秋 杨晓文)今年6月和8月,国务院分两批取消了58项中央部门设置的职业资格许可和认定事项;11月25日,国务院又取消了67项职业资格许可和认定事项。

昨日上午,市人力资源和社会保障局(以下简称"市人社局")局长张莉告诉记者:"国务院如此大力度取消职业资格许可和认定事项,和宿迁大力实施资格资质(以下简称'两资')去行政化改革有密切关系。可以说,我市的'两资'去行政化改革,影响和推动了顶层设计。"

这样的看法有着非常可靠的依据:宿迁自年初实施"两资"去行政化改革之后,国务院领导曾专门做出批示,要求相关部门调研宿迁改革成果。

今年7月,国家人力资源和社会保障部(以下简称"国家人社部")能力建设司副司长刘丹专程到宿迁调研,评价宿迁此项改革"力度很大,其思路、办法、成效和特点让人眼前一亮"……

宿迁在全国率先全面启动"两资"去行政化改革,目前已经取得了阶段性成果。省委书记罗志军在宿迁调研后认为,这项源于基层的改革创新了不起,"全省没有、全国首创,值得全省各市学习"。

"壮士断腕"减权去利　全面释放改革红利

宿迁是一座以改革起家、以改革扬名的创新创业城市,改革创新贯穿了建设发展的每一个阶段,成为宿迁历久弥新的优良传统。党的十八届三中全会后,宿迁主政者在推进深化行政管理制度改革中,敏锐地发现了一些不正常的现象:

为小女孩修饰指甲的美甲师也需要政府来考试发证?的确如此!2005年,国家人社部出台了《美甲师国家职业标准》……

"挂证族"轻松获利的根源是什么?如果一家新成立的木工作业分包公司要获得二级资质,按照相关规定,培训、考证最低需要一年零25天,这么长时间对于一个创业者来说无疑太长。而选择有相关资格证书的人挂靠在公司名下,可以一下子解决资格资质的发证门槛问题。于是,通过"出租"个人职业资格证,获取丰厚的证书挂靠费用的"挂证族"随即诞生……

类似现象还有很多,种种尴尬与无奈,凸显出政府"有形之手"在管控微观方面的滞后、笨拙与扭曲。据统计,今年初,我国共有90个就业准入制度、38个专项职业能力考核项目,14大项、100多子类行业几乎都需要有相应的资质证书。在宿迁,仅市区运行的资格资质类项目就有569项,涉及43个部门、61家行业组织。

针对实际情况,市长王天琦说:"资格资质认证实际上是行政审批事项的异化,已成为行政职能的'延伸版'和'加长版'……"

宿迁深化行政管理制度改革的"三部曲"是:行政审批制度改革、资格资质去行政化、非行政许可审批事项清理,三项工作环环相扣。在行政审批制度改革首战告捷之际,经过半年多的调研论证,市委、市政府于今年1月8日召开宿迁市"两资"去行政化推进会,正式在全国率先启动这项改革。

市人社局是具体操作和承担任务较重的部门。张莉认为,推行"两资"去行政化改革的根本目的,就是把属于市场主导的事项全部交给市场,减少政府"有形之手"对微观事务特别是经济领域的干预,让政府回归制定规则、过程监管和公共服务的本位,形成更加开放的发展环境,更好更快地激发市场活力,释放改革持久红利。

实行这项改革实质上就是政府在"革"各个部门的"命"。据统计,仅2013年,"两资"考试认定给全市各部门带来2230万元以上收入……这项改革意味着政府要在大幅减权的同时舍弃自身丰厚的既得利益,说是"壮士断腕"毫不夸张!

"有形之手"归位　"无形之手"进位

"两资"去行政化改革,核心是"减权、去利、市场化"。

由市纪委牵头,按照"保留最小化、放开最大化"的原则,我市组织专门力量对全市资格资质项目及收费情况进行梳理分析,除少数涉及公共安全、国计民生等必须由政府掌握的特殊职业、行业外,其他资格资质认证一律与行政脱离,放给社会组织和市场主体,实现评价主体、评价标准、评价形式和评价结果的全面社会化。即便是政府保留的资格资质事项,也以市场化为导向,通过政府购买服务的方式推进相应资格资质的培训和考试。最终,将政府保留项目压缩至53项,其余的516项全部向社会放开。

在实际操作中,这项改革分三步走:

第一步,放开培训。成立考试鉴定中心,整合资格资质类事项进驻中心,逐步将资格资质类项目的教育培训工作交由社会组织实施,实现教育培训工作的市场化运作。

第二步,放开考试。按照"放开最大化、运作市场化、操作规范化"的原则,将能交给市场主体实施的考试事项全都下放,实现考试环节的市场化运作。

第三步,放开发证。按照"委托过渡、积极对接、行业自主、逐步放开"的原则,除政府必须保留的事项外,将试卷制作、制证发证环节全部下放给社会组织实施,真正实现资格资质培训、考试、发证的全程市场化。

在569项资格资质项目中,培训考试项目达488项,市级权限仅30项,多达458项培训考试需要得到上级部门的授权……省政府在下发的《关于进一步简政放权加快转变政府职能的实施意见》中明确提出"推广宿迁市资格资质去行政化改革办法",把宿迁作为全省"两资"改革试点地区,并决定在宿迁市考试鉴定中心挂牌成立江苏省职业技能鉴定分中心。

5月17、18日,市考试鉴定中心迎来首场大规模鉴定考试——2014年上半年国家职业资格统一鉴定,中心开辟了98个考场,两天时间内,2830人参加了17个职业(工种)的鉴定考试。以往有些资格鉴定从报名到预审、考试、拿证,要跑人社、住建等好几个部门,现在进市考试鉴定中心一个大厅全部搞定……

记者了解到,目前,市考试鉴定中心已经实现所有考试鉴定"一点接入、一站式服务、一个窗口办结"。同时,社会化培训鉴定机构也陆续进驻宿迁,26个鉴定发证项目面向全国市场主体公开招标,市考试鉴定中心与中国职教联盟等多家大型培训机构达成合作意向。

今年4月,全球最大的考试鉴定机构——全美测评软件系统有限公司(ATA公司)入驻宿迁市考试鉴定中心,并承接了307项资格资质考试。紧接着,北京方圆认证苏北培训中心在市考试鉴定中心正式挂牌。目前,宿迁质监局已将首席质量员、实验室、特种设备等认证项目全部交给该培训中心。

以往,政府在"两资"认定中扮演主角,既做"教练员"又做"裁判员"。随着这项改革的不断深入,市场"无形之手"发挥作用,政府"有形之手"不再介入不该涉及的领域,实现了政府行为"归位"——回到应有的"裁判员"位置。

去行政化越远　离群众满意越近

目前,"两资"项目所涉及的43个部门,全部实现项目脱离行政机关,部分项目或取消或下放市场;首批保留的53个准入类项目,全部实现了集中办理。

市政府研究室主任骆志弘告诉记者:"'两资'去行政化改革已经取得明显成效,初步实现了预先设定的改革目标。"

"两资"去行政化并非是政府撒手不管。我市专门建立社会组织诚信数据库,将诚信记录作为对社会组织和从业人员等级评估的重要指标;制定了社会组织公共服务信息公开制度,定期公布社会组织的登记、年检、评估、执法信息等,真正把政府监管贯穿于社会组织运行体系的全过程。

通过实施"两资"去行政化改革,市场化运作得以进一步推进,市场主体参与度大幅提高,满足了产业转型升级的人才需求,带动了人力资源产业的快速发展。据统计,全市65个职业院校、培训机构参与"两资"项目,组织各类培训11万人次;共有15万人次分112个批次参与了2802场次考试鉴定,涉及项目281个,考试鉴定人次在苏北五市居于首位,其中吸引市外考生1.4万人……

改革在实现减权去利的同时,促进了人力资源开发的全面拓展,使更多的农民和城镇失业人员经过培训能够更稳定、更体面、更高质量地就业,赢得了群众的广泛赞誉……

(本文引自《宿迁日报》,2014年12月31日)

第六节　小通讯

一、写作要点

(一)名称解释

小通讯,又称新闻故事、小故事,是通过描述小事或者片段来反映有关情况的报道。

(二)主要特征

1. 精巧性。这种通讯篇幅简短、情节生动、结构新颖、表达灵活、风格多样,写得精细巧妙。

2. 补充性。这种通讯大多配合中心工作、重要会议、重大赛事以及其他广受关注的活动而编发,既丰富内容又调节气氛,对大规模的正面报道起到补充作用。

(三)种类划分

1. 按写法分,有特写式小通讯、速写式小通讯、侧记式小通讯、花絮式小通讯等。
2. 按构成分,有单篇小通讯、系列小通讯。

(四)基本结构

1. 标题

一般是单标题。如公文式《"淘宝女村官"开店记》、对象式《"树痴"甄殿举》、主题式《永远不要算计工人》、事由式《开会不念稿》、提问式《谁为会飞的残片埋单?》。

有时拟双标题,如引正式《摇响拨浪鼓　同圆中国梦　义乌用小商品讲中国故事》、正副式《托起生命的圣洁——走近武汉长江救援志愿队队长俞关荣》。

标题中常写"记""故事""侧记"等词语。如《古生村的新故事》。

系列小通讯有总题和分题或者事由和分题。如总题《香港百姓故事》,分题《香港"末代旗袍师傅":缝住时光五十年》《香港首位女奶茶王"冲"走苦涩》等。

2. 署名

写在标题正下方、消息头后或者正文后。

3. 正文

前言。写法多样,起笔入题。

主体。在层次上,多数按照时间顺序或者逻辑顺序安排。在写法上,特写式小通讯聚焦于最富有特征和表现力的片断,速写式小通讯简笔勾勒轮廓,侧记式小通讯着眼于一个或者几个侧面,花絮式小通讯采撷零碎有趣的事实。

结尾。根据实际情况处理。可以不设结尾。

此外,有时加消息头、附图片。

(五)注意事项

1. 以小见大。从某种意义上说,能否在看似小事中发掘丰富而深刻的思想内涵是评价一篇小通讯质量高低的关键。所以,要精心选材,特别要捕捉具有"闪光点"的典型细节。

2. 杯水兴波。要考虑开端的悬念、发展的起伏、高潮的构筑直至矛盾的解决,注重对比及类比,运用生动有趣的语言,来增强吸引力。

二、范文阅读

▲系列小通讯

新丝路·能源之路万里行

一碗兰州牛肉面的能源账单

兰州人的早晨,是从一碗香味儿扑鼻的牛肉面开始的。

清晨,32岁的出租车司机小王,载着记者前往马有布牛肉面总店,操着一口浓郁的"兰普"说:"会说话起,就跟着我爸吃牛肉面,一年365天,吃面的时候超过360天。"

每4人当中就有1人每天要吃一碗面,拉面已融入兰州人的生活。但很少有人想到,这牛肉面生活与燃料和能源有着不解之缘。

早期的兰州牛肉面馆多用煤炭做燃料,地上、案子下堆放着煤炭,早上四五点钟起来,花一个小时生火烧水,遇到客流高峰,要通过鼓风机调节火力大小,风起灰扬。小小的取面窗口通常挂起一块布帘,用以阻隔顾客与后厨,据说也起到遮挡后厨环境的作用。后厨的地上、案上,大厨的身上、脸上,烟灰不可避免。

在市区皋兰路附近拥挤的巷子里,我们看到了脱胎换骨的兰州牛肉面馆。这个百米长小巷,挤了八九家拉面馆。1984年建店、今年刚好30年历史的马有布牛肉面总店坐落于此,160平方米的店面,白墙地砖,各种牌匾荣誉点缀墙上,桌椅板凳整齐摆放。最大的变化在于布帘的消失。如今取面口是开放式,透过这里,后厨干净的灶台和地面,摆放整齐的操作台一览无遗。

变化来自天然气的使用。在后厨最里面,一根黄色管线立于墙角处,再连通至灶台下方,透过观察口能看到淡蓝色火苗跃动,再不见煤块堆满、风起灰扬、满屋煤烟的景象,也不再有担心煤气中毒的隐忧。

"总店一个月需要3000立方米天然气,10000块钱。用煤,只要7000块钱左右。"马有布牛肉面馆创始人、兰州市牛肉面协会副会长马有布算完经济账,直言:"还是愿用天然气。"

聪明的商人自己有一个账单。现在兰州市拉面馆遍布大街小巷,竞争进入白热化,光味道好远远不够。使用天然气后,马有布形容牛肉面馆的后厨"比有些人家的厨房还干净"。后厨卫生、前厅洁净,让他的面馆具有了环境方面的比较优势。

此外,还有效率账。大厨马师傅30出头,已有10多年的拉面经验:"以前,大师傅要4点起来熬汤。我们现在睡到5点多,开关一摁就生火了。"用煤10分钟烧开水,用气7分钟就能烧好。伙计也省去了拉煤、卸煤、清扫的工夫,工作效率大为提高。

上千家面馆同时熬汤煮面,场景蔚为壮观。以往,集中排放的二氧化硫、二氧化碳和粉尘盘旋于城市上空,给本就面临治污困境的兰州增加了难题。现在,政府、企业、市民都在算环保大账。涩宁兰管道投产的10余年间,兰州天然气使用量增长了10倍,城市空气质量优良天数大幅增加,今年有望超过300天。

面,还是那碗面。距兰州100多公里的青海民勤出土的拉面化石,证实这一地区以拉抻方式做面的历史可追溯到4000年前。只是今天,做面的燃料不断跨越地域,从青海涩北气田乃至新疆、中亚等古丝绸之路途经地远道而来,正源源不断,滋养着这碗诱人的牛肉面。(金添)

加油帕米尔

11月13日中午,被大雪染白山头的喀喇昆仑山深谷,40岁的艾尔肯紧裹红色棉工服,神情凝重地望着前方蜿蜒的砂石路。

因为开山修路,以及突如其来的六级寒风,脚下的中巴友谊公路对他驾驶的20吨油罐车说了"不"。

这条建于1966年、北起喀什、南到巴基斯坦塔科特的公路,1986年开放后就一直遭遇雪崩、山体滑坡和落石等地质灾害侵袭,断路是家常便饭,被许多司机视为危途。

但这不包括为红其拉甫友谊第一加油站送油的中国石油油罐车。为保证这个距离巴基斯坦最近的加油站油品充足,运输公司喀什分公司油罐车司机艾尔肯,每周至少一次,把20吨油品送到塔什库尔干塔吉克自治县,风雪无阻。

前边探听情况的同行告诉他,还得等一个小时。他有些焦急,照这架势,估计得傍晚才能赶到红其拉甫友谊第一加油站。

红其拉甫友谊第一加油站经理西力甫江正在翘首等待艾尔肯的油罐车。前一天加油站油罐只剩下2000升柴油,今天来往的货车已经消耗得差不多了。油越晚到,进出口岸的货车越受影响。

作为距离红其拉甫国门最近的加油站,红其拉甫友谊第一加油站成为进出口岸车辆的重要落脚点。加油、歇脚……多样的功能,使这个加油站成为新丝路的新驿站。

西力甫江并不太了解丝绸之路,甚至不明白驿站为何意,他只是一天天一年年地在海拔3000米以上的帕米尔高原工作:风雨无阻保供边防站用油、暴雪天驰援修路车辆、攀上海拔5100多米的国门为巴基斯坦用户送油……

他已经习惯了含氧量只有平原40%的高原环境,到喀什都会醉氧。此生,最好的年华,他注定要献给帕米尔高原。

帕米尔高原,现在静静看着雪峰上的太阳坐着冰梯滑落深谷。夜幕快降临了。西力甫江开始担心艾尔肯的油罐车。正常来说,车早就到了。"这糟糕天气不会误事吧?他不会有事吧?"

一连串问题从脑海冒出来的时候,艾尔肯的车也出现在加油站门口。时钟指向18时30分,300公里左右的路程,走走停停,他开了8个小时,只在山口的村上吃了一口拉条子。艾尔肯满面尘灰,慢慢下车,扶着腰,冲着跟他同龄的兄弟西力甫江说了声:"卸油吧!"(王晓群)

(本文引自《中国石油报》,2014年10月23日、12月4日)

第四章 特 写

第一节 特写概述

一、写作要点

（一）名称解释

"特写"一词源于电影,是指为了达到某种目的,用近距离拍摄把人或者物的局部加以突出、强调的电影艺术手法。

按照学界流行说法,特写包括新闻特写、文艺特写等。本章所述的是新闻特写。特写,是选取现实生活中人物、事件、场面最能反映其特点的横断面,以描写为主要手段,形象化地进行再现与放大的具有现场感的一种新闻体裁。

（二）主要特征

1. 聚焦性。与一般通讯相比,特写更集中、简练。与速写勾勒轮廓不同,特写重在"放大"镜头。特写抓住富有典型意义的某个时间和空间,通过一个片段、一个场面、一个镜头,凸显事实的主干部分,反映事实的本质特征。

2. 可视性。与一般消息相比,特写视觉效果好。它抓住富有代表性的细节,与记者的现场目击和切身感受结合在一起,加以精细刻画,使受众如见其人、如睹其事、如临其境。

3. 感染性。特写在高度真实的基础上,以文学手法报道真人真事,再现场景和气氛,进行情景交融的描述,给受众以强烈的冲击与感应。

（三）种类划分

1. 按范围分,有国际特写、国内特写。

2. 按内容分,有人物特写、事件特写、场面特写等。

3. 按功能分,有新闻性特写、趣味性特写、实用性特写等。

4. 按表达特点分,有综合性特写、观察性特写、印象性特写、个人经历性特写、人物访问性特写等。

5. 按媒体分，有报纸特写、杂志特写、广播特写、电视特写、网络特写等。

（四）基本结构

1. 必备项目

（1）标题

单标题。主要有六种写法：一是公文式，如《列车长的故事》；二是对象式，如《APEC 工商领导人峰会上的企业家》；三是主题式，如《爱心车票温暖老乡回家路》；四是事由式，如《东西方文明在希腊小岛握手》；五是背景式，如《夜宿灵关镇》；六是提问式，如《看伊顿纪德如何为清华附小打造百强形象？》。

双标题。有两种：一是引正式，引题阐释意义、营造氛围，正题说明主题或者事实，如《也门撤离　最后一个人的艰难回国路》；二是正副式，正题揭示主题或者意义，副题交代对象、事由、文种，如《瑞雪兆丰年——漯河市迎来 2015 年首场降雪》。

标题中有时写"记""特写"等词语。如《好家风　好家训　受热捧——"中国好家风　好家庭"展览特写》

系列特稿有总题和分题或者事由和分题。如事由"'东方之星'旅游客船倾覆事件"，分题《"东方之星"陨落长江》《沉船中的"希望之音"》《"东方之星"沉船主甲板以上部分完全露出》等。

（2）署名

写在标题正下方、消息头后或者正文后。

（3）正文

前言。交代缘由，概述内容，提出问题，点出结论，描写场面等。

主体。展开叙写事实，具体内容酌定。在层次上主要有三种：一是纵式结构。故事性强、事件脉络单一的多按时间推移述说；有的按认识的过程或者情感的发展来安排。二是横式结构。以空间的变化、对象的转换、类比或者对比等为序。三是纵横式结构。适用于内容较多、篇幅较长的特写。在运笔技巧上注意三点：一是安排趣味点。或者是显示人物独特个性的细节，或者是事件的某个关键之处以及出人意料的转折之处，或者是某种动物、植物、其他事物的特异点，或者是某种反常现象，把它们安排在合适的位置上，激发受众的兴趣。二是适当采用白描和工笔手法。白描就是简笔勾勒、以貌取神，先勾画人物、事件、场面的概貌，表现其特有的神韵，然后用工笔即细描，选取最有价值的片段、场面、动作、情态，浓墨重彩、精雕细刻。三是制造气氛和情调。运用铺垫、烘托等方法，制造特定的气氛和情调，然后再描绘相应的人、事、景、物。

结尾。深化主题，突出特色，展望前景，补充说明。有时不单设结尾。

2. 选择项目

（1）消息头

有时设消息头。

(2) 附录

如有必要，可以附图片、表格等。

此外，广播特写诉诸听觉，电视特写视听结合，网络特写多媒体运用，安排正文也要发挥各自特长。

(五) 注意事项

1. 来自现场。特写是一种现场报道。记者要现场采访，成为人物活动和事件发生的目击者。记者要有主动意识、科学态度、犀利眼光、透彻分析，及时捕捉"那粒硕大的葡萄""那颗特别闪亮的珍珠"。

2. 形神兼备。抓准"镜头"，用精彩的细节展现特征，以必要的背景材料加强纵深感和厚重感，凭生动的描述引导受众透过画面之"形"把握时代、社会的"神"。

二、范文阅读

▲广播特写

风雪砥砺英雄气　战士寒冬苦训练

播音员：央广网北京1月24日消息（记者李钦帅）据中国之声《新闻和报纸摘要》报道，沈阳军区董存瑞生前所在部队近日展开严寒条件下的实战拉动训练。请听特写：风雪砥砺英雄气　战士寒冬苦训练。

同期声：部队训练场地

中央台记者李钦帅："现在是凌晨3点，天空中还下起了大雪，我身后，董存瑞连的战士们正在进行出发前的最后准备。"

指导员："稍息，立正。董存瑞。"

全连战士："到！"

播音员："寒冬深夜，气温降到零下29度，部队正在向大山深处进发。"

同期声：拉练途中

记者："现在什么感觉走下来？"

战士："现在感觉特别累而且特别冷，风吹这个脸像刀刮一样。"

记者："我看你脸已经冻红了。"

战士："是，耳朵也是，好像流血了一样，碰也不敢碰。"

记者："我们这个行装大概有多重？"

战士："行装算上枪和背囊的话得有40～50斤，背着它就像扛两袋大米，不能停，一旦停下来，一休息，风一吹，身上的汗就会结成冰。"

播音员："记者眼前的这群95后新兵，咬着牙在严酷的环境中经受挑战。在出发前，战士邓猛偷偷往自己行装中增加了20斤的物资，以此来锻炼自己的体力。"

第四章 特 写

同期声：

邓猛："老班长经常教导我们说，打狼也要真本领，我感觉能成为像董存瑞老班长那样的兵，是充满荣誉、一件非常光荣的事情。"

播音员："旅长陆岳向记者介绍，旅里把培育新战士血性胆气作为实现强军目标的基础工程来抓，并坚持从老班长董存瑞"舍身为国"的精神激励新战士。"

同期声：

陆岳："把官兵培养成有灵魂、有本事、有血性、有品德的新一代革命军人，这样我们才能随时拉得出、打得赢。"

（本文引自央广网，2015年1月24日）

▲电视特写

第四次搬迁

记者　荣江　廖琳

【导语】

俯身教育实践，昌江加快重点项目的推进，干部耐心细致做工作，各种政策到位，而项目顺利推进的背后，也离不开当地百姓的支持。石碌镇太坡孔车村村民林益锋一家，1986—2000年间，为支持当地道路拓展建设，搬了三次家。如今，因为旅游酒店项目的建设，老林将面临第四次搬迁。这难倒了老林，也难倒了干部，来看记者跟随项目推进服务小组到老林家，见证这个特殊的搬迁故事。

【正文】

（聊天调解现场。）

同期声：昌江循环经济工业园区管理委员会主任刘红建

"搬了三次，再搬就是第四次了。不要说林益锋，叫你自己搬四次你什么想法？"

说话的，是昌江循环经济工业园区管理委员会主任刘红建。作为昌江重点项目银湾国际花园酒店的项目推进服务小组组长，为了项目征地的事儿，他成了林益锋家里一位常常登门的不速之客。

同期声：林益锋老伴刘靠常

"他一来我们就心里想很多的，因为怕拆这个房子。"

同期声：主任刘红建

"但是还是挺客气的，一来就有茶喝。"（笑）

因为早些年已搬迁了三次，向来和气的老林一家，也有了心结，成了项目征地的最后一个拆迁户。

同期声：昌江县石碌镇太坡孔车村村民林益锋

"希望能够给我安置好，就放心了，不要再搬了，我就期望这个，不要搬来搬去，搬家是很辛苦的。"

刘红建每次来,总是耐心倾听,讲解政策,他自己也记不清来老林家多少次了。

同期声:林益锋

"以前都差不多每天。"

同期声:主任刘红建

"有10来天是每天都来。"

"他每天都来。"

"白天早上。"

一来二去,跑得多了,刘红建和老林一家人慢慢熟络起来。连院子里看门的小狗,都不再把他当生人,看他进门也不吱声了。

同期声:林益锋

"刘主任跟我们,变成感情很深了。"

同期声:主任刘红建

"所以过节他老是打电话叫我来,刘主任,过来拿两只鸡回去吃。我说不敢。"

交情归交情,但一说起拆迁,老林就有抵触情绪。

老林有时半天不做一句声,偶尔挤出一丝笑容,老伴和儿媳有时则哭起来。老林家的房子是2008年建的,5年时间,房前屋后种的波罗蜜和芒果已经能卖出好价钱了。家里养的30多头猪、200多只鸡,也都快要出栏。一年下来,靠这几样,老林一家能有十万元收入。而搬迁则意味着,他们不得不放弃这些赖以为生的经济来源,早已习惯的田园生活也将离他们远去。取而代之的,是学着开商铺、做买卖。酒店建成后,也将优先安排他们到酒店就业。

同期声:主任刘红建

"居住,生活方式,依恋了。对,生活习惯,有一种依恋。"

同期声:林益锋儿媳林彬

"我们搬过去对我们的压力也很大。"

根据政策规定,再加上多方协调,刘红建所在的工作组为老林一家三户,敲定了太坡孔车村海榆西线沿线600平方米的地作为安置地。在原有的拆迁补贴之余,政府还负责平整土地、搭建水电线路等,并委托住建部门协助他们设计具有黎族风情的房子。

同期声:林益锋儿媳林彬

"他跟我们谈也是很有道理,所以我们才有心跟他谈,我们也是很尊重他,他也是很尊重我们。"

同期声:主任刘红建

"所以我也是很感激你们,对我也比较理解,也知道我们的难处。"

老林一家最终答应,等安置地开整妥当,他们就陆续开始搬迁。

同期声:林益锋

"政府开发好了,对我们也好。"

就这样,经过1年多时间的协商,这一桩拆迁难事,终于有了一个结果。刘红建松了一口气,老林则憧憬明年能在新家过个团圆年!

(本文引自海南广播电视台,2013年9月21日)

第二节 人物特写

一、写作要点

(一)名称解释

人物特写,是以新闻人物为对象,选取横断面,描写言行、展示内心世界的报道。

(二)主要特征

1. 独特性。这种特写无论是正面人物还是反面人物都应有鲜明的个性特征和典型意义,初识的新人独具新意,已知的熟人也能出新。

2. 半面性。这种特写在表达上不像人物消息画轮廓,也不像人物通讯追求整体的形象化,而是对类似人脸的一半或者部分放大细部、凸显局部来刻画人物。

(三)种类划分

1. 按身份分,有主要领导人特写、英雄模范特写、社会名流特写、普通百姓特写、起警示作用的反面人物特写等。

2. 按人数分,有个体人物特写、群体人物特写。

(四)基本结构

1. 标题

单标题。如公文式《北京冰球少年成长记》、对象式《山里娃和他的"爱心妈妈"》、主题式《小人物也有大舞台》、事由式《农民制琴师耿国生的提琴王国》、背景式《春夜》、提问式《谁在守护平安首都?》。

双标题。如引正式《画画的老顽童 漫画家的内心是一幅画》、正副式《大山民族——西藏米林珞巴族》。

标题中有时写"记""印象"等词语。如《让作品富有生命 让梦想更有张力——记江苏启东中学教师李燃》。

2. 署名

写在标题正下方、消息头后或者正文后。

3. 正文

前言。交代背景,描写对象,简要评价等。

主体。在层次安排上主要有两种:一是单一式,只写一个横断面,或者按时间推移的顺序,或者主要材料与补充材料形成点面结合;二是集锦式,把几个横断面联结起来作叠加的叙述,让若干个点联结成一个面。在运笔技巧上应该注意:一是行动描写,用动作描绘人物的特征,通过行为展现人物的内心世界;二是使用个性语言,通过独白来表现自我,以对话刻画人物,用周围人的话语来烘托人物;三是处理好"点"(横断面)与"面"(人物的全部事迹)的关系,既立足于写横断面,又做到点面结合。

结尾。对人物加以评价或者补充说明。有时不单设结尾。

此外,如有必要,可以加消息头、附录。

(五)注意事项

1. 善于截取。要截取最有价值的那一片段,集中笔墨描述人物的语言和行动,反映人物的特殊经历和主要表现。

2. 恰当评价。对人物的评价要把准分寸,注重通过人物的言行体现其思想感情,借其他人做客观评价,直接评议也要精当。

二、范文阅读

▲个体人物特写

庆功会上的袁隆平

新华网长沙9月23日电(记者周勉 谭剑 禹志明)今天的袁隆平有些不一样。从进场的那一刻起,这位平素幽默诙谐的可爱老头脸上多了一分少有的严肃。

9月19日,在湖南省隆回县羊古坳乡雷峰村试验田里,农业部委派的专家组对超级杂交稻新品种"Y两优2号"进行现场验收。经过严格测产,107.9亩连片实测平均亩产达到了926.6公斤。

23日,湖南省举行祝捷大会,隆重表彰以袁隆平为首的科研团队成功攻克超级杂交稻大面积亩产900公斤世界难题。

大会上,当农业部、科技部的代表宣读贺信时,主席台上的袁隆平手里拿着一支笔,低着头不停地写写画画。

他显然对自己的名字被频频提及不以为意。"成绩应归于大家,我只是研发团队中的普通一员。"轮到袁隆平发言时,他终于忍不住把内心的想法说了出来。

"我认为杂交水稻是大家干的,过去是这样,现在也是这样,将来也必将是这样。"袁隆平说,今天取得杂交稻第三期目标亩产900公斤的重大突破,再次说明了这一点。"不光是杂交水稻领域研发团队,还包括植保、土肥、推广等领域的专家团队和基层工作人员、种粮农户以及有关涉农企业。"

在81岁的袁隆平看来,大面积亩产900公斤不过是一个脚印,后面的路还很长。

袁隆平说,他现在考虑最多的是如何使新的超级杂交稻品种尽快推广应用,还有如何实现亩产1000公斤的目标。

尽管从2000年的亩产700公斤,到2004年的亩产800公斤,再到2011年的亩产926.6公斤,袁隆平和他的团队已成功实现了"三级跳",但曾经是运动健将的袁隆平说:"搞科研就像跳高一样,跳过一个高度,又有新的高度在等着你,要是不继续跳,早晚要落在别人后面。"

在袁隆平的字典里从来没有"停止"两个字。700公斤的目标,他用了四年实现;800公斤又用了四年时光;而大面积亩产900公斤,则用了七年时间。"越到后面越难,就像矮子爬楼梯,只能慢慢爬。"袁隆平说,"跌跤就跌跤,我再爬起来继续干就是了。"

"发展杂交水稻,造福世界人民是我毕生的事业和追求。"自称"80后"(80岁以后)永不言退的袁隆平说,他将继续投身超级杂交稻亩产1000公斤的第四期目标,争取在他"90后"(90岁以后)时取得成功。

走下主席台,好不容易从记者的"围堵"中脱身的袁隆平突然想起了一件事,他转过头叮嘱身边的工作人员,一定要记得把奖金分一部分给承担试验任务的农户们。"推广超级杂交稻需要良田、良法、良人,不光是我们科技工作者的事。"

(本文引自新华网,2011年9月23日)

▲群体人物特写

20位老民警代表领回荣誉章后

30年,弹指一挥间。时间都去哪了?时间在30年风风雨雨中,在去往辖区的脚步中流逝了,在持之以恒调解矛盾纠纷中流逝了,在同犯罪分子斗智斗勇的较量中流逝了!7月3日上午,刚从台上领回30年公安荣誉勋章的20名老民警代表,还来不及过多感叹,就转身投入到了基础信息大采集的工作中。对于他们来说,这样的"终身成就奖"更像是在鞭策他们站好最后一班岗。

田德民:边采信息边当"老娘舅"

在高新公安分局皋埠派出所,今年55岁的田德民拥有着自己的一亩三分地——德民调解室。他最擅长的就是调解纠纷。这个特长让他在做信息采集的时候,更是如鱼得水,很多别人处理不好的事,在他这里是信手拈来。

老田手里管着3个村、1个生态园区,基本是从早忙到晚的节奏。今年碰上信息大采集,更是频频往外跑,每个点都要来回走好几遍。在生态园区,多的是企业,采集信息时会碰到许多"额外"的问题。5月中旬,老田走进了一家服装厂,刚走进大门,就听到一阵争吵声。原来,有个打工仔才干了22天就要辞职,吵着要厂家结清工资,他好领钱走人。但厂里有规矩,必须等下个月才能结清工资。小伙不干了,大声嚷嚷说厂里欺负人,想赖他工资。老田听明白了,赶紧上前做起了"老娘舅":"小伙子,不要急,厂里肯定是不会赖你工资的,但厂有厂规,我们不能乱了规矩呀……"一番劝说,小伙被老田说服了,安静下来。回头,老田就跟厂家商量,先把小伙的工资算好,让他有个数,等下个月10号就能直接领工资了。就这样,一桩讨薪纠纷圆满解决,既维护了当事人的权利,又不破坏企业的规矩。

老田说,类似的纠纷在生态园区挺多见,采集信息的时候经常会碰到,基本上他几句话就能把事情给解决了。"老底子还是挺管用的。"老田笑呵呵地说。今年光是调解纠纷,他就经手了300多起,每一桩基本都能搞得妥妥的。

徐木水:村里人都爱听他的主意

在柯桥区公安局钱清派出所,57岁的徐木水是所里资格最老的民警。1978年从部队转业后,他就一直待在这里,兢兢业业地守了30多年。这些年给他最大的感受就是变化太大了:那时候办公都是手写,现在是电脑,信息化对公安工作的促进是巨大的;那时候骑一辆摩托车,现在是现代化的交通工具……唯独不变的是,他对公安工作的热忱丝毫未减。

刚开始信息大采集的时候,老徐觉得头大,因为他实在是碰不得电脑,眼花看不清,打字也慢。还好所里及时给他配备了"专用打字员",每次信息采集回来,就由专人输入电脑,让他着实轻松不少。每次出去采集信息,他也就更加全身心投入。钱清这个地方,因为户口的事,历史遗留问题挺多,每次出去走访一圈,基本都能碰上几个问题户。在新甸村,就有好几户人家因为好多年前家人走失,基本已经没有了回来的可能性,却一直不肯销户口,这就让信息采集卡了壳。于是老徐经常上这几家走访,每次都不是直奔主题,而是跟他们拉家常,慢慢地劝导他们。最终,这几户人家都明白了再等下去也无意义,放下就是解脱,全都同意销户了。

老徐患有腰椎间盘突出症多年,信息大采集如此大的工作量,难免会让他旧病复发,但他每次都咬牙忍住。"我们所里又不只我一个老同志,大家都很拼,我也不能拖他们后腿。"

林苗祥:骑着自行车采信息

说起林苗祥的自行车,越城区公安分局塔山派出所的民警无人不知。每次他推出自行车,大伙就知道,老林又要下社区啦。55岁的林苗祥是塔山派出所的一名普通民警,从警14年,老林破过案、抓过贼,如今临近退休的他又担起信息大采集的重任。

老林管辖的望花社区是个老小区,楼房与平房结合,普通楼房在登记信息时,还相对简单,但平房没有编号,有些老房子,一个房子隔成几间,里面住着好几户人家,这些都要一一走访,才能确保信息登记准确。

为了适应居民的作息时间,老林一般都在晚饭后到社区。从派出所到社区,途中要经过不少KTV场所,一到晚上特别热闹,争吵的事也特别多。老林就留了个心,每次去社区就特意骑自行车,遇到情况可以随时下车查看。一次,在经过一家KTV时,里面传出吵闹声,老林把自行车往路边一停,"噔噔"跑进了大堂。KTV工作人员一看来了个民警,又急又高兴:"警察同志,你来得正好,里面要打起来啦。"老林往里一看,两名男子喝得面红耳赤,互相推搡。争吵间,一名男子顺手抄起一个啤酒瓶就要砸,老林一个箭步上前,一把夺下啤酒瓶,赶紧把两人隔开。在场的顾客说,两人只是在过道里碰了一下,原本是小事,可两人酒劲一上来,非得论出个对错。看两人一时间冷静不下来,老林叫来了同事,把两人带到派出所醒酒室。待两人酒醒了,老林把当时情况一说,两人都不好意思了,连声感谢老林:"要不是你及时出现,我们两人可能都进医院了。"

如今,老林把管辖的200多幢房子都走了个遍,信息采集率达到100%,而社区附近的纠纷调解率也达到100%。

(本文引自《绍兴晚报》,2015年7月7日)

第三节　事件特写

一、写作要点

(一)名称解释

事件特写,是以新闻事件为对象,摄取与再现其最富有特征和表现力片段的报道。

(二)主要特征

1. 片段性。与事件通讯相比,事件特写并不强调情节的完整,而是从特定的视角选取整个事件中的某些片段,加大片段的容量和重量,从而揭示典型意义。

2. 描写性。与事件通讯相比,事件特写并不以叙事为主,而是通过描写提供事件的现场,把受众带入事件的情境中。

(三)种类划分

1. 按轻重分,有重大事件特写、一般事件特写。

2. 按内容分,有大事型事件特写、成果型事件特写、感人型事件特写、揭露型事件特写、突发型事件特写等。

3. 按时间分,有现实事件特写、历史事件特写。

4. 按构成分,有单篇事件特写、系列事件特写。

(四)基本结构

1. 标题

单标题。如公文式《气井"复活"记》、对象式《强台风"苏迪罗"侵袭中的台湾》、主题式《"我要对得起这身铁路制服"》、事由式《一线工人走进中南海》、背景式《海防哨所的一天》、提问式《车厘子是怎么在中国火起来的?》。

双标题。如引正式《一起化学品泄漏事件背后:自由工业公司的疯狂史》、正副式《痛中的微笑——探访昆明火车站暴恐事件受伤者见闻》。

标题中有时写"目击记""纪实"等词语。如《红场易旗纪实》。

2. 署名

写在标题正下方、消息头后或者正文后。

3. 正文

前言。交代事件的起因或者结局,概述内容,描写场面,提出问题等。

主体。在概述事件的基础上集中描述关键性环节。在层次安排上有时间顺序和逻辑顺序两种。在运笔技巧上应该注意:一是叙述线索明晰,事件发展与叙述方法协调;二是重要情节和基本要素清楚,包括重要的情节、相关背景材料以及与事件有关的时间、地点、人物等要素;三是运用多种表现手法,描写景物、气氛以及人物活动,增强现场感。

结尾。指出结局,加以评价,补充说明。有时不单设结尾。

此外,如有必要可加消息头、附录。

(五)注意事项

1. 事因人显。要根据表达主题的需要,恰当选择出场人物,着重描写人物在现场的语言、行动以及细节,凸显人物活动在事情过程中的主导作用。

2. 融情于事。现场气氛的营造离不开情感因素,但记者很少直抒胸臆,而是把情感寓于事件描写,借助与事件相关的人物、环境等要素来表现,感染受众。

二、范文阅读

▲生产安全事件特写

一场虚惊的管线"泄漏"事件

"调度室吗?新吉林北大沟居民区附近,发现丙酮管线有一处保温层洇湿,有物料泄漏迹象,请立即停止丙酮输送……"9月28日10时20分,吉林石化公司苯酚装置操作工陈明和李文,站在厂外4米高的架桥上,焦急地等待着调度室的答复。

"清楚。请注意观察,现在马上停止送料!"调度长王成富答复后,紧张地汇报、协调着。

"我现在就去确认一下!"得知情况后,生产科长孙开宇抓起安全帽就往外跑,与苯酚装置主任王振东一起爬上了架桥。

丙酮易燃易爆。这条管线全长1.2万米,中途跨越多个厂区、两条主要交通干道,还有居民区,万一出现问题,后果不堪设想。

4000多米的距离,两个人双手紧握栏杆,快步急行。

见有人来了,陈明迎上去,指向距架桥2米高处的管线:"就在那儿!"

"看到了,洇湿面积不大,停送物料后可以止住渗漏,不会给附近居民的生活造成影响。"孙开宇、王振东抬起头,用手遮住强烈的阳光,仔细观察着,心里的石头也落了地。

接到孙开宇的电话,苯酚装置设备副主任吴玉峰拿上工具,带领设备员和操作工爬上架桥,拨开缠绕在管线上的玻璃丝布,上下左右认真查看。

"洇湿部位内部较为干燥,且保温棉没有丙酮气味,初步判断是由于保温层在长期使用中耐水性变差,保温棉进水造成。"几个人迅速将情况汇报给调度室。

"明白,马上组织恢复送料。"调度长王成富立即请示,协调做好物料输送准备工作。

"唉!真是虚惊一场!"陈明一屁股坐在架桥上,使劲擦了擦额头上的汗水。

"这样做就对了。发现隐患苗头,第一时间叫停退守,你们做得好。"吴玉峰表扬了陈明和李文,并仔细嘱咐道:"下午送料后,你再过来看一看,这样才放心。"

"好!"走在最前面的陈明,干脆地回答着。

"咱们化工企业生产具有高温高压、有毒有害、易燃易爆的特点。虽说这次丙酮管线保温层洇湿只是虚惊一场,但也给我们敲响了安全警钟……"在安全学习会上,王振东再次向员工们重申了增加厂外物料管线巡检频次的要求。(萧兵)

(本文引自《工人日报》,2014年10月10日)

第四节 场面特写

一、写作要点

(一)名称解释

场面特写,是以新闻事实特定场合下的情景为对象,描写其规模、特色、气氛的报道。

（二）主要特征

1. 动态性。这种特写不是静止的画面，而是动态的现场，把处于变化中的具有典型意义的现场聚焦成像，因此动感十足。

2. 精彩性。这种特写借助描写等表达方式再现和放大某一场面，使受众不仅窥一斑而知全豹，还被自然景色、社会环境、人物活动所吸引，可读性很强。

（三）种类划分

1. 按内容分，有时政场面特写、经济场面特写、科教文卫体场面特写、政法场面特写、军事场面特写、外事场面特写、社会场面特写、娱乐场面特写等。

2. 按场合分，有学习场面特写、工作场面特写、会议场面特写、检阅场面特写、展览场面特写、演出场面特写、比赛场面特写、景观场面特写等。

3. 按表达特点分，有综合性场面特写、观察性场面特写、印象性场面特写、个人经历性场面特写等。

4. 按构成分，有单篇场面特写、系列场面特写。

（四）基本结构

1. 标题

单标题。如公文式《小冰箱跋涉记》、对象式《"北京！北京！"》、主题式《趣味比赛欢乐多》、事由式《一场尖锐而坦诚的发布会》、背景式《来自月亮的"你"》、提问式《谁不说咱家乡美？》。

双标题。如引正式《中央经济工作会议新风扑面，鲜花没了、发言实了、简报短了——"这次会议真的不一样"》、正副式《"大篷车"文艺演出为老区群众送欢乐——"中国美丽乡村快乐行"活动走进赣州》。

标题中有时写"目击""目击记""直击""亲历""亲历记""侧记"等词语。如《2014年世界科幻大会亲历记》。

2. 署名

写在标题正下方、消息头后或者正文后。

3. 正文

前言。交代时间、地点、事由、描写场面等。

主体。具体描写场面的环境、人物、规模、特色、气氛。在内容上，综合性场面特写多是关注政治、经济、军事、外交等重大题材，注重多角度、多侧面地深入报道；观察性场面特写对现场描写比较具体详尽，通过渲染铺排的手法，营造氛围；印象性场面特写把事实与感受结合起来，对事实有较强的选择性，在描述的同时可以议论、抒情；个人经历性场面特写，把记者也写进去，写记者本人的经历以及所见所闻，真实可信。在层次安排上主要有两种：一是时间顺序，按时间的推移写场面的延续；二是逻辑顺序,按材料的主次、并列、点面等内在联系处理。在运笔技巧上要注意:一是恰当地运用描绘性文字,增强现场感;二是根据表达需要,适当设置悬念,变换手法。

结尾。深化主题,突出特色,补充说明。有时不单设结尾。

此外,如有必要可以加消息头、附录。

(五)注意事项

1. 找焦点。这是场面特写的必要前提。一要找得快。作为焦点的场面只是一瞬,稍纵即逝,必须抢先。二要找得准。作为焦点的场面个性化最强、普遍性最大,也是最闪光的地方,一定要抓住。

2. 重描摹。这是场面特写的重要保证。应该紧扣主题,突出主要人物,合理安排顺序,恰当使用白描和工笔手法,注意点面结合,营造特定的气氛,做到生动传神。

二、范文阅读

▲阅兵式场面特写

以国家的名义,致敬英雄!
——习近平等党和国家领导人同外国来宾共同出席盛大阅兵仪式侧记
本报记者 杜尚泽 王汉超

阅兵前夕,长安街一夜未眠。歌声、号角声、脚步声回荡长空,从夜色如墨、晨曦微露到朝霞满天。

时钟滴答,奔向10时。天安门城楼上,一面面红旗迎风猎猎,在阳光下是最饱满亮丽的鲜红。

城楼栏杆前,中共中央总书记、国家主席、中央军委主席习近平等党和国家领导人同外国来宾一起凭栏远眺。

礼炮轰鸣,他们的目光,投向远方:200名国旗护卫队官兵护卫着五星红旗,从人民英雄纪念碑阔步走来。

人头攒动的广场,这一刻变得安静肃穆。

纪念中国人民抗日战争暨世界反法西斯战争胜利70周年大会,隆重举行。

铭记历史、缅怀先烈、珍爱和平、开创未来。16字主题,镌刻在这片饱经沧桑的大地上,镌刻在每一个热爱和平的人心中。

阅兵,为了铭记那段浴血抗争的历史

70年了!岁月再流逝,也无法洗涤一个民族的苦难征程。

人民英雄纪念碑,近一年前的国家首个"烈士纪念日"上,就是在这里,习近平向人民英雄敬献花篮。今天,国旗护卫队从这里出发,足音铿锵,步伐坚定。

从纪念碑到旗杆,121步;中华民族从甲午战争一路走来,121个春秋。习近平的目光久久凝望。

一声"起立",天安门广场人海静静肃立。一声"起立",直抵千家万户电视屏幕,无数国人昂然起身。熟悉的国歌,诞生于战争的烽火硝烟,在和平年代,每一句歌词依旧点燃神圣的情感。"我们万众一心,冒着敌人的炮火前进!前进!"

习近平转身迈上城楼台阶。站在讲台前,身后朱红色的大门合拢,面前开启的是一段新的历史。他神色凝重,声音有力:"在那场惨烈的战争中,中国人民抗日战争开始时间最早、持续时间最长。""捍卫了中华民族5000多年发展的文明成果,捍卫了人类和平事业,铸就了战争史上的奇观、中华民族的壮举。""中国人民抗日战争胜利,是近代以来中国抗击外敌入侵的第一次完全胜利。这一伟大胜利,彻底粉碎了日本军国主义殖民奴役中国的图谋,洗刷了近代以来中国抗击外来侵略屡战屡败的民族耻辱。"

阅兵,为了缅怀那些可歌可泣的先烈

乘检阅车,过金水桥,进长安街。世界目光追随着习近平的身影。

沿天安门向东,11个徒步方队、27个装备方队意气风发。习近平亲切问候、招手示意。检阅军人,检阅军魂,检阅一脉相承的英雄气概。

阅兵式开始,抗战老兵方队率先驶过,习近平立即起身,向这群经过血与火洗礼的军人致敬。这些老兵,代表万千逝去的战友参加检阅,他们的脸上写满沧桑,但依旧脊背挺直,气概不减。

方队中,一位老兵,一再拿手绢擦拭湿润的眼角。

城楼上,一位叫史保东的老兵,立正、行军礼,从始至终,汗珠顺着脸颊滚落。

习近平专注凝望着老兵方队。45辆礼宾摩托护卫抗战老兵行进,相比于外国元首国事访问的11车护卫,这次阅兵护卫使用了有史以来最高规格。前一天,中国人民抗战胜利70周年纪念章颁发仪式,很多老兵为他的那句话动容:"包括抗战英雄在内的一切民族英雄,都是中华民族的脊梁……"

一部民族史,一部英雄史。

八路军、新四军、东北抗联、华南游击队等抗战英模部队,组成10个气势恢宏的方队。

"狼牙山五壮士"英模部队、"平型关大战突击连"英模部队、百团大战"白刃格斗英雄连"英模部队……每一个闪光的名字,都有气壮山河的史诗篇章。

南京保卫战"战斗到最后一刻",台儿庄血战"不惜用生命填进火海",平型关大捷"打完子弹就上刺刀冲锋",百团大战"以血肉之躯消灭精良装备"……人无分老幼,地不分南北,这是全体中华儿女的抗战,是全民族的抗战。

一个有希望的民族不能没有英雄,一个有前途的国家不能没有先锋。

阅兵,为了珍爱这份来之不易的和平

城楼上,习近平千余字讲话,18次提到这个满是阳光的字眼:和平。

打开历史卷轴,更能体味和平的来之不易。"那场战争的战火遍及亚洲、欧洲、非

洲、大洋洲，军队和民众伤亡超过1亿人，其中中国伤亡人数超过3500万，苏联死亡人数超过2700万。绝不让历史悲剧重演……"

同习近平主席并肩站在天安门城楼栏杆前的很多外国元首，对这句话有着深切体会。

不会忘记，又怎能忘记，为了孜孜以求的和平，中国同很多国家共同反抗法西斯侵略，风雨同舟、携手并肩。

习近平同外国来宾，一道目送17个国家的军队方队或代表队，高擎国旗、军旗，依次健步走过天安门广场。

阅兵场上，一首首激昂的熟悉旋律，唤起深沉的历史记忆。城楼上，有人击打节拍、有人忘情哼唱、有人热泪盈眶。

方队走来，习近平在城楼上向他们示意。

"战争是一面镜子，能够让人更好地认识和平的珍贵。"18次提到"和平"，像春天播种，把和平的种子撒到更广袤的田野。

阅兵，和平观的有力昭示。

习近平讲话提到的两个词，尽显中国和平观。

一个词面向世界，"命运共同体"。"为了和平，我们要牢固树立人类命运共同体意识。"这一理念，在国际社会得到高度认同。

一个词观照自身，"和平发展道路"。"为了和平，中国将始终坚持走和平发展道路。"讲话中三个"永远不"，是中国坚持这一道路的铿锵承诺："无论发展到哪一步，中国都永远不称霸、永远不搞扩张，永远不会把自身曾经经历过的悲惨遭遇强加给其他民族。"

"我宣布，中国将裁减军队员额30万。"

这个消息，第一时间传遍海内外。世界见证，一个热爱和平国家的行动宣言。

阅兵，为了开创更加灿烂的未来

历史无法重来，未来可以开创。

通向未来的征程上，强军兴军正书写浓墨重彩的华章。

70年前，人民军队的装备是小米加步枪。而今，沧海桑田，中国向世界展示了捍卫和平的钢铁长城。

战车奔腾，金戈铁马。天安门城楼前，地面装备方队隆隆驶过。坦克、战车、火炮、无人机……全部为国产主战装备，84%首次亮相。7种导弹，如大国长剑，剑指苍穹。世界惊叹，中国推进国防和军队现代化建设的速度和成就。

依然是首次，我国阅兵史上从未有过的大机群编队划过长空。20多种型号，183架战机梯队以"米秒不差"的精准接受检阅。预警机、轰炸机、加油机、歼击机、舰载机……习近平抬起头，久久注视着湛蓝天空。

能战方能止战。上任后,他提出了党在新形势下的强军目标。在白雪皑皑的北部边陲、在酷热的南部海岸、在荒凉的西部哨所,处处有他关心中国军队发展的足迹。

方队行进完毕,7万只和平鸽振翅高飞,7万只气球缤纷升空。"看,中国龙!"看台上,一片惊呼。气球汇成的跃动长龙,在无数观众心中定格成美好瞬间。

阅兵结束时,外国来宾纷纷走上前来,同习近平握手。他们对盛大阅兵式送上诚挚祝贺,连连赞叹"气势宏伟、场面壮观、非常精彩"。

犹记去年的同一天,同样是抗战主题的会议,习近平宣告:"伟大的抗战精神,是中国人民弥足珍贵的精神财富,永远是激励中国人民克服一切艰难险阻、为实现中华民族伟大复兴而奋斗的强大精神动力。"

今天,天安门城楼上,他再次向世界传达了中国人民的共同信念:"让我们共同铭记历史所启示的伟大真理:正义必胜!和平必胜!人民必胜!"

(本文引自《人民日报》,2015年9月4日)

▲开幕式场面特写

青春之梦 点亮未来
——南京青奥会开幕式侧记

本报记者 郑轶 申琳 范佳元

东风夜放花千树,这一刻,金陵古都释放千载激情;少年风华正当时,这一刻,奥林匹克拥抱青春梦想。8月16日20时,全世界注视着南京奥体中心。

追 梦
超时空对话,创新型舞蹈,以文艺形式呈现"中国梦"主题

大雨阻挡不了南京的热情。

头顶灿烂星空,脚踏浩瀚寰宇,俯瞰大河奔流,112台灯光投影机营造出立体"梦幻空间"。追随奔跑者的步伐,悠久的历史一幕幕流淌:忽而神奇汉字腾空而起,忽而古法冶炼青铜器,忽而青花瓷婀娜而行,忽而云锦霓裳翩翩起舞。

大漠孤烟,长安的商旅艰难跋涉,载满文明与希望。波涛起伏,郑和的船队从南京起锚。赤色风帆猎猎飘扬,一艘巨型宝船被若干小船环绕,乘风破浪、扬帆远航。从"张骞出使西域"到"郑和下西洋",两条丝绸之路贯穿东方与西方……人类追梦的脚步,从古至今,永不停息。

骤然间,极富创新性的"追梦之舞"登场。来自南京艺术学院的380名舞者舞动红绸,箭头、中国结、多米诺……各种光影方阵,引领我们向未来进发。这是"软雕塑"舞蹈首次在广场表演亮相,没有人海战术,却愈加气势磅礴。

"青奥会开幕式是第一次在国际舞台上,用文艺形式表现'中国梦'主题。"在青奥会开幕式总导演陈维亚眼中,每一颗年轻的心,都满怀追逐梦想的渴望、奔向未来的雄心。

筑　梦
120人悬空武术，现场音乐大片，演绎年轻人"原创青奥"

夜空下，120名勇士身吊威亚，拔地而起。天地间，呈现美轮美奂的立体造型，光影交汇处，如同一顶熠熠闪光的皇冠。这座42米高的"筑梦之塔"，堪称开幕式最大的震撼。来自河南登封嵩山少林寺塔沟武术学校的"武生"们，经过半年秘密训练，首次让中国功夫脱离地面。从140组动作中筛选出36组动作，无论场景、规模均为空中表演历史之最。

充满好奇、敢于冒险、创意无限，是青年人的天性和特点。青奥会开幕式的原创性，恰恰契合他们追求个性的口味。南京青奥组委会一直坚持"青年人赛事青年人办"的理念，面向全球征集到9000多条"金点子"。开幕式的创作团队80%都是年轻人，4000多名演职人员九成是青少年志愿者。

开幕式的音乐同样"不走寻常路"，音乐大片贯穿始终。第二幕《筑梦》开始时，两分钟的微型音乐剧首次呈现。歌声中，青年仿若筑梦者的化身，青春之树如书本页页翻开。正如陈维亚所言，"每一个孩子在表演中都融入自己的梦想，也在眺望自己的未来，这是属于他们的广场"。

圆　梦
南京元素贯穿，点火方式震撼，节俭但精彩屡获点赞

"好一朵美丽的茉莉花，满园花草，香也香不过它……"一位纯洁的中国少女，唱响驰名中外的江苏民歌《茉莉花》。一朵朵茉莉花随歌声聚散开合，大地上出现青奥会的标志图案"YOG DNA"。茉莉花、浑天仪、明城墙等南京元素，构成开幕式的一条主线。本土历史与世界文化的交融，凸显开幕式不同凡响的"国际范儿"。

"幸福之门"火炬在6位优秀运动员手手相传。林丹、周洋、张继科、唐奕、陈定，直至传到最后一棒火炬手、江苏籍跳水选手陈若琳手中。最后一刻，万众期待。陈若琳登上巨型望远镜操作台，高举火炬跑向体育场另一侧，点燃了浑天仪，层层燃烧的火焰如流星般飞向火炬台。

"现在就是未来，Fly Fly Fly！青春不再等待，Hi Hi Hi！"中国歌手张靓颖、张杰，与韩国歌手金秀贤、俄罗斯歌手嘎丽娅，共同高唱开幕式主题曲《点亮未来》。这股激情，从场内传到场外。南京青奥会开幕式创造"节俭办赛"的奇迹，投入经费堪称近年世界顶级大型开幕式的最低，总时长被压缩到90分钟，运动员入场式改为代表团旗帜入场……简约不简单、节俭又精彩，从现场观众的笑脸到微博、微信朋友圈的点赞，南京已将一个圆满的开幕式献给世界。

（本文引自《人民日报》，2014年8月17日）

第五章 专 访

第一节 专访概述

一、写作要点

(一)名称解释

专访,是采访者请事先选好的具有一定新闻性和代表性的地区、组织、人物就专门性的问题进行访谈,以记录访谈过程为主并穿插相关背景材料的一种新闻体裁。

(二)主要特征

1. 访谈性。从形式上看,专访是采访者和采访对象之间的对话,具有明显的口述特征。话题围绕一个中心,内容在问答的过程中次序展开。在交互的问答中,话题不仅始终在双方的兴趣范围之内,而且双方有较多的相互讨论和情感交流。

2. 记言性。专访以记言为主,靠访谈实录谋篇。主要是记录采访者和采访对象之间的对话,其中以采访对象的话语为中心,采访者只是提出问题、做适当的插话或者进行不违背采访对象原意的转述。

3. 特定性。特定的问题,确定受众关心的问题,提供具有深度和个性化的报道;特定的对象,选准新闻人物、非新闻人物却具有新闻因素的知情人、有关领导、专家或者其他权威人士为访问对象;特定的场合,选准访问的地点和时机,增强专访的新闻性和现场感。

(三)种类划分

1. 按范围分,有国际专访、国内专访。
2. 按对象分,有组织专访、个人专访。
3. 按内容分,有人物专访、事件专访、科学专访、问题专访等。
4. 按性质分,有观点专访、信息专访、个性专访等。
5. 按写法分,有问答式专访、散文式专访、自述式专访等。
6. 按构成分,有单篇专访、系列专访。

7. 按媒体分，有报纸专访、杂志专访、广播专访、电视专访、网络专访等。

(四)基本结构

1. 必备项目

(1)标题

单标题。主要有六种写法：一是公文式，如《京津冀协同发展领导小组办公室负责人就京津冀协同发展有关问题答记者问》；二是对象式，如《大师：梁思成》；三是主题式，如《创造力才是孩子通往未来的通行证》；四是事由式，如《南极寻梦一巾帼》；五是提问式，如《水之争　谁之过？》；六是综合式，如《专访吴敬琏：改革核心是建立统一开放》。

双标题。有两种：一是引正式。引题交代对象、背景，正题说明主题、事由，如《辽宁凤城市委原书记自述逃美生活　度日如年　生不如死》；二是正副式。正题说明主题、事由或者提出问题，副题写对象、文种等，如《见证者说——访章含之女士》。

多行标题由引题、正题、副题组成。如《本报专访国家质检总局特种设备安全监察局有关负责人　电梯吞人悲剧如何不再重演　生产安装严把关，保养间隔十五天，应急救援定预案，每年都要搞演练》。

标题中常用"访""专访""访问记""答记者""答记者问""作答""对话""谈""畅谈""聊""解读""解析"等词语，如《真情·妙悟·文章——杨振宁、莫言、范曾对话科学与文学》。

系列专访有总题和分题或者事由和分题。如总题《信息消费系列访谈》，分题《我国进入信息消费新阶段》《刺激信息消费应体现四大原则》《政策法规要为信息化"开路"》《发展信息消费以"质"胜"量"》《践行创新突破　推进信息消费》。

(2)署名

大多在标题正下方写采访者姓名，有时在消息头后或者正文后署名。

(3)正文

前言。简介专访的时间、地点、背景、事由或者采访对象的基本情况和主要观点，引起受众的兴趣。主要写法有五种：一是概述式，勾勒概况；二是引语式，直接引用采访对象的某句精彩原话；三是描述式，对采访现场进行描绘；四是悬念式，提出一个受众普遍关心的事件或者问题引发兴趣；五是问答式，起笔一对一地问答。有时用"×××接受了×××××的专访（或者'采访'）""×××就×××××回答了记者提问""×××采访了×××""×××专访×××"等提起下文。

主体。立足采访过程，以突出主题为宗旨，展开采访内容，是专访的核心部分。

在形式上，有问答式、散文式、自述式三种。①问答式，即主体由采访者提问和采访对象回答两个部分构成。采访者提问分为三种：一是观点采访。采访者向采访对象提出某些问题，然后由对方表明态度，阐述自己或者所代表机构的立场和主张，侧重于思想观点的揭示。二是信息采访。采访者围绕事件本身及影响来提问,以求获取更多的信息,侧重于提供新情况或者披露事件发生的原因以及发展趋势。三是个性采访。采访者的落脚点在对方的个人工作、生活、娱乐等方面,力求通过展现人物的个性来全面地反映采访对象的情况,最成功的个性采访大多朝着探究个人内在精神与外在行动统一化的方向发展。与其对应的,采访对象回答也分为三种:一是观点回答。采访对象大多是知名人士甚至权威人物,他们发表的意见代表某一领域、某一流派、某一阶层、某一组织的观点,有一定公信力。二是信息回答。采访对象可以是当事人或者知情人,也可以是能对事件发表看法的人,他们的回答多侧面、多角度地披露有关情况,在全方位报道中能产生一定影响。三是个性回答。通过回答有助于显示独特的人格魅力。②散文式,即采访者根据采访的需要自由取舍问答的内容,并灵活运用描写、议论、抒情等表达方式,穿插叙述访问的情景、过程,或者勾画采访对象的形象、性格等。③自述式,即前后穿插简短说明作背景、链接,集中记录采访对象的口述实录,不写采访者现场所提问的内容。

在层次上,有以下两种:一是分部式,多用于篇幅较长的专访,按照逻辑关系划分几个部分,每个部分列序数、拟小标题或者序数加小标题;二是分段式,多用于篇幅较短的专访,用若干自然段前后衔接。

在写法上,有三种方式:一是直述式,实录经过整理后的采访过程,以记者提问、采访对象回答的形式对话;二是转述式,用采访者的语言叙述,用于压缩篇幅或者采访对象是知情人不是当事人等情形;三是综合式,既有直接问答,也有间接述议,用于篇幅较长的专访。

结尾。主要写法有九种:一是括应式,采访者对此次访谈作小结;二是表态式,采访对象强调主题;三是评论式,采访者对专访的内容进行必要的点评;四是建议式,提出解决问题的对策;五是展望式,对有关前景做出预测;六是描写式,描绘一个难忘的小镜头;七是补充式,补充交代采访对象的情况;八是注释式,对采访中涉及的专业术语加注释;九是谢忱式,对采访对象表示感谢。有时专访自然结束,不单设结尾。

2. 选择项目

(1)消息头

大多放在正文前。根据情况考虑是否设此项。

(2)附录

如有必要,附加图片、表格等。

(五)注意事项

1. 做好准备。精心选择对象,根据特定写作目的选定采访对象,访前收集并研究话题以及采访对象的情况。

2. 鉴别语言。专访是以采访对象回答问题为主,无论是直接引语还是间接引语,都需要对采访对象的语言作一些必要的选择和加工,做到既尊重事实又保留谈话风格,也不把采访对象的话不由分说全写进文章中。

3. 再现现场。专访多是现场采访,整个对话过程是在一个特定的时间和空间内进行的,有特定的话题、人物及谈话氛围,观察要认真细致、描写要真实传神。

二、范文阅读

▲散文式专访

张存浩:无悔的付出最美丽

本报记者　洪蔚

年过 80 的中国科学院院士张存浩,接受采访时刚刚从天津赶回北京,他没有为记者在其紧张的日程中执意加入这段"插曲"感到不快,而是在采访前后,反复向记者致歉:"最近日程太紧,真是抱歉,让你在周末加班了。"

国家需要是他科研的主题

张存浩 1928 年生于天津,1947 年获得中央大学化学工程学士学位,1948 年赴美国,先入爱荷华大学、后转入密歇根大学留学。按照他本人和家人共同的计划,他本应在获得博士学位后回国。然而,就在 1950 年,他刚刚获得化学工程硕士学位的时候,朝鲜战争打响了。面对紧张的中美关系,张存浩不得不重新权衡自己的留学计划。

除了异乡越来越浓厚的敌意让人不快,他最担心的是,如果局面持续恶化,自己什么时候才能回到祖国。为了早日实现报效祖国的理想,他在获得硕士学位后,毅然放弃了在美国继续深造的机会,投身到建设新中国的热潮中。

1950 年,张存浩回国后不久,一个偶然的机会下参观了大连化学物理研究所。大连有许多当时在国际上都属于精良的先进设备,并且正在开展先进的研究项目,于是他决定在这里工作。

1951 年春,他谢绝了包括北京大学在内的 4 所京区高校和研究所的邀请,辞别了家人,来到大连,正式开始了他报效祖国的科研人生。

回顾 60 年的科研经历,张存浩将它分为 5 个阶段,从 20 世纪 80 年代前,每 10 年为一个阶段,每个阶段,他的研究方向不尽相同,而其中有一个共同目标:为了满足国家需求。

20 世纪 50 年代,中国只在玉门有很小的油田,石油资源十分紧张,再加上西方国家的全面封锁,燃油形势十分紧张,刚刚被分配到"燃料第一研究室"工作的张存浩,毅然接受了大连化学物理研究所时任所长张大煜交下的任务,投身于水煤气合成液体的研究中。

到了 60 年代,国际形势激化,迫使中国独立自主地发展国防技术。于是张存浩又迅速转向火箭推进剂的研究。张存浩回忆,当时这方面资料少,国内以往的积累不足,"我们几乎是从头做起,非常艰难"。然而这项工作受到了周恩来、陈毅的高度期许:"这是对我们外交工作的支撑。"

70—90年代的20多年中,张存浩的科研工作主要集中在强激光领域的研究。回首当年,张存浩说:"搞激光比搞火箭推进剂还难。"这是一个全新的前沿高技术,又是一个交叉科学,在当时那种一无资料、二无设备的情况下,起步的确非常艰难。在这种情况下,为了完成国家任务,张存浩再次"改行"。

非主语式的人生叙事

有人问过张存浩:"你回国后,做了这么多任务性科研,没有关注过自己的科学兴趣,后悔吗?"张存浩说:"不后悔,我回国,就是为了报效祖国。"回首60多年的科研经历,张存浩说,青年时代也有过自己的科研理想,然而也是从那时开始,"我为自己树立的最大的科研人生理想,就是国家"。

作为中国分子化学反应动力学、化学激光与激发态化学重要奠基人,张存浩认为科学是一个充满惊奇与惊喜的世界,他对自己的评价:是一个有激情的人。然而当应记者请求,讲述一个让他激动的故事时,这居然是一个"别人"的故事。

有一种光谱很特别,大家都很想探寻其中的奥秘,一次一个比他小6岁的同行,忽然想出了一个理论,并用实验证实了。张存浩说:"我当时真是高兴极了。"

在采访中,张存浩的叙述方式,让记者忽然想起了一个词——"非主语"。尽管这是对他本人人生经历的专访,但他时不时就把话语引向了"他人"。

1986—1990年,张存浩出任中国科学院大连化学物理研究所所长,开始了"科研管理一肩挑"的学术生涯。熟悉他的人,在讲述这段经历时,凸显了一个不常见的特质。尽管他身为领导、又是项目负责人,在整体研究中发挥着领头雁的作用,而在发表学术文章甚至上报科技奖励时,他从来都是把站在研究第一线的同事们的名字放在自己前面,他说:"我的贡献不如年轻人大。"

说起他在面对困难任务的信心时,张存浩说:"从一开始我就觉得我们的科研队伍了不起。"因此,国外能做的,我们通过努力一样能做到,"每当看到一起工作的同事,我就充满信心"。

张存浩于1991—1999年任国家自然科学基金委员会主任,其间,在他的倡议下设立了"国家杰出青年基金"。这项基金的设立,一直受到科学界的交口称誉,谈起这个举措,张存浩再次把贡献归于他人:"我不过是把几个人的想法综合了一下,正式提交上去。"

在采访的过程中,张存浩一度陷入回忆,沉默片刻后,他面露微笑说:"回顾几十年的学术生涯,我常常想起那些共同工作的技术人员,他们得到的荣誉少、待遇低,但没有他们协助,也就无法取得科研的成功,一想起他们,我就觉得特别感激,我忘不了他们。"

恒久不变的是奉献

　　一生都在围绕国家需求搞科研的张存浩说，时代发展了，应该在"国家需求"与"自由探索"间找到一个比例的平衡，鼓励"自由探索"，但科学从来就不是盲目的。

　　张存浩认为，传承了400多年的现代科学，从哥白尼、伽利略等科学先驱身上代代流传下来的精神中，最可贵、最值得当代中国科学家借鉴的，就是"科研诚信"。

　　谈起我国的精神传统，张存浩说："像王淦昌这样的老科学家，隐姓埋名很多年，真是把国家的事当成自己的事，为中国科学界树立了榜样。"

　　干工作不能光讲价钱，这是张存浩从比自己更年长的老一辈科学家身上学到的美德，他说这也是最值得年轻一代发扬光大的传统。

　　张存浩说："我想现在的年轻人里，爱国主义大家都是应该无条件接受的。我们国家在党的领导下飞速发展，这点大家应该有一致的认识。在若干年前，也就是改革开放开始的时候，我也有些迷茫。"

　　"我也是在科研工作中，逐渐建立了比较完整的人格。我们是在实践当中克服了很多障碍和困难，总结了很多经验，一点点成长起来，我们走的路也不能说是很平坦的。年轻一代，也要准备克服一些比较大的困难……"

　　　　　　　　　　　　　　　（本文引自《中国科学报》，2012年1月2日）

▲自述式专访

"危机似浮云"
——一名德国汽车商的自述

　　新华网柏林12月17日电（记者韩墨）对许多欧洲企业和欧洲人来说，2012年不算一个好年份：欧债危机持续发酵，经济衰退，失业率上升。不过，对于定制、销售特殊功能车的德国尤拉科姆公司来说，这一年并不太坏。

　　公司总经理托马斯·塞茨谈起这一年，言语间充满乐观和自信："回首这一年，许多欧洲人对欧债危机忧心忡忡，但我个人并没感觉到什么危机。公司今年依然保持着令人满意的盈利。我们生产的是不能从一般厂商那里买到的汽车，像防弹车、加长车、流动厨房车等。我们接受特定需求的订单，在全球寻觅合适的合作伙伴，然后共同完成项目。今年我们盈利不错的原因，一是我们专注于'缝隙市场'，不追求数量和速度，而是在技术和理念上保持领先；二是公司产品99%用于出口，其中绝大部分订单来自欧盟以外。金融危机以来的这几年，公司年销售量一直保持在300辆左右，起伏并不太大。

　　如果拿德国与希腊、意大利等国对比，你会发现德国也没有遇到真正的问题。德国保持着强大的出口能力，没有因为欧债危机而使国内陷入危机。欧洲市场的缩水或许会放慢德国增长的速度，但不会引发经济灾难。

和不少德国人一样,我认可默克尔总理处理欧债危机的方式。默克尔决定帮助欧盟的伙伴,向他们提供财政支持。但与此同时,她必须确保德国选民的信任,确保纳税人的钱没有白白投进无底洞。实现这种平衡是一件异常困难的工作。

德国人伸出了援手,却依然遭到一些南欧人的责骂和怨恨,因为默克尔的严厉紧缩政策使(南欧国家)不少人饱尝失业之苦。但我认为,这种紧缩是必要的,一国政府不能总是入不敷出地过日子。同时,德国也应继续向希腊等国提供援助,促使它们建立新的经济模式。欧盟是德国重要的市场,帮助欧盟伙伴也是在帮助我们自己。

当然,德国也不能总是援助那些负债国家。在政治层面,我特别希望领导人能够进一步明确预算的约束规则和标准,同时纠正欧盟那些先前未能察觉的设计缺陷。欧洲必须建立一个框架,确保不会重犯过去的错误。

回顾这一年,我们公司最大的亮点莫过于从中国引进了一辆电动公交车并投入试运营。这是我们第一次从中国进口汽车,也是德国第一辆投放市场的电动公交车。为了这款车,我们与中国的合作伙伴努力了两年多,按照德国的技术标准和市场需求对汽车进行了大小50多项改造,最终取得德国质量认证,并于今年5月运抵汉堡。

这辆来自中国的电动公交车引起了德国媒体和业界的高度关注,因为这至少表明,中国在汽车电池领域的技术进步已超过戴姆勒等德国大公司而居于世界前列。

明年3月,我们将发布一份评估报告,全面展示这款汽车的各种运行数据和行车记录,希望可以说服更多民众和官员接受这款环保、节能又低价的电动公交车,这也是我明年最重要的工作。"

(本文引自新华网,2012年12月17日)

第二节 人物专访

一、写作要点

(一)名称解释

人物专访,是以新闻人物为对象,主要采取谈话的方式,描述有关言行并展示其内心世界的报道。

(二)主要特征

1. 定向性。这种专访根据写作目的确定采访对象,其中大多是作为主人公的新闻人物,此外,还有新闻事件或者新闻热点问题的关键人物以及就某些问题阐述观点的权威人士。它是事先明确的,不能在采访时临时抓取。

2. 侧重性。与人物消息单纯地写人叙事不同,人物专访还要揭示人物的内心世界;与人物通讯全方位地展示人物不同,人物专访往往描述人物的某段独特经历、某个重要事件、某一性格特征等。

(三)种类划分

1. 按身份分,有领导人专访、社会名流专访、权威人士专访、英雄模范专访、普通百姓专访、起警示作用的反面人物专访等。

2. 按人数分,有单人专访、多人专访。

3. 按写法分,有问答式人物专访、散文式人物专访、自述式人物专访等。

4. 按构成分,有单篇人物专访、系列人物专访。

(四)基本结构

1. 标题

单标题。如公文式《对话:"南昌雷锋群体、章金媛爱心奉献团"》、对象式《数学诗人》、主题式《演员的魅力在于塑造人物而不是秀自己》、事由式《莫言:中国的"诺贝尔文学奖"》、提问式《谁说军人不时尚?》、综合式《"红学大家"周汝昌唯痴迷者能解味》。

双标题。如引正式《问林天宏　这不是一个理想完全溃败的时代》、正副式《我心是海洋——访最美女教师张丽莉》。

系列人物专访有总题和分题或者事由和分题。如总题《"对话县委书记"系列访谈》,分题《造福百姓才是好书记》《化解矛盾关键是把百姓利益放在首位》《用文化力提升竞争力》等。

2. 署名

一般在标题正下方写采访者姓名,有时把署名置于消息头后或者正文后。

3. 正文

前言。简介专访的时间、地点、背景,说明人物的基本情况,揭示意义等。

主体。在内容上,提及工作、生活之后侧重写具体表现、个性特点、典型事件及影响、兴趣爱好等,还要突出思想品质。在结构上,有纵式,以时间为序,展现采访对象在某些阶段或者某个事件中的体验和经历;横式,根据主题需要从不同侧面或者几个小故事介绍人物;纵横结合式,把时间推移和主题表达交叉安排。

结尾。加点评,作补充,表心意。有时不单设结尾。

此外,是否设消息头、列附录,酌定。

(五)注意事项

1. 着力写人。要以写人为中心,力求个性鲜明。因此,应该勾勒言谈举止、描述典型事件、抓住"闪光"细节,注重以外显内,做好环境烘托,让受众印象深、启发大。

2. 妙用背景。人物专访最忌讳华而不实,特别是现场采访只能提几个惯例性的问题,很容易把文章搭成水多肉少的"花架子",而运用必要的背景材料,可以使人物丰满、生动。

二、范文阅读

▲模范人物专访

"最美警察":火车轮下英勇救人的刘文森

肖阳　熊红祥　张雪花　黄玥　申楠　赵艳

2012年9月19日,长江航运公安局九江分局九江派出所民警刘文森、长江航运公安局九江分局政治处主任章晖、九江市市民王盛洪3人做客新华网,一同为您讲述"最美警察"刘文森的故事。

刘文森回忆救人场景:再慢一分钟后果就不堪设想

【刘文森】事情发生在今年4月15日星期天下午3点左右。当天,我到火车站送女儿去南昌上班,我先在车厢里和女儿说了一会儿话,然后看了一下时间,离火车开动还有3分钟,我就出了车厢,来到站台上,隔着车窗和女儿挥手告别。这时候,一个20多岁的年轻妈妈带着一个2岁左右的小女孩急匆匆地跑过来上火车,妈妈在前面跑,也没有牵着小女孩,小女孩自己跟在后面跑,这时候,小女孩一个趔趄,就从站台与车厢之间的缝隙里掉下去了。这时站台附近已经没什么人,只有我和老王两人在车厢旁边,这列火车马上就要开动了,瘫坐在轨道上的小女孩瞪着眼睛向上望着,她不知道自己这时候已是命悬一线了。看着这里,我立即侧着身子,艰难地挤进列车与站台之间狭小的间隙中,迅速下到1米多深的站台,由于站台与车厢间太窄,我只好侧弯着腰,艰难地蹲下身子,吃力地抱起呆坐在铁轨上的小女孩。可是,由于站台太高,我抱着小女孩,却无法将她送上站台。这时候,我清楚地听到车站广播已经第二次提醒站台上的人员离开,火车就要开动了,时间越来越少,情况越来越危急。情急之下,我十分吃力地把小女孩举过头顶,对着站台上的人大声喊:"快帮我接下孩子!"这时候,就是这位王盛洪同志,赶紧跪在地上,把小女孩接到手上,交到小女孩的妈妈手中后,又赶紧将我拉上了站台。上了站台后,我还没有来得及拍一拍身上的尘土,火车就轰隆隆地开走了,直到这个时候,我才感到有些后怕!

刘文森女儿:当时特别着急　去年也刚成为一名警察

【主持人】刘文森英勇救人的事迹被人广为传颂,真要感谢热心的王盛洪先生。刘文森跳下站台救人时,有一个人的内心最为牵挂,她就是刘文森的女儿刘莉,由于工作关系,刘莉今天没有到我们的访谈现场。刘警官,你女儿刘莉当时看到你在这么危急的情况下跳下铁轨救人是不是特别着急?

【刘文森】我下车后,正隔着车窗和刘莉挥手告别,这时,事情就发生了。我没有与我女儿打招呼就下去了。事后我跟刘莉聊天,她告诉我她非常担心我的安全,当时她不停地拍打着车窗,大声喊着:"爸爸、爸爸!",直到看到我安全地回到站台上后,她才放心了!她去年也刚刚成为一名光荣的人民警察。

【主持人】在刘莉的从警之初,刘文森以自己的行动给女儿上了一堂真实的人生道德课,我们相信刘莉必定会更加努力,做一名优秀的人民警察。

章晖讲述刘文森事迹:救触电洗车工 最后时刻仍不放弃

【章晖】刘文森同志是个什么样的人,我这里先举几个小例子。第一个例子,那是2003年夏季的一天,当时在九江港务局老大楼之间空地旁有一家露天洗车场,由于洗车手把漏电,把一个洗车工电倒了,当时这个洗车工倒在满是污水的地上,一动不动,就在大家不知道怎么办的时候,正好巡逻到这里的刘文森同志跑上前去,二话不说,跪在满是污水的地上就给洗车工做人工呼吸。当时这个工人满嘴都是白沫,可是刘文森却一点都不嫌脏!做了一会儿人工呼吸,触电的洗车工还是没有什么反应,大家就对刘文森说,别做了,人已经不行了!可是刘文森还是不放弃,仍然不停地做人工呼吸一直等到120救护车到来。虽然最后没能挽救洗车工的生命,可是现场的人都被刘文森的举动深深地感动了⋯⋯

刘文森执法连领导面子都不给

【章晖】第二个例子,刘文森同志以前在交警岗位时,有一个长江航运公安局九江分局的友邻单位,车子总是在九江港附近违章,刘文森总是见一次纠正一次,丝毫不留情面。无奈之下,这个友邻单位的领导打电话给我们领导,希望刘文森以后对他们网开一面,刘文森知道后,就毫不客气地对这个友邻单位的领导说:"我们虽然是友邻单位,可是我不能放纵你们的司机违章啊,这个事情没有商量的余地,只要你们的司机以后还违章,我还是见一次就要纠正一次!"

王盛洪:刘文森毫不犹豫 以为被救女孩是其孙女

【主持人】小女孩掉下站台后,刘文森是过了多长时间跟着跳下去的?

【王盛洪】非常快,大概就是一两秒,所以从这么快的时间来看,他跳下去之前是没有犹豫的。刘警官跳下站台后,先是被卡在车厢和站台之间,幸好他身材比较矮小,很快就调整了姿势,侧弯下腰,很艰难地把小女孩抱起来,非常吃力地举过头顶,我就赶紧把小女孩接过来,交到她妈妈手中。由于小女孩的妈妈急着赶火车,惊魂未定的她抱着小女孩,连"谢谢"都没有来得及说一声,就急匆匆登上了火车。等我回身去看刘警官时,发现他正在吃力地往站台上爬,可是站台有大约1.4米这么高,刘警官爬了几次都没有爬上来,我就赶紧上去拉他,使了好大的劲,才把他拉上来,人刚上来,火车就开动了,真是险啊!

【主持人】我想问一下刘文森,我注意到王盛洪先生刚才说的一个细节,站台有1.4米高,可是你身高有1.66米,要高于站台,那么你为什么要把小女孩举过头顶呢？

【刘文森】我在站台下抱起小女孩后，由于车厢与站台间隙太小，我根本就没有办法直起身子，只能侧弯着身子，所以我这个时候的身高实际上就比站台低很多，所以要把小女孩送上站台，就只能举过头顶了。

【主持人】我听说小女孩被救上来后，你对刘警官不满并且还责备了刘警官，是吗？

【王盛洪】是啊，小女孩救上来后，开始我有点瞧不起刘警官，我责怪他说，你这个爷爷是怎么当的啊，连自己的孙女都带不好，你看刚才多危险啊，如果出了事，你这个当爷爷的要自责一辈子的！

章晖：把点滴琐事做好　大事来临时才会临危不惧

【章晖】刘文森同志从警以来，一直都是在基层工作，先后在我们局的交警治安队、彭泽派出所和九江派出所任过职，现任九江派出所责任区警长，分管辖区内位于城乡接合部的涉水企业治安管理工作。他所做的事情，都是一些非常琐碎繁杂的事情，但是面对这些点点滴滴的琐事，他从来不厌不烦，即使是点点滴滴的琐事，他也一直都是用心在做，而且做了好事还从来不对外说。这次如果不是热心的市民王盛洪先生上门向我们领导反映刘文森同志的事迹，他的优秀事迹还会被埋没。我想，我们就应该和刘文森同志一样，只有在日常生活和工作中把点点滴滴的琐事做好了，大事、急事、难事来临时，才会临危不惧，挺身而出，服务为民。交通运输部党组成员何建中同志对刘文森救人事迹概括为一种"舍生忘死、无私奉献、临危不惧的精神"，刘文森同志确实是我们警察的好榜样！

刘文森：只不过是尽天职

【刘文森】我所做的一切，都只不过是尽了一个人民警察的天职。就拿这次火车轮下救人的事情来说，如果我没有跳下去，我想别人也会下去的。危急时刻，谁也不会袖手旁观的！所以，授予我这么高的荣誉，我确实感到受之有愧。今后，我只有更加努力地工作，才能对得起这份沉甸甸的荣誉，才能对得起人民警察这个光荣的称号！

（本文引自新华网，2012年9月20日）

第三节　事件专访

一、写作要点

（一）名称解释

事件专访，是以新闻事件为中心，主要采取谈话的方式，叙写有关事件的经过并对其原因、性质、影响进行评价的报道。

(二)主要特征

1. 关注性。这种专访所写的是引起社会反响的新闻事件,被广大受众所关注,需要报道过程、披露真相,以引导舆论。

2. 叙议性。这种专访表达方式的一个特点在于叙议结合。由参与者及目击者述说,显得真实;参与者及目击者分析、权威人士评价,说服力强。

(三)种类划分

1. 按内容分,有大事型事件专访、成果型事件专访、感人型事件专访、揭露型事件专访、突发型事件专访等。

2. 按时间分,有现实事件专访、历史事件专访。

3. 按写法分,有问答式事件专访、散文式事件专访、自述式事件专访等。

4. 按构成分,有单篇事件专访、系列事件专访。

(四)基本结构

1. 标题

单标题。如公文式《上海外滩踩踏事件追踪》、对象式《五十六本日记》、主题式《非法的玳瑁交易》、事由式《郑州西瓜哥卖瓜救妻引倾城之爱》、提问式《谁给饮料下了"毒"?》、综合式《钟南山:H7N9之战》。

双标题。如引正式《温情温州·向善向上　谈"温州红日亭现象":爱的足迹》、正副式《向后人讲述真实历史,才能实现世代和平——三位日本老人谈日军侵华亲历》。

系列事件专访有总题和分题或者事由和分题。如总题《十年·八大能源事件系列访谈》,分题《能源价改闯关》《能源大通道》《能源企业走出去》等。

2. 署名

一般写在标题正下方,有时放在消息头后或者正文后。

3. 正文

前言。简介专访的现场、事由、背景,或者说明事件的基本情况,或者交代事件的结论及意义。

主体。采访者围绕事件本身及产生的连带反应进行提问,有时作适当点评。采访对象可以是事件当事人、目击人,也可以是能够对事件发表看法的人;他们披露事件的原委,介绍事件的发展过程,透露新的打算,发表对事件的意见;可以多侧面、多角度地反映情况、揭示意义、说明影响。在结构上,有纵式、横式、纵横结合式三种。

结尾。括应全篇,表明态度,提出要求,补充说明。可以不单设结尾。

此外,有时设消息头和附录。

(五)注意事项

1. 巧取事。写什么是前提。要以新闻价值大小为标尺,从报道任务、社会影响等方面考虑,精心选择关乎国运民生的大事、引起社会关注的要事、闪光的小事。

2. 善写事。怎么写是关键。访的是人,谈的是事,要以记事为主。运用问答、散文、自述等方法来揭示内幕及细节、分析原因、性质及意义。

二、范文阅读

▲突发公共事件专访

哈药污染事件专访

主持人:各位网友大家好!欢迎收看中经在线访谈。近日哈药总厂在设备检修期间超标排放事件引发了社会的关注。今天哈药总厂的领导专门赶赴北京跟各位网友进行交流。我们欢迎哈药总厂的厂长吴志军先生、哈药总厂环保部长韩洪彬先生。

吴志军:……尊敬的社会各界朋友,非常感谢大家对哈药总厂的关心、关注和关爱。在此,我谨代表哈药总厂的全体干部员工,对哈药总厂在污水处理设施检修期间发生的超标排放,向广大公众表示真诚的歉意……

主持人:我们知道哈药总厂是抗生素企业的排头兵,也是我国的一个老企业,在这次设备检修期间排放超标事件发生之后,我们的态度是什么样的?

吴志军:事情的发生充分地暴露出企业在环保工作中存在着严重的失职、失责、失察这样的问题……对此,企业和我负有不可推卸的责任。为此,我们接受任何处罚我觉得都不过分。哈药总厂和我本人以及企业领导愿意为此事承担一切责任,接受一切的处罚……

吴志军:……作为一个有高度社会责任感的企业,我们没有任何推托和搪塞的理由,我们要以最坚定的信心、最大的投入、最切实的行动竭尽全力地把环保工作做细、做实、做好。让所有的人都放心。

吴志军:通过此事,我们深刻地反思了企业环保工作中存在的问题,我们决心要做好以下几个方面的工作。一个是要提高全员的环保责任意识……

吴志军:第×方面是制定整改措施,加大投入,强化环保的深度处理,树立品牌企业的良好形象……

吴志军:第×方面是要全面加强企业在环保工作中的管理……

主持人:……现在网友最关心的是设备检修期间超标排放事件发生之后,我们现在采取了哪些措施防止更大的伤害发生?

吴志军:……实际上我们的方案总体上分三个方面:一个是从源头总量减少……

吴志军:第二个是在生产过程中要实施减排,就是尽量减少排放……第三个是我们环保处理的运行设备进行全面的检修……

韩洪彬：下面我介绍一下哈药总厂污水处理和废气的情况……

主持人：吴厂长从宏观的角度谈了整改的目标。但我们知道现在网友最关心的是污水的排放，另外一个是废气的排放，韩部长能不能从具体的技术上给我们解释一下，在这两方面我们有哪些整改的措施？

韩洪彬：……对污水的设备问题大家也是很关心的。我们为了控制出水的指标加了一些药剂，这就是氧化剂，比如说增加铁……我们准备再新建一套处理设施，这样以后就不影响生产了。这是污水处理的情况。

韩洪彬：废气方面，哈药总厂的废气也是多年来老百姓关注和反应的一个关键话题……目前我们硫化氢主要是在污水处理的过程中产生的，我们建了7套设施，排放的情况都在国家的标准之下……这个标准日常情况下我们是达到的。但人的嗅觉据有关资料介绍是非常灵敏的，大概是一期检测线的千分之一，这是我们工作任重道远的关键所在，也是我们下一步要做细致周到工作……第一是提档升级，对产生气味最大的处理单位从气味上进行整体的整改。首先加大鼓风量提高冲氧能力。

吴志军：……韩部长说的是在原有设计的风机的基础上，我们还要在设计上继续强化研究……这次专家们有一套方案，研究出来以后这个问题不盖盖味道也没有那么大了。我就感觉到专家在认真研究问题之后解决了我们非常大的问题。

主持人：这套技术是我们自己在做吗？

吴志军：关于标准我们是这样想的，你产品的标准是什么？在现在一个市场经济的条件下，标准不重要，老百姓的标准才重要……我们味道的处理是有一定的距离的，没有半径距离我们的难度就非常非常大了。再小的味你拿鼻子闻和很远的效果是不一样的。现在这个矛盾非常突出。所以我们在这方面也耗费了很多的精力。

主持人：您的意思是在技术上应该解决这个问题，还有其他的办法吗？

吴志军：专利是谈不上的，实际上就是工艺处理过程中的微调整。

韩洪彬：这次增加了两台风机……一般在环保处理上有两个方面的理念，一个理念就是说走技术路线……另外一个理念是低负荷大容量。把源头的负荷降低了，后端的处理能力就增大了，这样可以确保气味对老百姓的影响最小……

吴志军：异地新建，大家有这样一个疑问，是不是会把污染又带到别的地方去了。其实不然……

韩洪彬：这项工作已经在我们的日程中了。

韩洪彬：一个是在现有的厂区从技术上、改造上、投入上加大力度，进一步解决现有厂区的气味问题。但由于周围人群的增加，环境空间减小，我们要想彻底解决这个问题就是异地新建。

主持人：就是建到别的地方去。

韩洪彬： 环保资金的投入有几方面。从环保上，一个是有运营费用，还有一个是维修改造的检修费用，再有是新建的费用。应该说这项涉及多面，都没有做详细的统计和对比，因为利润这方面是数字。我们以后统一再跟大家公开。

主持人： 我们网友特别关心的问题是，这次是什么原因造成了哈药总厂的污染物超标排放？我们更准确的提法是设备检修期间的超标排放。韩部长能不能给我们解释一下？还有一个问题追问一下，我们每年投入到环保上面的资金大概占到整个利润的多少呢？

韩洪彬： 从水污染物上来说，由于设施出问题以后，设施本应该承担的处理能力没有提高到……第二方面废气，检修期间的气味大家感觉很大。检修过程我要对我的气味处理设施进行增加，增加的过程就要对它的搜集系统增加，对管路系统配管，风路系统通风。这期间势必有停下来的时候，这个方案是我们和环保局的专家定的。

主持人： 我们的环保投入会占到利润的多少，网友形成了一个热点说，他们特别关心说哈药股份用于广告的投入是大于环保方面的投入的，对这个看法吴厂长是怎么认为的？

吴志军： 关于广告投入和环保投入的分配问题……在这里我再跟大家解释一下。因为我们的股份公司是由多家具有独立经营资格的企业构成的。我们这个企业主要生产的是处方药产品，处方药产品在大众媒体上是不允许做广告的，只有在专业的期刊和杂志上做广告……实际上我们这个企业在广告投入上每年也就几百万……而我们近几年来环保的投入大概是4亿多元……所以，它的投入是远远大于广告投入的。

主持人： ……有网友问，新厂区会不会产生超标排放的问题。迁移到新址建厂的话，会不会还会发生超标排放的问题。韩部长还是从技术方面系统地解读一下。

韩洪彬： 一般我们要做到三级处理，首先对排气进行冷凝，第二步还是冷凝，第三步是吸收。之后我们分区域地对废气进行处理……同时，对污水处理由于我们有了同行业今天的借鉴和现在厂区生产的经验，我们会把借鉴的益处和经验用到新厂区污水的建设中……我们在新厂区建设上同时也参考了国外的一些技术和建设理念。在新厂区的建设中，气味不能说一点没有，但应该说我们有信心也有能力在国内新厂建设方面达到新的水平。

韩洪彬： 说到新厂区的建设，首先我要说新厂区和老厂区的区别，最大的区别在于新建。我们在新建的理念上一个是技术进步，我们这次新建首先从原料进厂开始对气味进行把关……

韩洪彬： 这是大家最关心的。我们的设施检修已经接近尾声了，检修的所有的设施基本上都投入了运行……到6月15日我们所有的检修改造和新增设备都可以正式投入使用了。为了在投入使用期间达到效果,这段时间我们采取了进一步减产的措施,以利于污水处理设施的恢复和处理指标的降低……

主持人:我们其实也看到了一些化工企业也存在同样的问题,就是说在治理环境方面可能是比较难的,比如说在资金投入上还有技术改造方面。比如说在医药企业里面是不是也存在相同的问题呢?

韩洪彬:对。

主持人:最后一个问题是很多股民关心的,这次超标排放会不会影响到哈药的销售呢?

主持人:其实我们还是更希望看到哈药总厂在未来工作中的一些真正的行动。当然,我们可能通过今天的访谈也看到了一些,希望我们在未来让老百姓也越来越满意。

吴志军:对。这件事情股民特别地关心。实际上也是我们所有的群众非常关心的问题。在这期间,实际上我也接到了很多很多的信息反馈。请股民们放心,我们这个企业从目前来讲整个的生产和经营都非常正常,特别是销售。大家说停的那些怎么办?我们前期有储存。而后,我们在生产过程中购买了一部分,完全可以满足生产的需要。

吴志军:我郑重地跟公众表态,哈药集团公司、哈药总厂是一个负责任的企业。在未来的发展中,在未来的医药产业发展中,我们有决心、有信心、也有能力把我们的医药产业发展得更好,把我们的环境治理工作做得更加到位。可以说我们力争把我们的新厂区建设成我们国家具有标志性的环保处理的示范性企业,让大家参观、见证。

主持人:也让我们的老百姓成为见证人和评判者。非常感谢二位今天做客我们的节目,我们下次再见。

吴志军:谢谢!

(本文引自中国经济网,2011年6月11日)

第四节 科学专访

一、写作要点

(一)名称解释

科学专访,又称知识性专访,是以传播科学知识为目的,主要通过谈话的方式,介绍科学基本知识以及发展情况、应用前景的报道。

(二)主要特征

1. 学术性。这种专访只用于科学领域,包括自然科学和社会科学。每篇有一个专题,内容单一,笔墨集中。

2. 新颖性。这种专访的新闻价值在于科学领域的最新事实,比如研究的新发现、新见解、新理论,或者应用的新方法、新技术、新工艺等。

(三)种类划分

1. 按内容分,有观点式科学专访、信息式科学专访、个性式科学专访、综合式科学专访等。

2. 按写法分,有问答式科学专访、散文式科学专访、自述式科学专访等。

3. 按构成分,有单篇科学专访、系列科学专访。

(四)基本结构

1. 标题

单标题。如公文式《专访"嫦娥三号"探测器系统首席科学家叶培建》、对象式《华裔诺贝尔物理学奖得主杨振宁》、主题式《艺术品鉴定:眼学是基础 仪器只能起辅助作用》、事由式《气候变化的科学共识和民间组织的角色》、提示式《国宝级青瓷是怎样"炼成"的?》、综合式《专访袁隆平:杂交稻不是转基因》。

双标题。如引正式《腾讯科学专访第二位登月宇航员:没看到 UFO》、正副式《苹果的五大挑战——中国媒体首次对话苹果公司 CEO》。

系列科学专访有总题和分题或者事由和分题。如总题《关注白领健康系列访谈》,分题《健康专家赵之心谈如何远离办公室疾病》《营养专家孙树侠谈白领保健营养误区》等。

2. 署名

一般写在标题正下方,有时放在消息头后或者正文后。

3. 正文

前言。简介采访现场或者采访对象的基本情况,指出话题,概括科学领域的有关新情况、新问题。

主体。采访者围绕科学领域内新闻事件本身及其所涉及的专业知识和产生的连带反应进行提问;采访对象的回答侧重于提供科技发展的新情况、新动态、新趋向,普及科学知识,展示科研成果的应用前景,同时也表达采访对象的见解和主张。在结构上,有纵式、横式、纵横结合式三种。

结尾。归纳全篇,展望前景,补充说明,作注释。有时不单设结尾。

此外,是否设消息头和附录,酌定。

(五)注意事项

1. 做足"功课"。为适应科学专题需要,做好访前准备,收集并研究话题以及采访对象的情况,制定采访计划,提问恰当巧妙,访谈氛围融洽。

2. 展示"风格"。对采访所得的材料认真整理,写作时尽量保留谈话风格,体现鲜明的个性特征。一方面,要彰显采访对象的风格,突显其特定的身份、性格、思维方式和学识修养;另一方面,也要展示记者的风格,充分发挥自己的专长,但要避免喧宾夺主的自我表现。

二、范文阅读

▲气象学家专访

与科学家聊"天":揭秘天气预报为何"不准"

中国天气网讯 随着降雨、强对流、雷击天气的增多,天气预报的准确与否更受关注。天气预报到底准不准?未来的发展方向是什么?针对这些公众关注的话题,4日下午,中国气象局举办与科学家聊"天"活动,邀请专家为公众揭秘天气预报的准与不准。

数值预报代替"看云识天"

在科学尚未昌明的阶段,我们的先人就用他们的体验和感悟对天气进行预测。甲骨文时代,用"卜""验"来预测天气并检验之准确与否。随着时代和科技的发展,在这个"天有不测风云"和"天有可测风云"并存的时代,我们用什么来预报天气呢?

"数值预报。"中国工程院院士李泽椿斩钉截铁地给出答案。

李泽椿介绍,数值天气预报以气象观测资料为初值条件,通过大型计算机作数值计算,再用流体力学和热力学的方程组进行求解,进而预测未来一定时段的大气运动状态和天气现象的方法。

目前,全世界已有30多个国家和地区把数值天气预报作为制作日常天气预报的主要方法,我国于1959年开始在计算机上进行数值天气预报。

运用数值预报,2012年,我们国家天气预报的准确率达86.5%,可以对未来6~7天的天气做出预报。

天气预报为何"不准"

是什么原因造成了那13.5%的不准确?

根据研究,北京大学物理学院大气科学系教授张庆红给出了这样的解释,理想情况下,全球不同地理位置、不同高度层面需要在10^6~10^7的网格上建立观测站。而现实中,这个数值仅为10^3~10^5。另外,观测站分布极不均匀,如我国的青藏高原气象观测站就很少。负责初始数据的观测站未能达到理想所需,这给天气预报的准确性打了折扣。除了观测站点的数据局限性,仪器观测误差与可代表性误差也十分可观。

从加工程序来讲,由于数值预报模型建立在流体力学方程组的求解之上,差分的计算方法也会带来误差。"我们只能努力通过对物理过程的精确认识让模式更接近真实大气,但它毕竟不是真实大气环境的还原,所以基于这个模式所计算出的大气未来走势也有一定的不确定性。"张庆红说。

不同地理环境也对预报准确度影响深刻。平均水平相同的情况下,山区、湖泊、农田、城市等的天气状况都会不同。预报员通过他们的分析、验证与经验做出天气预报。"这个时候,气象预报员不像科学家反而更像个'艺术家'。"张庆红说。

每个阶段的误差让天气的预测难以达到100%的准确。

另外,科学家与公众对"准"的评判标准不同也让大家对天气预报的准确性有了不同的认识。

"相对应小范围的天气,我们对总体大尺度天气系统预报更准。"张庆红表示,"在对大范围雨雪天气、气旋、台风的预报方面,我们表现不俗。"数据显示,在台风的预报中,我国预报准确率高于日本。

天气预报将向"两极"发展

对于天气预报未来的发展,中国科学院大气物理所研究员段安民说:"天气预报要向更短时间和更长时间的'两极'发展。"

短时临近天气预报可以对不够准确的预报进行修正,气象台滚动发布的预报对防灾减灾意义重大。政府部门及公众应该养成随时关注天气的习惯,把极端天气带来的灾害降到最低。

另外,长期的对气候的预测也是未来发展的方向。"对于如何把未来10天、半个月的天气预报出来,我们进步的空间还很大。"段安民表示。

(本文引自中国天气网,2013年6月4日)

第五节 问题专访

一、写作要点

(一)名称解释

问题专访,又称言论专访、意见专访,是以探讨问题为内容,主要通过谈话的方式,请采访对象对某一社会生活问题发表见解以及提供相关信息的报道。

(二)主要特征

1. 专题性。这种专访针对工作中亟待解决的重要问题,一文一题,所发表的见解大多具有较高的理论价值与应用价值。

2. 可信性。这种专访的采访对象是领导干部、社会名流,其中还有不少学者。因其特殊的地位和实力,他们的观点属于权威人士之论,有相当的社会影响力,所以可信度很高。

(三)种类划分

1. 按内容分,有时政问题专访、经济问题专访、科教文卫体问题专访、政法问题专访、军事问题专访、外事问题专访、社会问题专访等。

2. 按写法分,有问答式问题专访、散文式问题专访、自述式问题专访等。

3. 按构成分,有单篇问题专访、系列问题专访。

(四)基本结构

1. 标题

单标题。如公文式《解读〈关于加快推进生态文明建设的意见〉》、对象式《中国汽车业发展之路》、主题式《提升首尔城市魅力 打造安全舒适的旅游之都》、事由式《能源转型与碳排放总量控制》、提问式《社会治理创新从哪里起步?》、综合式《直通达沃斯:打造中国的绿色经济》。

双标题。如引正式《携手共建"美丽中国" 让候鸟飞》、正副式《用好党内监督"利器" 发挥巡视"利剑"作用——中央纪委有关负责同志就〈中国共产党巡视工作条例〉答记者问》。

系列问题访谈有总题和分题或者事由和分题。如总题《"中国经济运行新常态"系列访谈》,分题《新常态是追赶周期中的阶段性新特征》《新常态下的宏观调控应更多遵循市场规律》《又好又快的新常态需要持续改革与创新》等。

2. 署名

大多写在标题正下方,有时在消息头后或者正文后标注。

3. 正文

前言。起笔提出问题。简介采访现场或者采访对象的基本情况并提出中心问题,有时概括采访对象的主要观点,如有必要还交代采访的目的或者依据。

主体。集中分析问题。一般由采访者提出某种实质性问题,然后采访对象表明态度、阐述主张。在结构上,有纵式、横式、纵横结合式三种。在写法上,有问答式,问与答交错进行,显得层次清晰、文笔集中;散文式,把有关问题以及采访对象的观点穿插在叙议中;自述式,采访对象以第一人称直接亮出"旗帜"。

结尾。由采访对象强调主题、提出希望;也可以采访者加小结、作评论、表谢意。有时不单设结尾。

此外,如有必要设消息头和附录。

(五)注意事项

1. 抓问题。要紧跟时代、贴近生活,抓住带有方向性、根本性的问题以及所聚焦的重点、热点、难点问题,比如新政策、新任务、新事物、新矛盾、新倾向。

2. 记高论。采访时提问要有新意和深度,倾听采访对象的谈论。特别是对一些独特、精辟的见解即权威观点、最新观点要当场详细记录,引述尊重原意,不能随意改动或者发挥。

二、范文阅读

▲教育问题专访

清华大学副校长杨斌谈"双创"教育

新华网北京6月3日电(蔡梦晓 孙韬 张志杰)人社部公布的数据显示,2014年在工商部门新登记开业的大学生创业者有近48万人,比上年增加近12万人,增幅达到33%。2015年夏,国务院办公厅印发《关于深化高等学校创新创业教育改革的实施意见》(以下简称《意见》),为这一波大学生创新创业(以下简称"双创")的热潮再添一把火。

《意见》从开设"双创"课、允许学生休学创业,到加强教师"双创"教学能力,打出了一套涉及高校课程、考核、师资建设等的改革"组合拳"。在这一系列重磅举措中,最常被引用的高频词莫过于"休学创业"。原因显而易见——这对中国"万般皆下品,唯有读书高"的传统观念造成了冲击。

清华大学是众多中国莘莘学子梦寐以求的学术殿堂,在这一波高校在校生的"双创"大潮中,清华大学对《意见》的理解贯彻,及对学生"双创"的培养理念及方式,在全国高校中具有一定的代表意义。

国务院《意见》下发的同时,清华大学"校长杯"创新大赛激战正酣,这是该校"双创"教育的重要环节与成果体现。"校长杯"创新大赛决赛后,《新华访谈》记者专访清华大学副校长杨斌,谈他理解的"双创"教育。

基础学术研究创新不容忽视

【新华访谈】本次"校长杯"比赛强调的是"创新",而参赛项目全部都是创业项目,是否足以说明清华大学创新成果转化机制措施有力,那么贵校又是如何定义与平衡"双创"的?

杨斌:创新是个非常丰富综合的概念。新技术的应用推动了产品服务,更好地满足了人们的需求,这是创新,但并不是创新的全部。基础性的学术研究,创造出的新知充实了人类的认知与实践基础,也许相当长一段时间都没有商业应用价值,但同样是十分重要的创新,绝不容忽视。

创新的主体在社会中广泛存在,高校师生是其中重要的一部分。但是不同的创新主体,各有各自独特的优势。作为一流大学,也要找准、坚守自己的定位。不同的大学、大学中的不同系科,也各有其在创新中的角色定位,评价的尺子要多元,绝不可以被成果的市场价值、转化价值"一叶障目"。"双创"两个字现在常被连在一起,但二者不同。许多人在提"双创"时更偏向于"创业"的含义,而这容易让前面的"创新"两个字被狭义地理解,这需要警惕。

大学生"双创"要打到"痛点"

【新华访谈】在您看来,高校学生在"双创"方面的优势、困境与特点分别是什么?

杨斌:本次"校长杯"决赛的十个项目中除了有两个很深度地来自于清华大学师生的科研成果之外,其他的决赛项目多数都来自于年轻校友或者同学们对于生活中、社会上未被满足的需求——他们最爱用的热词,叫作"痛点"——进行技术创新、模式创新后的创意到创新的探索。

最近我看到有媒体调查大学生创业现状时,提出"三缺",缺资金、缺指导、缺平台;我看,根本上,还是"缺创新"。没有创新的创业努力,也许不只是三缺,而更是十缺百缺。如果一个创业项目真的面临这许多"缺"时,是该冷静反躬自省的,也许这是一种信号,提醒是否存在着本质上的"创新欠缺"。我一直觉得高校的创业实践,"differ"(差异化创新)比"better"(改善型创新)更有成功相,与青春无畏而有智有勇的高校师生的定位更合拍。

育人是"双创"教育的根本 "教师+"作用大

【新华访谈】您在对"校长杯"的致辞中提出,清华创业教育的特色和优势是教师对创业学生的指导和培养,清华大学在这一方面有何独到之处?

杨斌:如果你觉得"校长杯"决赛很精彩,那么"校长杯"绝不仅是一场比赛,而是一个教育项目,是清华大学的老师们给予这些创业者许许多多的帮助,让这些创业者有脱胎换骨的成长。高校"双创"教育的根本是育人,必须非常关注教师以及社会各界的作用。

在"双创"教育中,教师与学生有机互动非常重要,我们提出一个"教师+"的概念,指的是广义的教师。今天的学生成长、多样发展,除了学术导向的教师之外,校友导师、行业导师、学校里头的职业顾问、心理顾问等许多有经验的专业人士正成为学校育人工作的重要参与者,这不仅对于"双创"是个促进,对于学生的全面素质成长也是愈发重要的。

梦想再远大也要理性认知自我

【新华访谈】在您看来,"双创"教育需要注意哪些问题?

杨斌:我常常想起《推销员之死》中的主人公威利的悲剧。梦想再美好、远大,也需要更深刻、理性地对自我的认知,这是付出努力实现梦想不可或缺的基础一环。

年轻学生对于"双创",憧憬中更要有清醒,通过探索实践、独立思考、与老师和同学的针对性交流,增强对于自己长短处的发觉,自主、成熟地选择自己未来的发展道路。而作为老师和同学,不妨想想该剧中妻子琳达的作为与后果,一味鼓励自己丈夫的她,也许在"怎么样更好地对待你爱的人"这个挑战中,不算合格,值得我们省思。

休学创业？冷静先！

【新华访谈】"校长杯"创新大赛决赛过程中，有投资人评委质疑某个全员兼职的创业团队"专业性"的问题，在现实的学生创业的项目中，一些创业学生也的确面临"要创业还是要学业"的抉择。国务院近日下发的"双创"文件中提出了"允许休学创业"，清华大学对于学生休学创业有何政策与措施？

杨斌：在清华，休学创业或者利用"gap year"（间隔年）的管理或许可以去闯世界、做公益等，这些都曾有人尝试，但这些人从来不是多数或者大多数。

是否休学是学生们的自主选择，我个人从来不觉得该用"提倡"或者"鼓励"这样的词句来概括学校的态度。国际上像盖茨或者扎克伯格这样从名校休学或者停学创业的例子是极少数，即使他们后来成就了事业也并不意味着所有人都该仿效他们这么做。学校的管理，始终要把握的是不给学生负责任地探索个人成长设障，但切不可"任性地"把这种"宽容"推向到另一种极端，把文件中提到的"允许休学创业"的"允许"二字略去，而把"休学创业"刻意凸显，这种导向我觉得不理性、不道德、不可取。

还是要把国务院的"双创"文件，定位在"深化教育改革"的本质上。"双创"教育是撬动高校人才培养工作中长期以来存在着的，不满足时代发展需要、跟不上社会经济发展进程的诸多问题的一个突破口。如果做好了，会促进整个社会的"双创"大计，但那是衍生品，是远一层的目标；最基本的，还是要把"双创"教育的许多措施——如文件中明确提出九条很具体的补足培养短板的措施——用来改革育人大计。这是高校的本分、教育的本应，要立刻行动起来。

（本文引自新华网，2015年6月3日，略有改动）

第六章　调查报告

第一节　调查报告概述

一、写作要点

(一)名称解释

调查报告,又称调研报告,是针对某一情况、事件、经验或者问题进行深入调查,把搜集到的材料加以整理和分析,得出正确的结论,最终以书面形式发表或者出版的一种新闻体裁。

(二)主要特征

1. 真实性。作为调查研究的成果,调查报告一个突出特点就是用事实说话。无论反映情况、研究问题还是总结经验,都叙写确凿的事例和数据,从而得出正确的结论。

2. 规律性。调查报告的写作目的在于以点带面,指导工作。它对大量事实进行分析综合,上升到规律性的认识,具有普遍的指导意义。

3. 报道性。调查报告着力反映新情况、新动向、新经验、新问题,就工作中亟待解决的各种问题提出对策,因此要求及时撰写、推进工作。

(三)种类划分

1. 按范围分,有宏观调查报告、微观调查报告。
2. 按内容分,有社会概况调查报告、典型经验调查报告、新生事物调查报告、揭露问题调查报告、历史事实调查报告等。
3. 按性质分,有综合调查报告、专题调查报告。
4. 按表达方式分,有叙说式调查报告、问答式调查报告、论述式调查报告等。
5. 按篇幅分,有长篇调查报告、中篇调查报告、短篇调查报告、微调查报告。
6. 按写法分,有文章式调查报告、图表式调查报告、综合式调查报告。
7. 按媒体分,有报纸调查报告、杂志调查报告、广播调查报告、电视调查报告、网络调查报告、图书调查报告等。

（四）基本结构

1. 必备项目

（1）标题

单标题。主要有四种写法：一是公文式。包括作者、事由、文种；对象、期限、事由、文种；对象、事由、文种；事由、文种；对象、文种等。如《来自故宫的藏品报告》。有时把期限放在标题后加圆括号，如《中国网民权益保护调查报告（2015）》。二是主题式。揭示全文主题，如《长江生态　发展与保护须并举》。三是事由式。概括主要内容，如《纯文学期刊的生存状态》。四是提问式。提出某个问题，如《名人故居：商用是否合适？》。

双标题。有两种：一是引正式。引题说明背景和意义、正题揭示主题或者事由，如《宁夏青铜峡市的粮食银行　依托加工企业存粮保值》。二是正副式。正题揭示主题、说明意义、提出问题，副题交代对象、事由、文种，如《老工业基地从改革突围到振兴跨越的发展奇迹——关于铁西区十年巨变的调研报告》。

标题中常写"报告""调查""考察""分析""调查记""调查报告""调研报告""考察报告""调查综述""调查与分析""调查与思考""调查与评价""调查与预测""调查与建议""追踪调查"等词语。如《被"卡"住的贺卡——"贺卡禁令"追踪调查》。

系列调查报告有总题和分题或者事由和分题。如总题《石家庄破解水泥产能过剩难题调查》，分题《为啥拆》《如何稳》《怎么转》。

标题写在文章第一行或者封面。

（2）署名

大多在标题正下方写组织、部门、调查组名称或者个人姓名，有时放在正文右下方或者封面。以组织、部门、调查组名义发表的调查报告，可以把相关名称写在标题正下方、把执笔人姓名写在正文后。记者采写的调查报告在姓名前标明"本报（或者'刊''网'）记者""×××××记者"。

（3）正文

前言。主要有三种写法：一是概述式。简要介绍调查本身的情况，如调查的目的、时间、地点、单位或者人员、对象、方法；概说调查对象的情况，如自然条件、基本情况。二是提问式。提出一个人们普遍关心的问题，引起受众的兴趣和思考。三是结论式。交代结论，以总提下文。

主体。对有关事实进行具体叙说和深入分析。层次安排有三种：一是纵式结构。按事情的发生、发展的先后顺序组织材料，线索单一、脉络分明；按调查的过程逐一叙写，显得完整清晰；按提出问题、分析问题、解决问题的认识过程安排材料，由浅入深，推出结论。二是横式结构。按照事实内部或者外部的联系归类,把材料分成一个问题的若干方面或者并列的若干问题,从不同的角度去叙说。从内容上看,这些并列的项目大多是各项工作、各类看法或者意见、各种因素或者规律、各方面经验和教训;此外,还有对比式的特例,即把截然对立的两种事物放在一起对比,先正后反或者先反后正,泾渭分明,效果突出。三是纵横式结构。把上述两种结构方式交叉运用,既有纵的时间或者层递顺序,又有横向的分门别类安排,形成纵横穿插的多向结构,它用于内容丰富、篇幅较长的调查报告。

结尾。主要有六种写法:一是归纳主题,卒章显志;二是括应全篇,给人一个总括的印象;三是展望未来,预示发展前景;四是提出新问题,启发读者思考;五是提出建议,有利于进一步做好工作;六是补充事项,使内容更加完整。有时不单设结尾。

此外,广播、电视、网络调查报告还要考虑各自的传播渠道与信息载体特点,恰当处理。

2. 选择项目

(1)封面

出版的调查报告要加封面,项目包括标题、作者、出版社。

(2)目录

用于出版的调查报告。

(3)成文日期

写在正文右下方或者正文后署名下方。

(4)附录

把起证明、补充等作用的有关文章、图表等附在调查报告后。

(五)注意事项

1. 恰当选题。选题是调查报告写作的第一步。要围绕各个时期的中心工作、贯彻各项方针政策、某一重要的历史或者现实事件、某些带有倾向性的事物来选择受众普遍关注、工作中急需解决的问题。

2. 认真调研。要在基层、资料室、实验室等进行一番艰苦细致的调查,获得丰富、新颖、生动的材料。还要对材料进行分析,从中找出规律性的东西。

3. 灵活行文。调查报告的程式性并不严格,应该稳中求活。一是根据内容设计结构,讲究标题的艺术性、正文布局的巧妙性;二是采取先叙后议、先议后叙、夹叙夹议等多种表达方式;三是运用群众语言,力求通俗生动。

二、范文阅读

▲电视系列调查报告

寻找可游泳的河

浦江:水晶废渣何其多?

6月18日《浙江新闻联播》

【导语】

(女)浦阳江是钱塘江的主要支流之一,发源于金华市浦江县,流经绍兴诸暨和杭州萧山。

(男)今天起,大型新闻行动《寻找可游泳的河》摄制组,一路寻访浦阳江流域,看看那里的水质到底怎么样?

(女)浦阳江曾孕育出美丽纯净的水晶,那么"水晶之都"浦江县的水质是否也同样美丽呢?

【正文】

梅雨季节,一场瓢泼大雨突如其来,跟随志愿者沿浦阳江一路寻访,穿过这条位于仙华街道浦北村附近的乡间小路,眼前景象让我们大为吃惊。

【记者出镜】

我身后流淌的河水就是浦阳江的上游段,而现在我们可以看到,河面上漂浮着非常多砖块、泡沫这样的工业废料,还被一些灰白色的粉末染成了黄色,这些污染物的来源就是我身旁的这些堆积如山的水晶废料。

【正文】

这座大约有4米高的垃圾山几乎全是由水晶废渣堆成,随处可见五颜六色的半成品、编织袋、金属固体废物。绕着走上一圈,我们估算,垃圾山大约长100米,最宽处达到近30米,不仅紧挨着河道,还占据了大片农田,造成地里庄稼枯萎,杂草丛生。残留在田坎里的白色胶状废渣,厚度超过了10厘米。雨水冲刷之下,不同种类的水晶废料中渗透出红褐色、青黄色、灰白色的污水汇入河道。

【同期声】

周边居民:经常有,倒什么垃圾都有,农用车拉上来的。

【正文】

在浦江县城周边的四五个乡镇,都能看到类似规模的水晶废渣垃圾场。浦阳街道兆丰村的这座水晶废渣垃圾场虽然建有沉淀池,不过污水早已经积满,根本起不到沉淀、清水的作用,因为没有隔断设施,污水还是直接流入河道。

【同期声】

记者:这个堆在那怎么办呢?越堆越多,有没有人过来处理啊?

废料场管理员楼大姐:压一下咯。

记者:压一下?就是压一下?从来没有处理过?

楼大姐:处理,怎么处理呢?

记者:也没有运出去过?

楼大姐:没有运出去的,运到哪里去呢,没有地方运的。

【正文】

记者了解到,整个浦江县大约有40多个这样的水晶垃圾集中收集点,属于乡镇或者村里统一规划放置的。它们有一个共同的特点,大多堆放在村子的下游,有些离浦阳江支流、干流的直线距离不超过20米。

【同期声】

记者:远离村子的地方只能是水边吗?

浦江县巧溪村环保队负责人孙志刚:这个是肯定的呀,只能摆在下游,不可能摆在上游。

【正文】

据统计,"水晶之都"浦江每年生产水晶产生1万多吨废渣及含有铅、镉等重金属的固体废料,那么,全县有没有统一的收集、处理的场地呢?

【同期声】

浦江县城市管理行政执法局副局长方云表:我们现在是这么个机制,村里自己收集,收集以后由乡镇集中处置。

记者:县里有没有一个统一的垃圾处理厂?

方云表:现在县里垃圾处置的就是我们的垃圾填埋场。

记者:水晶废渣能进垃圾填埋场吗?

方云表:那肯定不能。

【正文】

浙江台报道。

余姚小曹娥镇:黑水沟直通杭州湾源头在哪?

7月22日《浙江新闻联播》

【导语】

继续关注大型新闻行动《寻找可游泳的河》。这两天,我们的记者来到了宁波余姚市与慈溪市交界的小曹娥镇。小曹娥镇境内有多条内河直接通往杭州湾。那里的水质怎么样?让我们一起去看一看。

【正文】

在余姚市小曹娥镇的北部,紧邻着杭州湾的是一片面积约有二三平方公里的滩涂,这里栖息着大批白鹭。滩涂上分布着一条条小河沟,连接着上游的内河和下游的杭州湾。

【记者出镜】

我现在是在余姚小曹娥镇靠近杭州湾的滩涂上,在这里我们发现了一条黑色的水沟,散发着浓重的臭味。从水沟里打上来一瓶水,我们可以看到,水的颜色非常浑浊,而且整体发黑。

【正文】

看到记者正在寻找黑水沟的来源,滩涂上的水产养殖户们都聚集过来。

【同期声】

养殖户:有时候涨潮的时候,水血红的,外面的草都死掉了。这里有根管子的,用这么大的水泵打出来。

养殖户:你上来看一下,就在这个下面,死了多少东西啊,全死光了,那个污水排下来。

养殖户:红水、绿水都有的,白天不排晚上也会排。

【正文】

记者发现,这片滩涂的南侧,紧挨着余姚经济开发区滨海新城。数十家企业聚集在这里,产业涉及食品加工、电子、机械等多个领域。黑水会不会就出自这里呢?我们决定,通过六翼飞行器从空中追查。

【现场声】(飞行器从车顶起飞)

高度怎样?高度可以……先就这个高度向前,不要歪掉……

【正文】

飞行器攀升至约6米高的空中,沿着水沟一路向源头探访,除了这条黑色的水流,我们还发现了大片红色、黄色的污染残留物。飞行大约500米,黑水沟消失在这片茂密的芦苇荡底下。

【记者出镜】

刚才通过六翼飞行器,我们从空中看到,这条黑水的来源就是在这一片芦苇的后面。所以我们决定,沿着这片芦苇穿过去到前面看一下。

【正文】

爬下河堤,记者走进了差不多有一人高的芦苇丛里。芦苇底部明显有污水浸泡过的痕迹,旁边的石头上也积满了厚厚的一层灰色粉末。

【记者出镜】

穿过这片芦苇,我们终于发现了这条黑水的源头,就是在我面前这个直径差不多

3米的小水潭。现在我们可以看到,带着浓浓恶臭的黑水正在从地底涌上来,黑水的表面迅速形成了一层白色的泡沫。它沿着这条河沟,穿越了我面前的这片滩涂,直接流向了杭州湾。

【正文】

在记者调查期间,水潭里的黑水一度曾停止过流动,大约10分钟以后又重新冒了出来。这些黑水是什么水?源头在哪?明天我们将继续关注。

浙江台报道。

……

浙江:官员代表面对面　问水治水动真格

12月15日《浙江新闻联播》

【导语】

12月11日晚,作为《寻找可游泳的河》年度特别节目,由省人大常委会办公厅和浙江广电集团联合主办的电视问政节目《问水面对面》,亮相浙江卫视。活动现场,各级人大代表和环保公益组织代表就群众反映突出的水环境污染问题,向政府官员展开面对面问政。

【同期声】

现场主持:好,我们的问政代表还有哪位要提问的?

省人大代表陈勇:那么你城市管网污水有没有处理?

全国人大代表许婷:是否就不采取措施,任由它生活污水、工业废水直排河道了呢?

海宁环保局局长:我也承认可能在工作当中有疏忽、有推诿这种现象。

【正文】

这一幕幕场景,出现在电视问政节目《问水面对面》中,丽水经济开发区水阁工业园引进异地制革污染企业,温州城中村截污纳管工作滞后、拖延黑臭河整治进度,奉化被查出氧化厂另起炉灶、污水偷排屡禁不止,温岭石桥头镇传统农业加工严重污染河道,海宁桐乡余杭区域联合执法难等五个具体案例,通过短片形式播放后,现场30多位人大代表和环保志愿者代表,向来自7个县市区的26个政府官员犀利提问。

【同期声】

浙江省人大代表陈荣昌:为什么在刚才片子里面放的,温州由于环境因素而办不下去的企业,我们丽水还把它们引进来?

丽水市经济开发区招商局局长胡伟斌:首先这个产业,从国家层面来说是不受限制的,因为丽水现在来说空间充足一点,又就近,就移到我们丽水来。

【正文】

这样的回答显然得不到现场观众的认可,现场投票显示,只有3成观众选择了满意。而更多的观众把不满意投给了奉化市对偷拍企业整治的监管缺失。节目现场首先播放了今年8月记者向奉化市环保局举报一处氧化企业的排污口,让人纳闷的是,挂掉电话不久,这个排污口就神奇变脸,在环保人员前来取样监测时,排污口里流出来的水居然变成了清水。

【同期声】

奉化市副市长陈林勇:我们环保局的工作人员,在10分钟之内,没有时间,来不及报信的。

奉化市环保局局长张金荣:(我们已经)按照"二加五""白加黑"进行了检查,发现企业我们及时处理。

【正文】

这位环保局长刚刚解释完,现场马上播放了另一段暗访短片,记者调查发现,先前因违法排污被查处的氧化企业竟然搬到另外厂址重新生产,工业园区污染依然没有杜绝。而当地环保局的24小时监控系统,平时却关闭不用;被下发停产整改通知书的企业,还在照常生产。

【现场声】

(环保局内,记者张楠与环保局执法大队长闻劲对话)

张:应该从11月8日开始(曙光氧化厂)就已经停产了,对吧?

闻:对。

张:就不再生产了?

闻:不是不再生产,它整改好以后再生产。

张:那现在有没有整改好呢?

闻:它现在应该还没完全整改好。

张:那按理说现在是不允许生产的,对吗?那为什么我们刚刚在监控镜头里看到,25—27号它还有流水,还是有检测指标出来呢?那这是不是说明它在生产呢?

闻:啊……

【正文】

看完短片,现场问政代表纷纷追问。

【同期声】

环保志愿者代表成孟:今天放的都是企业犯法,但你们作为政府部门、作为父母官应该承担什么责任呢?

环保志愿者代表施连元:我认为你们欠专业、欠管理,我们老百姓相信你们才委托管理,你们要把它管好,你这样放任的话,我们老百姓依靠谁啊?

浙江省人大环资委副主任委员赵玲:监管不到位可能有多方面的原因造成,那不管是哪一种,监管不到位都是失职。

【正文】

在《问水面对面》现场,一篇篇报道、一瓶瓶水样、一个个提问,让在座的官员们坐不住了,都当场做出承诺,对解决问题排出具体的时间表。

【同期声】

奉化市副市长陈林勇:我觉得这样的互动栏目很好,能够让人感觉到一阵阵的耳热、心跳、出汗。

温州市委副秘书长王蛟虎:面对代表和志愿者的询问,应该说这种压力是无形的。对我来说,我想通过这种形式,回去之后关键是要把工作做好,踏踏实实给大家交一份满意的答卷。

【正文】

浙江台报道。

(本文引自浙江电视台,2013年6月18日、7月22日、12月15日)

第二节 综合调查报告

一、写作要点

(一)名称解释

综合调查报告,又称综合调研报告,是把国家、区域、地区、行业、组织在一定时期内的情况或者问题作为一个整体进行调查分析写成的文书。

(二)主要特征

1. 综合性。这种调查报告覆盖面很广,主要用于基本情况、经济、科技、文化、教育、体育、卫生、政法、军事、外事等,可以勾勒概貌。

2. 完整性。这种调查报告要素齐全,包括地域、时间、组织、事项、现状分析、前景预测、有关对策等,各个要素互相联系、互为补充,内容具体充分。

(三)种类划分

1. 按主体分,有国家调查报告、区域调查报告、地区调查报告、行业调查报告、组织调查报告等。

2. 按范围分,有宏观综合调查报告、微观综合调查报告。

3. 按时间分,有多年综合调查报告、年度综合调查报告、半年综合调查报告、季度综合调查报告等。

4. 按写法分,有文章式调查报告、图表式调查报告、综合式调查报告。

(四)基本结构

1. 标题

单标题。大多使用公文式,如《2015 中国城市居民环保态度行为调查报告》。有时用主题式、事由式、提问式,如《牢牢把握国企改革的正确方向》。

双标题。如引正式《精准化　常态化　长效化　温暖送到群众心窝》、正副式《我国技术总体处于怎样的水平——关于国内外技术竞争的调研报告》。

系列综合调查报告有总题和分题或者事由和分题。如总题《中国旅游国家舆情调查系列报告》,分题《日本来华旅游舆情及传播效果调查》《香港来内地旅游舆情及传播效果调查》等。

2. 署名

写在标题正下方、正文右下方或者封面。

3. 正文

前言。多用概述的方式介绍调查本身或者调查对象的情况,使受众有个总的印象。

主体。叙写并分析有关事例和数据。在层次安排上,可以按发生、发展、结局或者沿革的几个阶段来说明,可以划分各个地区、若干项目或者问题、几个特征逐一述评,也可以分为情况、问题、对策或者现状、预测、建议几个部分。

结尾。归纳结论,对发展前景做出预测,提出解决问题的对策。如前面已有介绍就不单设结尾。

此外,封面、目录、成文日期、附录等项目酌定。

(五)注意事项

1. 点面结合。要立足全局,主要事项既不遗漏也不混杂;还要抓住工作中带有普遍性和关键性的典型,做到以"点"带"面"。

2. 详略得当。从写作目的看,综合调查报告大多以基本情况为主,应详说细议;问题及对策、预测及建议比较简略。要根据实际情况处理,务求详而不冗、略而不遗。

二、范文阅读

▲产业发展综合调查报告

十年见证文化产业腾飞
——我国文化产业 10 年发展对比分析报告

中央文化企业国有资产监督管理领导小组办公室

本报告根据三次全国经济普查数据,依照国家统计局发布的《文化及相关产业分类》(2012修订版),对2004—2013年文化产业10年发展状况进行初步分析。

A. 文化产业初具规模并成体系

2004—2013年10年间,文化产业发展呈现成倍增长的态势。2004年,全国文化产业法人单位31.8万户,从业人员873万人,资产总额1.8万亿元,主营收入为1.6万亿元,增加值3440亿元,占GDP的比重为2.15%。10年间,法人单位增加了近2倍,从业人员增加了1倍,资产总额增加了4.6倍,主营收入增加了4.1倍,增加值增加了4.8倍。

如果从2003年算起,也只用了8年时间,文化产业增加值就突破了万亿元,成为国民经济新的增长点,这在产业发展史上是个奇迹。2010年以前,文化产业增加值年均增量在千亿元上下,2010年以后年份的年均增量超过了2000亿元。从占GDP的比重看,2004年只有2.15%,到2011年达3.28%,2012年为3.48%,2013年为3.42%。文化产业在国民经济发展中的地位已经举足轻重。

文化产业本质上是文化生产及再生产过程。从这个角度看,文化产业包括三个类别:一是文化内容生产。从文学创作到艺术生产,从舞台表演到影视剧生产,从音乐制作到书报刊出版,文化内容生产体系已很完备。二是文化传播渠道。包括与出版生产相对接的出版物发行,与广播电台、电视台的新闻服务和广播电视节目制作相对接的广电节目传输系统,与电影制作、演艺相对接的电影院线和演出院线。三是文化生产服务。印刷复制、软件开发属于典型的文化生产服务,要素市场意义上的文化产权交易所以及经纪代理、评估鉴定、投资咨询、金融担保等中介服务也在此列。

文化产业与国民经济和社会发展相辅相成、相互促进。一方面,文化生产及再生产离不开国民经济体系支撑,由此派生了两个类别,即文化装备制造业和文化消费终端制造业;另一方面,文化产业渗透于国民经济各行各业,由此增加了一个类别,即生产性文化服务,通过文化创意和设计将文化元素植入制造业和现代服务业,提升品牌价值和附加值。

三次全国经济普查数据表明,经过10年发展,文化产业已经初步形成了门类齐全的体系。

表2显示,从投入看,劳动力和资本两大生产要素遍布于文化产业六个类别。2004年,文化内容生产、文化生产服务和文化消费终端制造三个类别的从业人员超过百万人,资产总额分别超过2000亿元;2013年,除文化装备制造外,其余五个类别的从业人员均已超过百万人。从产出看,2013年文化内容生产、文化生产服务和文化消费终端制造的主营收入均突破万亿元,生产性文化服务的主营收入接近万亿元;除文化装备制造外,其余五个类别的增加值均已超过2000亿元。综合投入和产出,10年间文化产业各类别呈现竞相增长的良好态势。作为一个新兴产业,文化产业体系业已形成。

B. 文化产业以文化生产及再生产为主体

文化产业是文化和经济融合的产物,也是文化生产及再生产不断扩大规模的重要途径,更是提升文化传播力、影响力和软实力的主要手段。文化产业如何沿着正确的轨道发展,而不会偏离方向,更不能"耕了他人田、荒了自家地",这是宏观决策和管理部门最为关注的大问题,更是决定文化产业前途和命运的大问题。

三次全国经济普查数据表明,2004—2013 年 10 年间,文化产业的发展不仅是快速的,而且是健康的。

1. 文化生产及再生产保持主体地位。表 2 显示,无论从投入看还是从产出看,文化内容生产、文化传播渠道和文化生产服务这三个类别在文化产业中始终处于主体地位。2004 年、2008 年和 2013 年,文化内容生产、文化传播渠道和文化生产服务的从业人员、资产总额和主营收入加总额占文化产业六大类别的比重均在 60% 以上,增加值加总额占比在 70% 左右。如果把生产性文化服务加上,在文化产业六大类别中,2013 年文化生产及再生产从业人员所占的比重高达 91.13%,资产总额、主营收入和增加值占比分别达 86.88%、74.84% 和 86.72%。

2. 文化内容生产快速发展。文化产业的核心是内容生产,在文化产业统计上,主要集中在"文化产品的生产"大类中(详见表 3)。

2013 年,新闻服务的资产规模为 3770.65 亿元,比 2004 年增加了 5 倍;出版服务的资产规模为 4321.34 亿元,比 2004 年增加了近 3 倍;影视制作的资产规模达到 1615.37 亿元,比 2004 年增加了 10 倍以上;演艺的资产规模达 991.42 亿元,比 2004 年增加了 22 倍。

2013 年,出版服务的主营收入已超过千亿元,在文化内容生产领域保持领先;演艺和影视制作的主营收入保持较快的增长速度,2013 年比 2004 年分别增长了 25 倍和 14 倍。

3. 旅游和休闲娱乐占比很低。在文化产业统计中,旅游仅限于公园景区游览服务,不包括旅行社。2013 年,公园景区游览服务的从业人员和资产总额分别为 52.46 万人和 7696.70 亿元,占全部文化产业从业人员和资产总额的比例分别为 2.98% 和 7.44%;增加值为 645.02 亿元,占文化产业增加值的比重为 3.21%。2013 年,休闲娱乐服务的从业人员和资产总额分别为 84.72 万人和 2276.93 亿元,占全部文化产业从业人员和资产总额的比例分别为 4.81% 和 2.20%,增加值为 576.96 亿元,占文化产业增加值的 2.87%。

C. 文化产业区域发展呈阶梯状

2004—2013 年 10 年间,文化产业区域发展呈现东部领先、中部追赶、西部快跑的梯度发展态势。

1. 东部领先是全面的。2004 年、2008 年和 2013 年,东部 10 省市的资产规模平均为 1006.55 亿元、1605.41 亿元和 4502.25 亿元,是中部六省平均水平的 3.63 倍、4.01 倍和 1.89 倍,是西部 12 省区市平均水平的 7~8 倍。

在文化产业六大类别分地区分年度排序中,广东省"拔得头筹",江苏省综合排名仅次于广东省。北京市虽然在文化内容生产、文化传播渠道和生产性文化服务三个年份的排名均在前三名,但文化装备制造和文化消费终端制造两个类别的排名明显靠后,所以综合排名在山东省和浙江省之后。上海市与北京市的情况基本一致。

2. 中部大步追赶。2004—2013 年 10 年间,中部六省与东部 10 省市的差距在缩小。尤其是在 2013 年,二者资产规模的差距已从 2004 年的 3.63 倍缩小至 1.89 倍,主营收入相差的倍数也从 4.94 倍缩至 1.93 倍。2013 年,中部地区湖南省、河南省和湖北省文化生产服务增加值仅低于广东和山东的规模。

3. 西部个别省市发展迅速。与中部六省相似,西部 12 省区市与东部 10 省市的发展差距逐步缩小,这一点在资产规模和主营收入两项指标上均有体现。此外,四川省、重庆市等西部地区文化内容生产、文化传播渠道和文化生产服务的发展水平与中部地区大致相当。

D. 促进文化产业健康快速发展的建议

文化产业发展尚处于初级阶段,发展时间较短,发展基础还不牢固,急需规划引导和重点培育。

1. 打通文化产业和文化事业之间的通道……
2. 加快推动文化产业转型升级……
3. 大力培育骨干文化企业……
4. 充分发挥文化装备制造业的支撑作用……
5. 高度重视生产性文化服务业发展……

附:图 1　2004—2013 年我国文化产业增加值变化情况(略)
　　表 1　文化产业统计的主要指标(略)
　　表 2　文化产业各类别发展状况(略)
　　表 3　文化内容生产的构成(略)

(本文引自《光明日报》,2015 年 2 月 12 日)

第三节　专题调查报告

一、写作要点

(一)名称解释

专题调查报告,又称专题调研报告,是对某一工作、现象、事件、经验、问题等进行调查分析写成的文书。

（二）主要特征

1. 专项性。这种调查报告只针对某项重要工作、某一特殊现象或者事件、某个值得推广的经验或者应该引起注意的问题，不像综合调查报告那样有大的覆盖面，显得内容单一。

2. 深入性。这种调查报告主题突出、分析透彻。与综合调查报告相比，它的理论性更强，有一定的深度。

（三）种类划分

1. 按内容分，有典型经验专题调查报告、新生事物专题调查报告、揭露问题专题调查报告、历史事实专题调查报告等。

2. 按写法分，有文章式调查报告、图表式调查报告、综合式调查报告。

（四）基本结构

1. 标题

单标题。如公文式《来自农村改革一线的"杨凌报告"》、主题式《雾霾天气影响日趋严重　治理必须多管齐下》、事由式《国有文化企业发展趋势》、提问式《"忧居"怎样变"宜居"？》。

双标题。如引正式《价格持续下跌，库存居高不下，企业经营困难　煤炭、黄金十年结束后怎么办？》、正副式《事关全局的决胜之战——新常态下"新东北现象"调查》。

系列专题调查报告有总题和分题或者事由和分题。如总题《首钢搬迁带来的启示》，分题《浴火重生》《同舟共济》《逆风飞扬》。

2. 署名

一般写在标题正下方，有时写在正文后右下方或者封面。

3. 正文

前言。勾勒概况，揭示意义，提出问题，阐明主题等。

主体。对特定的现象、事件、工作、经验、问题等专题进行述评。在层次安排上，可以是时间推移或者问题、原因、对策的纵式结构，可以是若干组织、工作、事件、问题、观点的横式结构，还可以纵横交叉处理。

结尾。交代结论，预测前景，提出建议。有时不单设结尾。

此外，如有必要，可以加成文日期、附录；封面及目录只用于长篇、中篇专题调查报告。

（五）注意事项

1. 抓住关键。要抓住中心工作、重要现象、典型事件、主要经验、突出问题进行叙议，不能面面俱到，也不能舍本逐末。

2. 认真分析。应该恰当运用对比法、因素法、动态法等分析方法,找出成绩和不足,剖析主要与次要、主观与客观因素,反映工作过程及规律,提出推动工作持续稳定发展的对策。

二、范文阅读

▲医疗改革专题调查报告

五问县级公立医院改革
——睢宁县改革试点的考察报告
核心提示

7月29日,全省医改工作电视电话会议召开。会议透露,今年8月起,江苏省将全面推进县级公立医院综合改革,要求全省所有县级公立医院均要在年底前全面取消药品加成政策,经过2~3年的努力,力争将县域内就诊率提高到90%左右,基本实现大病不出县。

本报记者　何桂香　曲美慧

公立医院改革是新一轮医改的核心环节,而县级公立医院改革因与农民"贴得更近"更成为改革一大焦点。目前,我市县级公立医院改革尚未全面展开,睢宁为唯一试点地区。

去年2月,睢宁县人民医院成为全省15家县级公立医院改革试点示范医院之一。今年1月26日,睢宁县人民医院和睢宁县中医院正式实施药品零差价销售,破除"以药养医"机制,并统筹推进服务体系、管理体制、人事分配制度等一系列改革。

如今,睢宁县级医院改革已经实施半年多,成效如何?8月17日,记者来到睢宁县两家公立医院进行实地考察。

一问　老百姓看病便宜了吗?

走进睢宁县人民医院门诊大厅,两张"睢宁县人民医院常用药物价目表"几乎贴满了大门右侧的整面墙壁。从价目表上可见,一盒48粒装的黄连片售价为3元钱,一盒100粒装的消炎利胆片售价4.5元,其他大部分药品价格都是10元以下,最贵的120粒装六味地黄胶囊价格为55元。

"药价降了,降半年多了。"45岁的患者熊松梅正在药房窗口前等着拿药,她买的是阿莫西林胶囊。"我过年的时候来买这个药,价格就降了。现在2.5元一盒,比原来便宜一半。"

另一位患者宋先生买的是硫糖铝片,这个药现在价格为2.6元,也比原来便宜了一半多。"挂号的时候收了我10元诊察费,比以前挂号费贵,不过其他杂七杂八费用都包括在这个诊察费里,而且药品价格降得力度很大。总体来说,我觉得看病便宜了。"宋先生说。

在心内科病房里，睢城镇潘村82岁的老人徐秀生因高血压住了7天院，她说自己家里条件不好，一直舍不得住院，这次实在病情危急才被送了来。"看病没那么贵。"老人住院费一共是5051元，医保报销70%后，自己只花了1500多元。

记者了解到，从今年1月底，两家医院取消了原本15%的药品加成，除中药饮片外所有药品都按进价实行零差价销售。根据睢宁县人民医院统计，今年前两个季度患者门诊均次费用为189元，住院均次费用为6238元，与去年基本持平。不过，医院收入中的药占比明显降低。截至6月底，该院药占比从去年同期的51.72%降至42.3%；睢宁县中医院前两个季度的药占比也从去年同期的51.14%降至43.06%，患者均次费用基本持平。

二问　门急诊人次为何少了？

记者调查发现，这两家医院的门急诊人次并无明显增加，睢宁县人民医院门急诊人次不增反降。这是为什么？

今年前两个季度，睢宁县人民医院门急诊量为280410人次，比去年同期减少11149人次，降低3.8%。记者采访了解到，这可能与此次改革中设立的"诊察费"有关。

按照《睢宁县公立医院补偿机制和价格综合改革工作实施方案》，两家医院均将挂号费、急诊挂号费、药事服务费合并为诊察费，西医门诊每人次收取10元，副主任医师门诊每人次15元，主任医师门诊每人次25元，急诊诊察费每人次10元，以更好地体现医务人员劳动价值和技术水平。

但相比原本仅两三元的挂号费而言，这个价格让一部分患者难以接受。"市里大医院专家号也才十几元，这里要15～25元，难道技术比大医院还好？有点贵了。"采访中，患者刘大爷抱怨。

"很多老百姓不太明白为什么收这么贵的诊察费，实际上这里面包含了挂号费和服务费，升的价格远没有药价降得厉害。而且医院取消药品加成后，医院收入减少了，需要通过提高医务人员的服务所得来适当弥补一下。医改的大方向就是取消以药养医，转而通过价格调整体现医务人员的技术劳动价值，激发他们的积极性。"睢宁县卫生局一位工作人员说。

"主要是这个诊察费它不能报销，如果它能给算在新农合里报销，那10块钱我们自己就掏4块左右，我们也不嫌贵了。"刘大爷说。

记者了解到，北京等地很多试点医院中，诊察费都被纳入医保报销范围。

三问　住院患者为何猛增？

徐秀生老人所在的心内科病房里，住院患者有70多人。"今年住院的病人明显增加了。"护士长张娟说，冬天人最多的时候，曾经达到119人。

睢宁县人民医院的统计显示，今年前两个季度，出院患者数量为20486人次，比去年同期增加3433人次,增加了20.13%。为了满足日益增加的住院患者需求,该院今年新增了300多张床位,目前床位总数达到1000余张。

有趣的是,事实上此轮价格调整中,床位费和护理费都有所上调。以心内科为例,三人间的床位费从28元上调至40元,两人间从40元调至50元;一级护理费从每天6.6元调至27元,二级护理费从每天3.9元涨至18元。为什么住院患者还会增多呢?

"首先肯定是受药品价格变化的影响。住院的病人每天需要使用大量药物,药品降价了,而且医保和新农合能够报销大部分费用,这样一来他们省下的钱远比床位费和护理费所增加的钱多。"心内科主任王瑞利说。

大型设备检查费和手术费的降低也是影响因素之一。按照价格改革方案,目前两家医院都已经取消了CT、MRI等大型设备检查费中15%的上浮价格,同时取消手术类项目收费中原本15%的上浮价格,在此基础上将其提价11.05%,总体来说,手术类项目的价格降幅接近4%。

对于徐秀生老人来说,医保和新农合较高的报销比例也解决了她的后顾之忧。"门诊不给报,但住院给报销,其实住院挺划算的。"老人说。记者了解到,目前睢宁县新农合覆盖率接近100%,出院病人报销比例达到60%,职工医保住院病人报销比例达到70%。

四问　医护人员积极性高了吗?

自去年被列为试点之后,睢宁县人民医院全面实行绩效工资,以医护人员的专业技术能力、业绩成果和医德医风为主要评价标准,完善医务人员专业技术职务资格评价制度。睢宁县人民医院有关负责人说,绩效工资实施一年多来,医护人员的收入稳步增长,调查显示他们对改革基本是支持的。

"这次价格改革为了更好地体现医务人员技术劳务价值,在实行药品零差率销售的同时,根据省物价局的文件政策,我们适当上调了部分诊疗服务价格,比如诊察费、治疗费、护理费、床位费等,这样有降有升,老百姓负担不会增加,而医生护士干得越好,百姓越认可,收入越高,他们的积极性有所提高。"睢宁县人民医院相关负责人介绍。

改革之后,两家医院加强专科建设,添置了不少大型设备,提高医疗业务水平,吸引更多患者。睢宁县人民医院心内科王瑞利主任的课题《徐州地区基层高血压规范化管理的效果及卫生经济学评价》被评为2013年度省卫生厅医改试点单位科研课题,医院对该课题投入巨大,这也激励其他医护人员投入医疗学术研究中。

五问　医院的收入少了吗?

在未实行药品零差价销售之前,两家医院的总收入中药占比都达到50%左右,而今年上半年他们的药占比分别下降至44.25%和43.06%。经省物价局确认,睢宁县两家医院合理药品差价共为 2758 万元。

那么,价格改革之后,两家医院的总收入减少了吗?

记者了解到,今年 1 月 26 日—6 月 30 日,睢宁县人民医院业务收入为 15804 万元,比去年同期增加 27.7%,睢宁县中医院业务收入为 3919 万元,同比增加 11.52%。虽然药品收入比例减少了,但医疗服务收入比例明显提升,县人民医院医疗服务收入增幅达 51%,县中医院增幅为 29.96%。

据介绍,此次价格调整的总原则是"一降一调一补",降的是药品价格,调的是医疗服务价格和职工医保、新农合政策,补是指加大财政投入。现在,两家医院主要通过政府补偿和服务收费两个渠道获得对药品差价总额的补偿。目前,省政府下拨的 750 万元专项改革资金已经到位,县政府也将补偿两家医院 5% 的药品差价,而医疗服务收费基本能够弥补差价的 85%,剩下的 10% 还需要医院自己消化。

医院方面表示,虽然总体收入没有下降,但医院的运营压力很大。10% 的药品差价需要医院自己消化,他们只能通过加强管理、节约资源、开展新技术和新项目等方式降低运营成本。医院担心,今后基础设施建设、大型医疗设备购置、重点专科发展等仍需要大量投入,所以要实现持续发展面临着一些资金上的困难。

(本文引自《徐州日报》,2013 年 8 月 21 日)

第四节 微调查报告

一、写作要点

(一)名称解释

微调查报告,又称微型调查报告,简称微调查,是简短灵活地反映调研情况的文书。

(二)主要特征

1. 显微性。这种调查报告最大的特点在于发挥显微镜的作用,把看似微小的现象或者问题放大来表现重要主题。近年来,许多媒体开设"微调查""微型调查"专栏,微调查报告成为深度报道的一个特色文种。

2. 精悍性。这种调查报告长则千余字,短则几百字,篇短意丰,文少力足,显得精练犀利。

(三)种类划分

1. 按内容分,有褒扬型微调查报告、批评型微调查报告、问题型微调查报告等。

2. 按写法分,有报道式微调查报告、访谈式微调查报告、述评式微调查报告等。

3. 按构成分,有单篇微调查报告、系列微调查报告等。

(四)基本结构

1. 标题

单标题。如公文式《新型婚姻观　街头微调查》、主题式《出游　文明别掉队》、事由式《"一元钱"的诚信拷问》、提问式《公交场站何处容身?》。

双标题。如引正式《线上信用卡套现频发,扰乱正常金融秩序　"微"店套现　漏洞咋堵》、正副式《只靠一人养家　如何轻松生活?——单经济支柱家庭理财状况微调查》。

2. 署名

一般写在标题正下方,有时写在正文右下方。

3. 正文

微调查报告的正文比较灵活。一般来说,报道式微调查报告的前言写法多样,主体一般以几种表现、几个问题并列述说或者现象、问题、原因、对策递进叙议或者时间先后交代等方式安排,结尾酌定;访谈式微调查报告以调查对象的变换为序或者用问题+访谈方法,在前面交代调查对象的姓名、单位、职业等,然后概述访谈情况;述评式微调查报告多以述为主、以评为辅,先述后评或者夹述夹评。

(五)注意事项

1. 深挖掘。要以党的方针政策为指针,以受众为中心,精心选题,深入调研,提炼主题,体现敏锐目光、公正立场、辩证思维。还要通过多地联合、典型剖析、现身说法等方式增加报道深度。

2. 巧融合。要选准"聚焦点",打好"组合拳","微调查""微型调查"与其他相关栏目组合,文字与图表结合,叙说与评论配套,增强表达效果。

二、范文阅读

▲修理业微调查报告
正牌售后不正规　外包业务挣外快　维修猫腻知多少?

本报记者　李坚　付文　吴丹

手机、电脑等电子产品坏了,很多消费者会选择找品牌店进行售后维修,觉得这样的官方维修点会更规范。但是也有不少消费者反映,这些维修点也不一定靠得住。记者走访多家品牌维修点,发现了其中不少猫腻。

小病大维修,动辄换主板

近日,湖南的李先生将家里不能上网的品牌电脑送去售后点维修。工作人员打开电脑检查后,建议重装系统,但需要李先生购买399元的正版系统光盘。李先生觉得太贵,便请单位技术科同事帮忙查看,结果只是软件功能设置问题。

"小病大修是惯用伎俩。"在武汉广埠屯个体维修店老板小周透露,电脑主板上某零件坏了,一般都建议顾客换主板,若顾客不同意,再进行修理,"修比换便宜。"

曾在品牌店工作的小王告诉记者:"保修期内的产品每更换一块主板,厂家都会提供费用,所以都直接更换主板,但对过保的产品就不提供费用了,售后点就会私自修理。"

对此,中消协律师团团长邱宝昌分析,一方面由于电脑零件高度集中化,一旦损坏常会直接更换整个配件,导致维修成本提高;另一方面,的确存在鱼龙混杂情况。

一店多招牌,报价迷惑人

重庆的杨女士最近跑了某知名品牌的三家维修点更换笔记本风扇,结果两家报价250元,一家报价150元。"你说这品牌店价格怎么还不一样?"杨女士很迷惑。

记者来到杨女士说的报价150元的维修点,发现这家授权维修店的墙上,还标有"电脑医院,各大品牌IT产品专业维修"字样。记者致电该品牌客服热线,客服证实这家确实是官方的授权维修点,所有授权维修点都是统一报价。

记者再三询问,该维修店工作人员表示,更换风扇,选择在该店走官方维修渠道需250元,而选择普通维修只需150元,两者耗材完全一样。

中国人民大学法学院的刘俊海教授认为,这种一店多招牌、报价不透明的做法,既侵害了消费者的知情权,又侵害了消费者的公平交易权。

品牌店揽活,转包小店修

送去售后服务点的电脑到底在哪儿维修?

记者在武汉广埠屯小周的店铺旁看到,一些"熟客"拿着待修电脑找他,简单说几句便走了。小周说,这就是品牌售后的人,"比如换主板,我们收2000多元,而官方换主板价格高出近1倍,如果他找我们换的板子2000多元,而报给客户4000多元,客户还以为是官方更换的。"小周表示,若在他这儿更换配件,配件不可能由官方提供。

"更换的配件大多不是全新的,只是'良品',就是功能正常的备件。"小王向记者透露,"所有的厂商都规定售后点不能自己维修,但是过保的机子不在这个规定范围内。于是很多售后点设有专门修理保外机子的人员,或者直接跟私人维修店建立业务往来。"

专家认为,这种业务外包行为不仅违反了《消费者权益保护法》,还违反了《合同法》第八十四条:债务人将合同的义务全部或者部分转移给第三人的,应当经债权人同意。

(本文引自《人民日报》,2014年6月21日)

第六章 调查报告

▲家庭教育微调查报告

开学第一课微调查"父母教会我——"

大学生记者　赵一燊　喻贤璐　《扬子晚报》记者　蔡蕴琦　王璟

"父母教会我什么?"这是今年9月1日,教育部与中央电视台《开学第一课》的主题,最近几天这一话题成为网络讨论的大热门。昨日,《扬子晚报》记者以"父母教会我"为主题在大中小学生中展开"微调查"。

这些是父母教会他们的

父母教会了我什么……调查中,记者发现,与其说是教会,倒不如是父母身上的某些东西深深影响着孩子。

蔡寒阳　妈妈让3岁的我管电饭锅

东南大学2014级少年生,妈妈是老师

在东大宿舍,记者碰上正在整理军训服的15岁女孩蔡寒阳,她是东南大学大一少年生。15岁的蔡寒阳热情开朗。父母对你最大的影响是什么?小姑娘爽朗地笑着说是"责任"。当乡村教师的妈妈工作太忙,每天早上6点到学校,从三四岁起,妈妈交给蔡寒阳一项任务——看电饭锅。"妈妈指着家里的钟告诉我,时针到6这个位置把电饭锅插头拔掉,妈妈说这是我的责任。"蔡寒阳体会到的责任,更多的是从妈妈身上感受到的。

章博宇　妈妈引导我捐助别人

南京玄武外国语学校初一

"我的妈妈是一个心特别软的人,看到微信上哪里遇灾或者需要帮助,她都会感到难过,可她的难过不仅在心里,还转化为行动上。"刚刚升入初中的章博宇告诉记者,妈妈会经常告诉她哪里哪里需要帮助,"比如看到了相关的报道,都会说:'你看看有什么东西你不需要但还是好的,收拾出来给我。'后来我才知道,妈妈都会把这些东西打包寄出去,不过单子上都是署我的名字。""她总是会跟我说,要做一个有爱心的人,这样你也会感到快乐。"章博宇告诉记者。

这些也是父母教会他们的

父母教会我们的可能不仅仅是有责任、有爱心、懂礼貌。

豆豆　妈妈教我要给别人"送东西"

南京市某小学四年级学生

"我妈妈希望我每个学期都是三好学生,三年级上学期选三好学生的时候少一票我就没当成,妈妈就狠狠批评了我,说我平时不跟同学好好相处,结果人家都不投票给我。"说到上次选三好生的经历,豆豆感觉还是有点沮丧。不过豆豆告诉记者,她在妈妈的帮助下,在和同学的交往上很快有了进步。"妈妈给我买了很多学习用品,比如好看的尺子、橡皮、本子,还有漂亮的夹子,妈妈告诉我,可以把这些东西送给我的同学,这样他们就愿意和我玩了。"豆豆说,妈妈的方法很有用,她一下子多了好些朋友。"妈妈还会周末的时候叫我邀请别的小朋友到我家玩,或者一起出去组织活动。妈妈告诉我,就是平时要注意多交朋友,这样别人才会对我好,评三好生的时候会投票给我。果然,这次评三好生我多了好多票,真的又当上了三好生。"

家庭教育专家 安排好自己的生活是最好的"无痕"教育

有人说:家庭是人生的第一课堂,父母是人生的第一任教师。在家庭教育专家、南京师范大学副教授殷飞眼中,最好的家庭教育是无痕的,凡是"有痕"教育都有偏差。"无痕"的东西都会对孩子产生影响,而且是无意识的影响,这种影响是终身的……教育孩子、为孩子做榜样,首先安排好自己的生活。"具体来说,就是我们对生活充满热爱,对工作认真负责,夫妻互敬互爱,扮演好自己的角色。"

(本文引自《扬子晚报》,2014 年 8 月 31 日,略有改动)

第五节 调查附记

一、写作要点

(一)名称解释

调查附记,有的称为调查后记,是记者对受众信访原件谈及的事件或者问题进行调查分析写成的文书。

(二)主要特征

1. 依附性。原件是调查附记的必要前提,调查附记由这些原件派生,依附于原件而存在,并与原件合为一个整体。

2. 辅助性。调查附记的任务在于通过调查分析对原件加以证明、解释、补充,起着辅助作用。

(三)种类划分

1. 按内容分,有受众来信调查附记、受众来访调查附记、其他调查附记。

2. 按表达方式分,有证明式调查附记、解说式调查报告、述评式调查附记等。

(四)基本结构

1. 标题

一般是单标题。大多只写文种"调查附记"。也可以揭示主题,如《向失信行为说"不"》;交代事由,如《一个突出的社会问题》。

如有必要,也可以拟双标题。

2. 署名

写在标题正下方或者正文右下方。

3. 正文

前言。交代接到来信、接待来访等缘由,提及前去调查,有的还交代结论。

主体。包括以下内容:一是调查所得的事实及结论;二是对原件表态,如事实是否属实、观点是否正确;三是对某些关键性问题作强调或者补充;四是指出有关组织、部门或者人员目前的认识及行动,如已解决、正在解决、着手解决。处理时要有所侧重,恰当安排层次。

结尾。根据实际情况处理。如无必要不设结尾。

此外,有时写成文日期、列附录。

(五)注意事项

1. 求实。就是说,通过观察、访谈、查阅等多种方式对有关事件或者问题进行认真调研,务求事实确凿,依据充分、结论正确。

2. 集中。应该针对原件所提的事件或者问题来叙说,尤其要抓住关键性的环节,不能游离于主题,也不能面面俱到。

二、范文阅读

▲交通状况调查附记

调查附记

接到上述来信,元旦前,本报记者前往310省道格里坪至福田段调查采访。

路面破损严重　堵车时有发生

12月30日10点40分,记者驱车来到格里坪镇,看到许多货车满载煤炭、碎石从云南华坪方向驶来。在格里坪香锅烂鱼馆附近,混凝土公路路面湿漉漉的呈龟裂状,进出攀枝花的公路上,汽车形成两条长龙。重车经过破损路面,不时发出"哐、哐"声,路面上黑色泥浆水被车轮碾压后四处飞溅。

11点02分,格福路上堵车。记者下车步行,沿途所见公路上到处都是湿漉漉的黑色泥水,很多路面都是龟裂状和大块大块脱落的混凝土以及裸露的公路基石。路旁的排水沟全被黑色的泥浆堵塞,公路两旁的树叶布满了灰尘。

11点20分,记者来到格里坪八米桥,此时车流正在缓缓向前移动。

"等10多分钟不算堵,有时候一堵就是几个小时。"在八米桥附近开了一家汽车补胎修理店的吴晓松告诉记者,公路上流淌的黑水全是运煤车上流淌下来的散热水。

11点42分,记者驱车在与一辆大货车错车时,"砰",一颗石子在大货车车轮碾压下,飞溅起来,砸在记者的车门上。

淤泥淹公路　汽车陷泥坑

11点46分，记者驱车来到格里坪公路收费站附近，看到公路旁一爆裂的水管流淌的水与公路上泥沙混合，形成一片淤泥浆水，将公路路面掩盖。一辆重型车迎面驶来，记者乘坐的车辆赶紧避让，汽车突然陷入一个泥水坑里，无法动弹。记者找到公路收费站附近一个煤炭堆场，请求帮助。煤炭堆场的一位司机告诉记者要收费100元。记者认为费用太高。"前几天有几辆车陷到坑里，都是收的150元。"这位司机认真地说。

当记者和这位司机讨价还价时，养路段龙洞道班的6名养路工人下班经过此处，主动帮忙将汽车从泥坑里推了出来。

"这段路太烂，经常有车坏在路上，我们看到了，能帮一下就帮一下。"养路工人陈斌说。

"下雨的时候，院子里都是泥浆。"住在苏铁西路1317号（格里坪公路收费站附近）的市民王子全告诉记者，由于排水沟长期被淤泥堵塞，雨季时，泥浆从格里坪公路收费站上面流到他家的院子里，深达10多厘米。

记者看到，格里坪公路收费站岗亭下和公路旁的排水沟里积存了许多淤泥。

"我们已经向上面打报告，请求派人帮助清除淤泥。"格里坪收费站站长林钦告诉记者，堆积在格里坪公路收费站附近公路上以及排水沟里的淤泥和泥浆水，都是运煤车的散热水与破损地面泥沙混合形成的。

12点43分，在格里坪苦荞村附近公路上，记者看到河门口养路段的工人正在对公路破损凹处进行沙石填埋修补。

河门口养路段苦荞村养护修补工地现场负责人张林告诉记者，格里坪—华坪的这条公路是2001年开始扩建、2002年完工的，近几年由于过往的重车太多，造成该路段路面受损十分严重。

13点05分，记者驱车来到龙洞路段，公路上约有100多米的路面，大块大块的混凝土呈龟裂状，汽车经过时摇晃着，发出"哐、哐"声。

随后记者继续前行，来到与云南华坪县兴泉镇交界的路段，这里公路凹凸不平，破损严重，最深的坑达10多厘米。

在仁和区福田镇，公路上混凝土也出现严重的龟裂状，在中国石油公司福田镇加油站附近，已看不见公路上混凝土表层，路面上有大大小小的坑，整条公路全是黑色的泥浆水和淤泥，过往汽车都小心摇晃慢行。

"如果不是做生意，根本不走这条路"

14点36分，在攀枝花与云南华坪公路交界处，记者看到，云南华坪县的公路宽阔平整，与攀枝花这方的龟裂状和混凝土路面破损现象形成鲜明对比。

"公路烂成一块一块的，出租车都不愿意跑。"在清香坪上班的市民赵先生告诉记者,他母亲住在苦荞村,由于格里坪—龙洞的公路破损十分严重,每次回家看望母亲都很不方便。

"雨天一身泥浆,晴天一身灰尘。"家住龙洞的村民黄凯说,这条路太烂,出门跑车做生意很不方便。

有司机告诉记者,格里坪镇—福田镇这段烂路有20多公里,跑一个多小时才能到。

"公路坑坑洼洼的,太伤车了。"攀枝花去办事的云南华坪县兴泉镇司机王福平说。

"你们这边的路没得我们那边的好。"家住华坪县荣将镇的货车司机和卫国说,他们经常往攀钢拉煤,因为攀枝花路太烂,车上装的煤都抖落了不少,要不是为了做生意,根本不想走这条路。

"说实话,真的有损攀枝花城市形象。"家住攀枝花市仁和区的司机刘军武说。

(本报记者　苏勇　刘斌　李刚文)

(本文引自《攀枝花日报》,2011年1月5日)

第七章　采访札记

第一节　采访札记概述

一、写作要点

(一) 名称解释

"札"的本义是古代写字用的小而薄的木片;"札记",是指读书时摘记的要点和心得。

采访札记,有广义和狭义之分。广义采访札记,是记者在采访中把所见所闻所感随时记录下来,累积成篇。狭义采访札记,是在完成报道任务的同时,记者把采访中的见闻和感想摘要记录下来并且公开发表的一种新闻体裁。本章所述的是狭义采访札记。

(二) 主要特征

1. 边缘性。在新闻写作中,采访札记属于边缘体裁。在报道的同时,还经常以日记、笔记、问答、图表、散文等文体或者文种的形式表达。因此,它博采众长。

2. 附带性。采访札记往往是记者完成新闻报道任务的副产品,用短小精悍的札记形式反映新情况、新问题,可以匡正视听、明辨是非、提醒注意。

(三) 种类划分

1. 按名称分,有采访日记、采访手记、采访随感等。
2. 按性质分,有综合采访札记、专题采访札记。
3. 按写法分,有文章式采访札记、图文式采访札记、综合式采访札记。
4. 按位置分,有独立性采访札记、链接性采访札记。
5. 按构成分,有单篇采访札记、系列采访札记。
6. 按媒体分,有报纸采访札记、杂志采访札记、广播采访札记、电视采访札记、网络采访札记等。

(四)基本结构

1. 必备项目

(1)标题

单标题。主要有五种写法:一是公文式,如《新华社记者四川绵竹走访随感》;二是主题式,如《一辈子只为干好一件事》;三是事由式,如《40∶1与1∶10的警示》;四是背景式,如《他从历史中走来》;五是提问式,如《如何让我们的经典真正与时代共舞?》。有些采访札记还在标题前加冒号或者标题后加圆括号注明文种,如《采访札记:一位党员作家的情怀》《透过江西看全国(采访手记)》。

双标题。一是引正式。引题交代对象、背景,正题说明主题、事由,如《去年"撞衫"今年"撞杆" 两会"刮"起技术风》。二是正副式。正题说明主题、事由或者提出问题,副题写对象、文种等,如《从"康西瓦"到"三十里营房"——"生命禁区"采访札记》。

系列采访札记有总题和分题或者事由和分题。如总题《商城县"美丽乡村"采访札记》,分题《山水,田园,鸥鹭 替俺留住乡愁》《商城的荣誉》《商城县"美丽乡村"辞典》等。

(2)署名

独立性采访札记署名置于标题正下方、消息头后或者正文后。因主稿已有记者姓名,链接性采访札记可以不署名。

(3)正文

前言。交代缘由,介绍采访或者采访对象的基本情况,概述主要内容,提出问题等。

主体。具体内容根据实际情况确定。在层次上,主要有两种:一是时间顺序,按采访的过程安排;二是逻辑顺序,按采访的地点、组织、人物的变化以及表达主题的不同侧面、点面、分总等处理。在写法上,正文有日记式、报道式、问答式、图表式、散文式等多种写法,要因文而异。

结尾。深化主题,突出特色,补充说明。也可以不单设结尾。

2. 选择项目

(1)消息头

有时设此项。

(2)附录

如有必要,可以附图片、表格等。

(五)注意事项

1. 以精取胜。采访札记短小精悍,应该选择社会关注的典型事实,提炼一个精当的主题,用精练的文字进行叙议,不能有闻必记、有感必发。

2. 以活见长。采访札记的形式比较自由，应该不拘章法、意到笔随。可以勾勒轮廓，也可以放大细节；可以叙议，也可以咏怀；可以平实表达，也可以生动描绘。

二、范文阅读

▲独立性采访札记

走基层，一组鲜活的采访札记

杨春亚　马原　张少虎

金秋时节，全国新闻战线积极响应号召，纷纷投身到"走基层、转作风、改文风"（以下简称"走转改"）活动中。众所周知，新闻记者的使命是以及时、有效、客观、公正的态度为大众传播消息，在如今互联网高速发展的时代背景下，媒体人的信息传播过程也变得愈加便利、高效、多元和复杂。那么，如何在烦琐庞杂的素材中找到最有价值的新闻线索，如何以最贴近群众的视角和心态报道社会生活中已然改变和正在发生改变的基层真人真事？

在此次围绕"走转改"开展的一系列报道中我们看到了星星之火，听到了作为新媒体一员的他们——网络媒体记者和编辑的肺腑之言，有田间地头采访后的感受，有在西藏边防体验官兵疾苦后的体会，也有在塞外内蒙古亲历巨变后的畅想……

泥土篇

作为有着十几年新闻从业经验的我，以前每年都要走出北京许多次，到中国各地采访、写作。而今，从事互联网媒体管理，更多的时间花在了办公室和会议室，每每拿起笔，写篇千字稿件，总要花上几个小时的时间，左推敲右琢磨，依然不觉生动。

今年9月，和同事们一起去闽西山区采访，看到全国有名的贫困县依托当地得天独厚的气候地理条件种茶致富，成为全国百强县。当我们走进云雾缭绕的茶园，听村民讲述种植、加工乌龙茶的艰辛，挤在熙熙攘攘的人群里，拍摄繁忙的茶叶交易的时候，"我在现场"的兴奋感让我们不再为起一个漂亮的标题而发愁，不再为文章的干涩而苦恼。同行记者连夜写作，连夜成文，向世界说明，原来著名的铁观音就是这样炼出来的。

正所谓"离泥土越近，越有生命力"，接地气让我们长了灵气，提笔更有底气。

在铁观音的主要产地——安溪县的大坪村，村长告诉我们，村民每年靠种植、售卖茶叶为生，人均年收入可达8400块钱，而在2006年以前，种茶要交农业税，每年农户收入至少要少500块钱。农业税取消之后，农户种茶积极性大增，收入也逐年增加。大坪村村民张清奇在北京设立了自家茶叶的销售点，经过几年的积累，已经开上了一部小轿车，每年两季开轿车回老家采茶、收茶。

中国政府为减轻农民负担所做的努力一直是我们外宣媒体报道的重点，而只有深入基层，我们才获得了如此鲜活、生动的例子。国情在哪里？它不在文件里，不在讲话中，只在普通群众那里。群众的生产生活和观点意见才是真正的国情。

在福建沙县——开遍全国的"沙县小吃"的故乡,我们走访了当地的小吃培训学校,这个政府投资的学校免费为有志于开沙县小吃的村民培训制作技能。随行的记者恍然大悟,原来,媒体报道了多次的"阳光工程",沙县政府把补贴用在了这里。

在沙县培训学校的现场,我们的记者拍摄到了学员们学习每一道沙县经典小吃的制作、烹饪过程。当热腾腾、香喷喷的扁肉、芋头饼、豆腐丸子汤端上来的时候,"阳光工程"这个说法不再抽象,在我们的视频报道里,它是一双双渴望知识的眼睛,一个个在厨房里忙碌的身影。

我们相信,这样的作品才能打动世人,因为它反映的是真实的国情民意。如果我们只会坐在电脑前依靠搜索引擎和电话编"新闻",中国在世人眼里一定是苍白的,甚至有可能是扭曲的。

摄影界有句名言:如果你拍得不够好,那是因为你离得不够近。做新闻同样如此,如果你报道得不够好,那是因为你扎得不够深。走在闽西广阔的田野上、喧嚣的菜场里、偏远的山道上,叙写普通百姓的故事,折射当代中国宏大而壮阔的画卷,我们内心充满自信。

边防篇

2011年西藏边防行活动,我们作为《中国日报》派往林芝、阿里方向的记者,于6月21日—7月1日全程参与整个活动的采访报道。此次采访以西藏和平解放60周年为契机,重点报道西藏边防哨所的巨变、西藏军民共建的成果以及西藏边防战士孤独守护边防、忠诚戍边、薪火相传的感人故事。

"眼睛上天堂,身体下地狱",去过西藏的人都这样概括西藏。西藏可以说是离阳光最近的地方,平均海拔4000米以上,这里的边防战士常年坚守在只有千年化石而无人类炊烟的雪域,与孤独为伍,与寂寞相伴。黑得发紫的脸庞、皲裂的皮肤、满是伤口的嘴唇、木讷的言语……加上一身融入生命的军装,他们站在被称为"世界屋脊"的边防前线,却表现得乐观向上、意志顽强。

阿里高原海拔高,空气稀薄,连走路都感到胸闷气短,蒸馒头也要用高压锅。有时候由于晚上温度太低,发面困难,蒸出来的馒头又酸又硬。炒菜做饭原来是一件鸡毛小事,然而在阿里却成了一场严格的考验。在近半个月的采访期间,我们亲眼看到在高原阳光的猛烈照射下,驻守在"世界屋脊的屋脊"最前哨的西藏阿里军分区某部二连进行野外实战演习训练的情景;亲自登上海拔4300米的阿里某边防哨所和战士们面对面,体会他们的守望孤独;采访了一个又一个扎身边疆近20年的边防战士,也充分地感受到了他们火热、乐观的心以及他们驻守边疆、无私奉献的精神……

通过这次采访,我们感到那些长期工作在偏远地区的边防官兵的故事还有待于我们去发掘。在西藏的边防线上,有太多不为人知的感人故事和先进典型。不过遗憾的是这些感人的事迹并不为外界所了解。笔者认为,今后可以在边防部队和中央新闻媒体间建立起一个沟通的渠道,采取定期派记者深入一线和部队通讯员供稿等方式,使我们对边防的报道成为一个常态,让更多的人了解西藏、了解边防。

塞外篇

今年9月4—10日,包括中国日报网在内的全国近40家网络媒体深入通辽市和兴安盟,以"富民强区"为题,从民生、经济、城市建设等多方面对两地进行报道。

通辽市和兴安盟位于内蒙古东北部,分别与辽宁、吉林、黑龙江三省相连,是东北新的欧亚大陆铁路运输通道重要节点。同时,两地拥有丰富的农业、工业和旅游业资源。此次走进内蒙古活动,是在全国新闻网站和主要商业网站广泛深入开展"走转改"活动的大背景下进行的。因而,记者采访报道的重点在关注区域经济发展的同时,更多地集中在了当地人民群众的工作和生活上。在田间地头,在公司厂区,记者直接与当地群众进行面对面交流,从他们质朴的话语中,记者听到了来自基层最新鲜的声音。当地的发展和人民群众生活的改善,也从一串串数字变为工人和农民脸上的笑容和自信的话语。

在科尔沁左翼后旗的养牛场,记者聆听来自"黄牛之乡"的养牛专业户介绍饲养经验和致富道路;在通辽市科尔沁区育苗基地,记者探寻高科技农业如何将昔日贫瘠的沙地化为可持续发展绿洲;在科尔沁右翼中旗,记者走进南桥社区综合服务站,与当地群众一起体验一站式便捷服务;在扎鲁特旗教育园区,记者从花园式校区、现代化体育场、蒙汉双语教学中看到了当地教育事业的巨大变化。

在每个采访点,记者都能够接触到生产生活在第一线的人们,在与他们的交流之中,一篇篇文字和图片报道很快成型。车间里的工人用他们强壮的臂膀和精湛的技术打造出一件件精准的工业零件,农田里的农民用农业科技和他们厚实的双手耕耘出连天的玉米、红椒。谈起收入,人们喜上眉梢……行走在广阔的内蒙古大地,触摸着当地发展充满活力的脉搏,记者充分感受到了走入基层的重要性。展现在记者眼前的,不再是网络的那头,这种真切的体验令人感动。

"走转改"活动,让新闻工作者真正走到群众中间去,在报道群众生活、展现基层发展的同时,也为新闻工作者提供了一个更为广阔的视角。鲜活、有力的报道,正来源于此。

(本文引自人民网,2011年11月23日)

▲链接性采访札记

追赶,怎么赶

白天亮

摘取航空发动机这颗现代工业"皇冠上的明珠",中国航空工业一直在追赶。

2002年,到发动机制造的核心企业——沈阳黎明公司采访,黎明公司刚从国企三年脱困中走出来。黎明公司曾有多困难？20世纪末，项目停滞，企业亏损，员工工资都发不出来。为了"活下去"，企业生产过洗衣机内胆、铝合金门窗。今天看来，这种现象太奇怪，当时却是许多军工企业的常态。"国家'一五'时期建立的企业，不是为了让我们今天来做门窗的！"效益稍稍好转，黎明公司立刻集中力量投入到发动机研制上去。似乎人人都憋着一口气——管理层说，"发动机"就是"争气机"，必须搞出来；研发人员说，最怕没任务，有活干了真开心；就连一线工人也说，公司强调"再穷不能穷研发"，我们都理解，愿意再过几年紧日子。

在这种信念支撑下，几年后，我国具有自主知识产权的第一台大推力涡轮风扇发动机——"太行"面世。中国航空发动机产业与世界一流的距离拉近了一步。

然而，差距仍然是巨大的。你在前进，人家也没停下脚步。你搞出了三代发动机，别的国家或许已实现四代发动机量产、向五代迈进。

"下班后打车回家，出租车司机看见我们从中航工业楼里出来，都要说说发动机这不行、那不行。我们不能解释，因为涉及大量未解密信息；再者，和世界先进水平比也的确有差距。"此次采访中，中航工业的负责人反复强调，还要继续追赶。

追赶，远比保持节奏、跟上步伐要难得多，意味着必须跑得更快、必须取得突破性进展。追赶途中要注意些什么？航空发动机的研制历程或许能说明一些问题。

这一程好不容易快一些，倘若下一程绕了路，追赶就变得更难。采访中，多次听到"认清形势、少走弯路"的话语。包括发动机项目在内的航空工业，一度想通过引进、合作等方式实现跨越式发展。走过弯路后才明白，尖端、核心、具有战略意义的技术，买不来、合不来、引不来。作为一个大国，又不可能干脆放弃不干，最终只有靠自己奋发图强、自主创新。创新要"不走寻常路"，但也要尊重规律。高端装备，每一个环节都有极高的要求。该做的试验没做到位，某个小零件精度不够，当时看起来似乎省了时间省了金钱，最后很可能耽误了整个进程。

"正视差距、集中突破"也是发动机研制人员多次强调的。过去，说差距多了，会有人认为是研制者在给自己找退路，不利于鼓舞信心。事实上，正视差距不等于否定成绩，恰恰是找准问题、解决难题的开始。豪言壮语固然鼓劲，但最终取得突破还要靠实实在在发现短板、对症下药。在航空发动机研制者看来，今天能够心平气和地逐项分析差距，正是建立在差距有所缩小的基础上，也才能对"还有哪些不足、该怎么办"心里有数。

航空发动机被比作"皇冠上的明珠"，是因为其集中体现一个经济体的科技经济实力。比如，"一代材料决定一代发动机"，材料制约着先进发动机的研制，也是工业领域普遍存在的短板，今后应尽快补上短板；再如，一些共性技术的攻克，难以单凭某个企业、某个研究院所完成，又具有极大的外部性，未来应创新机制寻求突破。从总体上看，航空发动机研制难，折射出中国制造自主创新能力不强的"软肋"，这也是中国制造大而不强的突出表现。未来,应当像《中国制造2025》中所要求的那样,坚持把创新摆在制造业发展全局的核心位置,完善有利于创新的制度环境,推动跨领域跨行业协同创新,最终突破一批重点领域关键共性技术。

(本文是《航空发动机,我们缺什么?》的采访手记,引自《人民日报》,2015年8月3日)

第二节 采访日记

一、写作要点

(一)名称解释

采访日记,又称记者日记,是指以日期排列为序记录采访见闻和感想的报道。

(二)主要特征

1. 顺次性。"日"是采访日记的基本单位。特定的采访往往写一组日记,大多每日一篇,有时隔日写成,都按日期的先后顺序排列,显示应有的次第性。

2. 记录性。"记"是采访日记的主要任务。记录采访中每日重要的见闻以及深入的思考,不仅有很强的新闻价值,有的还成为重要史料。

(三)种类划分

1. 按性质分,有综合采访日记、专题采访日记。

2. 按写法分,有文章式采访日记、图文式采访日记、综合式采访日记。

3. 按构成分,有单篇采访日记、系列采访日记。

(四)基本结构

1. 标题

单标题。如公文式《关于春节习俗的采访日记》、主题式《"政协"不需协调 "人大"没大架子》、事由式《戈壁滩上看到了鸭子》、提问式《我的一天怎么过?》。有些采访札记还在标题前加冒号或者标题后加圆括号注明文种,如《记者日记:"挑刺"的采访组》。

双标题。如引正式《沙尘现场 中国经营报记者采访日记》、正副式《震撼心灵的七天——任长霞事迹中央新闻采访团采访日记》。

系列采访日记有总题和分题或者事由和分题。如总题《人民日报记者舟曲采访日记》,分题《口罩、咸菜是舟曲灾区最紧缺物品和食品》《灾区行走困难 救援面临严峻考验》《前后方紧密配合 报道取得新突破》等。

2. 署名

一般写在标题正下方,有时写在正文后。

3. 书端

包括日期、星期、天气。有时不设此项,把日期放在前言。

4. 正文

前言。一般说明时间、地点、事由,有时交代结论。

主体。在内容上,包括采访前的心情和所做的准备,采访的任务和方法,采访的经过,采访的感悟等,根据表达需要选择有关项目并确定重点。在层次上,大多按时间先后的顺序,线索明晰;有时按主次、并列等逻辑顺序,显示有关情况的内在联系。

结尾。小结全文,揭示主题,补充说明。也可以不单设结尾。

(五)注意事项

1. 定"好"题。采访日记是最忠实的工作记录,记者应该把持之以恒地做好采访日记当作一个基本功。不过,作为公之于众的采访日记必须从重要性、时效性、连续性等方面入手选择一个价值大的题目。

2. 写"佳"事。采访日记并非每日采访所得素材的简单罗列,要对大量素材进行深入分析,选择最典型、最新颖的事实并且挖掘事实所蕴藏的深刻意义。

二、范文阅读

▲系列采访日记

红嘴蹲点日记
单海鸥　张力军　曹梦南

卢志民的梦
——红嘴蹲点日记之一

1月3日,星期四,天气:晴冷。

元旦假期还没结束,我们就应约来到红嘴。天冷路滑,中午出发,到时已是天色渐暗了。

来红嘴采访无数次,和卢志民面对面谈话也不是头一回,可今天卢志民的话,还是让我们颇为激动,这就是他又一次谈到了他的梦想。

他告诉我们说:"当初和刘洪义、卢宪臣一起在四平市内上学,市里的孩子有细粮吃,我们只能吃玉米面大饼子就咸菜。一次,我们仨凑了几毛钱,买了半斤炉果,三个人吃了个甜嘴吧舌,那时就想着什么时候能把炉果吃个够呢?"

吃饱,吃好,这是卢志民少年时的梦,也正是那个时代中国农民的梦。当年,正是怀揣这个梦,返乡青年卢志民带领乡亲们走上了一条前人从没有走过的路。而在这条路上,他们历尽艰辛,百折不回,进而提炼出了"不甘落后、敢为人先、艰苦创业、务实高效、勇往直前、自强不息"的红嘴精神。时至今日,100元建起的冲天炉已变成了年利税上亿元的钢铁公司,曾被讽为"生产啤酒不如马尿"的啤酒厂产能已达到80万吨的金士百集团……

回首红嘴走过的路,1984年5月,红嘴由"条子河公社红嘴大队第二生产队"变成"吉林省四平红嘴农工商联合公司",到1994年组建红嘴集团,一次次蜕变,一次次跨越,终于把一个小村屯变成了乡村都市,把土里刨食的农民变成了市民,把一个小小的乡镇企业办成了现代化的企业集团。吃饱、吃好的梦,早就实现了。

如今,卢志民又有了新的梦。他说,去年全国"两会"上,我省的老领导张德江在看望吉林代表团时指出,要培育出更多像四平红嘴这样的大企业,卢志民是个生产小队长,从办砖厂开始,发展这么大,成为民营企业家,吉林省如果都像四平红嘴那样,到处都有像卢志民这样的民营企业家,吉林的情况就不是这个样子了。党的十八大又提出,要在2020年建成小康社会,作为全省的社会主义新农村建设的一面红旗,红嘴要发挥更大的带动作用。我们红嘴必须进行新的二次创业。

谈话中,我们了解到,到去年底,红嘴集团产值已经突破了200亿元,提前3年完成了"十二五"规划目标,位列全国500强第275位。而第二次创业,就是要在"十二五"末、"十三五"初,实现再翻一番,达到400亿元。

作家乔迈曾经写过一部卢志民和"中国第一村民小组"的纪实文学,记得书名就叫《百年梦现》。走出卢志民的办公室,一边回味着卢志民的话,一边想着,乔迈的这个书名起得可真是太贴切了。这个梦是卢志民的,这个梦是红嘴人的,这个梦也是中国农民的。想到全面建成小康社会指日可待,那时的卢志民还会有什么样的梦呢……

红嘴式反哺
——红嘴蹲点日记之五

1月7日,星期一,天气:晴。

今天的采访不太顺利,原因是找不到被采访的人。

红嘴发展到今天,卢志民从一个生产小队长成为集团公司的总裁,可他心里还是装着农民,除了公司接纳了附近乡村1万多人就业外,集团旗下还有两大农业产业化龙头企业——新天龙和新农高。

原本想去新天龙公司,采访一下来卖粮的农民,可公司回答说,现在农民哪还有来卖粮的了,坐在家中炕头上,收粮的就上门来,只要你卖,他负责脱粒,负责装卸,一手粮一手钱,临走连卫生都给你打扫好。

就在我们一筹莫展之际,从新农高公司传来好消息,终于找到了个卖猪的。于是,我们驱车直奔公司所在地梨树县。

在新农高公司副总经理高占明的办公室里,我们见到了万发镇张家村村民张继生。聊起养猪的事儿,老张就打开了话匣子,他告诉我们,现在养猪方便了,仔猪由合作社统一供给,并提供技术。从养到卖,合作社全程标准化管理。最让农民放心的还是价格,过去农民自己卖,价格时好时坏。现在由公司统一回收,价格随行就市,实实在在地让养殖户有收益。农民养得舒心,卖得放心。

老张从 2007 年开始搞生猪养殖。开始时,由于没有经验和技术,不敢多养,只养了几十头。"是公司所属的合作社人员了解我的情况后,主动来找我,要为我提供仔猪和技术,这才使我有了信心和决心。"

高占明后来的话,印证了老张的说法。他说,发展现代农业,如何带动千家万户?农民跟风,可能会带来产业趋同,增产不增收;政府号令,农民没有积极性,可能会导致只见规模不见高效。从根儿上,还得扶持农业合作组织,创新农业经营体系。新农高公司成立以来,就致力于引导农民致富,打造"全产业链":从饲料研发,到饲料生产;从种猪繁育,到仔猪养殖;从生猪屠宰,到精深加工……

从高占明那里,我们还了解到,目前新农高公司,猪出栏总量达 10 万头、生猪屠宰 80 万头,是东北地区最大的种猪繁育养殖基地。他们实施农超对接,发展 40 余个养猪合作社,带动 769 户养殖大户,每头猪增收 200 元,使农民累计增收 1.4 亿元。

张继生正是新农高的受益者之一。目前,他本人拥有 6 栋现代化猪舍,共 4000 多平方米,年出栏生猪达到 3000 头。而在他负责的合作社一共有 12 名社员,年出栏生猪达到 4 万多头,每到有生猪出栏时,老张就打电话给公司,公司立即派车把生猪运到公司的屠宰车间。

虽然没有采访到卖粮的农民,回到住处,我们还是在卢志民的讲话里找到了新天龙公司作为农业产业化龙头企业为企业所在地的农民带来的巨大效益。原文是这样写的:"新天龙公司,使梨树县 100 万吨商品粮玉米,实现就地加工转化。同时,引导农民种植高淀粉玉米,每万吨增收 30 万元,累计增收 3000 万元。"

工业化了的红嘴,正在以它的方式反哺着曾经孕育了它的这片土地和这片土地上的人们。

短暂的蹲点很快就结束了。我们感到,红嘴有着讲不完的故事,说不完的话,不管写多少文章,不管用多大篇幅,总是有些意犹未尽。留待下次吧!

(本文引自《吉林日报》,2013 年 1 月 17 日、1 月 21 日)

第三节 采访手记

一、写作要点

(一)名称解释

采访手记,又称采访笔记、记者手记,是根据采访记录整理而成的采访见闻和感想的报道。

（二）主要特征

1. 亲身性。采访手记以第一人称"我"的口吻写采访的经过以及所见所闻所想，通过记者自身的独特视角来报道，显得亲切自然。

2. 记叙性。采访手记亲笔记叙采访所得事实，包括有关人物、事件、环境、意义等，带有鲜明的实录特点，成为主要新闻文种的辅助工具。

（三）种类划分

1. 按性质分，有综合采访手记、专题采访手记。
2. 按写法分，有叙事性采访手记、说明性采访手记等。
3. 按位置分，有独立性采访手记、链接性采访手记。
4. 按构成分，有单篇采访手记、系列采访手记。

（四）基本结构

1. 标题

单标题。如公文式《沙兰镇水灾采访手记》、主题式《不必迎合情绪　但要听取民意》、事由式《一条独家新闻的由来》、背景式《难忘震区采访"最长的一天"》、提问式《在台北看到什么？》。链接性采访手记标题经常只写文种。有些采访手记还在标题前加冒号或者标题后加圆括号注明文种，如《解好扶贫这道题（记者手记）》。

双标题。如引正式《投身"一带一路"　找准河北路径》、正副式《黄土高坡"年夜话"——长庆油田一线采访笔记》。

系列采访手记有总题和分题或者事由和分题。如总题《"关注自闭症"采访手记》，分题《自闭症？一个陌生的名词》《回来吧，孩子！》《用爱点亮星空》《亲亲我的宝贝》。

2. 署名

独立性采访手记在标题正下方、消息头后或者正文后署名，链接性采访手记可以不署名。

3. 正文

前言。交代缘由，说明采访基本概况，概述主要内容，提出问题。

主体。叙事性采访手记，侧重记事的可以按时间顺序写事件发展，也可以剪辑几个片断；侧重记人的可以用一件事的顺叙或者几件事的并叙勾勒人物的性格特征和精神面貌。说明性采访手记，或者逐一简介事物的性质、特点、结构、用途，或者按事理的成因、关系、原理等顺序解释，或者介绍事物与阐述事理交错进行。

结尾。揭示主题，总括内容，补充说明。也可以不单设结尾。

此外，有时设消息头和附录。

（五）注意事项

1. 素材边缘化。在完成消息、通讯、特写、调查报告等主要新闻稿件后继续在写作素材的边角料中发掘"剩余价值"，找出主要新闻稿件"背后的故事"，切忌内容重复。

2. 文本散文化。在注重新闻文本模式化的同时，根据采访手记的特点恰当借鉴散文笔法和风格，比如选材、谋篇、表达等方面的形散神聚、真情实感的抒写、文采的展示等，增强文章的感染力。

二、范文阅读

▲叙事性采访手记

桐柏"美丽乡村"建设小记

本报记者　陈贞权　柯杨　阚爱民

到桐柏天色已晚，想先给书记报个到，宣传部长曲岩道："明日书记下乡，还真没空哩。"记者道："下乡有事？"曲岩道："县里这几年在建'绿色桐柏、生态桐柏'。落到基层就是要'建设美丽乡村'。书记做事拧得紧，下乡大致与这有关。"记者道："能跟着看看不？"曲岩道："中哩，那咋不中。"

次日，吃罢饭。桐柏县委书记莫中厚抹着汗给记者道："天老热，今儿个8月7号，立秋呢，你看看预报还37度。可不要热着了。"记者笑道："'走、转、改'哩，书记都不嫌热。"莫中厚道："那就出发？"一行人上了一辆面包车，往淮源镇陈庄村去了。

莫中厚坐后排，记者扭转头说话。记者道："'绿色桐柏、生态桐柏'落到基层是'建设美丽乡村'，这其中有缘故？"莫中厚道："没什么缘故。其实就是把中国梦在乡村的具体化，建设新农村的具体化。老说'绿色'呀、'生态'呀，怎么个绿色和生态？建设得美丽，绿色、生态就在其中了，说这个老百姓懂。"记者道："去陈庄就是为此了？"莫中厚道："陈庄是个还没富起来的山村，也在往'美丽乡村'发展。上上月市领导来调研，去陈庄听了村里的规划。一个多月了，变化了没，落实了什么，有什么问题，得看看。"说着话，时间过得快。不到一个钟点，到了陈庄。果然是个山村，不过是浅山。山上郁郁葱葱，满是树木。一块块水田，错错落落的，就在山丘环伺中。水稻正拔节，绿油油的。下了车，大家都落座在村委会的小会议室里。

村党支部书记叫范远刚。见县委书记一群人来了，忙着倒水、开电扇，张张罗罗。莫中厚一边道不忙了，不忙了，一边把来意交代了，要范远刚把情况说说。范远刚就开始说情况。把村里的两大经济支柱：一个是花卉苗木种植，收入啦，销售啦；另一个是就近务工，100多人在村庄附近金矿打工的事情，据实说了。众人都静心听着。待他说美丽乡村建设下文时，范远刚却转了话头："莫书记，两件事要给你叫苦哩。村小学楼梯是露天的，逢雨雪，学生老摔跟头；学校没食堂，学生得回家吃饭。路远，家长接送,一天要四趟,把人都拴住了,要建一个带厨房、餐厅的食堂。算过了,两下要15万元。愁着上哪儿弄钱。第二件事是村里垃圾集中清运,用了一个人,一天给50元,人家嫌低,不干了。增加吧,又没钱,可又不能不干,这事儿咋整?"话到这儿,不说了,直直地望着莫中厚。

莫中厚没什么表情,却问了一句:"你说村里有100人在金矿上班?"旁边就有村民说100还多呢。莫中厚问了问群众在矿上收入的事,却不说这个话题了。另说起了沼气的事。说起了垃圾的事。说起了垃圾又说到此地为淮源,就地掩埋如何选址的事。说到解决工钱的时候,又说到增加农民收入的事,县里对村委会年度考核,凡合格的今年奖励增加到1.5万元的事。约莫说了俩钟头,都是围绕怎么把乡村建得生态、宜居的具体事,直把周围的群众听得不断点头。

看看天色不早,莫中厚说领大家走走看看吧。一众人等都赶忙跟着。先看了苗木,一片一片的红叶石楠,花儿似的。又看了漫山遍野的木瓜树。原来桐柏是国家认定的"木瓜之乡"。又看了满树都挂满了栗包子的大片板栗树。莫中厚让众人登高远望。见蓝天如碧,白云悠悠,倒影从一方方水塘里飘过。大块水稻苍翠如波。山上树木葱茏,紫薇花盛。山脚则见绿荫掩映中的房舍,炊烟如线。果真一派好风光。莫中厚见大家入了迷,方道:"如在此处作观光农业,发展休闲旅游,采木瓜、捡栗子,观风景,钓鱼摸虾,吃农家饭,该当如何?"淮源镇党委书记李中阳道:"广告词我都想好了,就叫'走时捎木瓜,长寿带回家''千年古栗园,欢迎来休闲'。"引得四下的村民拊掌大笑。见众人叫好,莫中厚道:"建设美丽乡村,光靠种地打工不行,要把这山山水水都作资源考虑进去。"转身对范远刚也对众人道:"作个陈庄的规划,发展观光农业,休闲旅游。"

天色渐晚,该吃饭了。莫中厚道:"找一个附近农家饭馆,让记者看看农家庄园中不中。"有人安排去了。

路上,莫中厚给金矿老板周豫坤打了个电话,只说一块儿吃个晚饭。后来到了农家乐饭馆,周豫坤一进屋,满屋子都笑了起来。周豫坤也笑。莫中厚道:"笑啥哩,一见就笑?去了陈庄,说村上不少人在你矿上工作,报酬不低呢,证明你为村里作了贡献。村里有个小学,楼梯露在外面,还想建个食堂,想听听你有啥补充。"周豫坤道:"这还用书记说。活儿我干了,你验收。金矿就在陈庄边儿上,子女安排好了,职工也能踏实工作不是?"陈庄村书记范远刚大喜,一迭声地道谢。

那天桐柏温度40度。郑州下了一场大雨。

(本文引自《河南日报》,2013年8月15日)

▲说明性采访手记

"保证所有参与者的安全"
——光州大运会采访手记

本报记者 王东

第29届世界大学生运动会即将开幕。作为举办地的韩国光州市,本想通过举办该届大运会成为"世界性的城市"。然而,近期在韩国多地出现的中东呼吸综合征(MERS)却给这届比赛蒙上了一层阴影。

1日,记者抵达首尔,飞机一降落,大部分旅客都不约而同地戴上了口罩。显然,MERS对这里的影响不小,往日熙熙攘攘的仁川机场呈现出少有的冷清,虽然机场工作人员都没有戴口罩,但随处可见的消毒液和预防MERS的宣传单还是让人有些忐忑。

经过近4个小时的长途大巴旅程,记者终于从首尔抵达了光州。由于这里尚未出现MERS疫情,记者所看到的市民以及大运会的工作人员、志愿者和警察,也都显得神态轻松,街上也几乎没有戴口罩者。即便如此,还是能感受到MERS带来的影响,商场、超市、咖啡厅和饭馆,凡是本该人群聚集的地方,现在都比较冷清。

对于组织者来讲,如何抵御疫情,让每一位参赛运动员以及官员、记者都安心并确保他们的安全,显得格外重要。光州大运会的组织者并没有向大家传递丝毫担忧情绪,他们反复告诉每一位来到光州的来宾,他们有信心"保证运动员和所有参与者的安全"。

记者从制证注册中心和新闻中心看到,入口处都安装有红外线体温测量仪,保证在大运会期间24小时对进出人群进行体温监测。在运动员村的入口以及各个场馆入口都安装有这种测量仪。此外,光州市还特设一个MERS指定检测中心以及两处隔离地点,所有这些举措,为的就是杜绝疫情。

在制证中心,组委会官员特地告诉每一位记者,目前光州并没有人感染MERS,当地也没有出现疑似病例。他们强调说:"虽然我们并不担心MERS会影响运动会,但是我们会时刻关注此事,确保来到光州的每个人的安全。"这位官员还告诉记者,截至7月1日,MERS确诊病例为182人,未发现新增确诊病例,虽然仍有2451人被隔离观察,但这已经是连续4天没有新增MERS患者了。

今年年初,光州组委会曾表示,预计将有12000名运动员参加本次盛会,从而成为大运会历史上参赛人数最多的一届。然而,从目前的情况来看,形势并不乐观。截至1日晚上,组委会公布的抵达人数是4000余人,随着大会的开幕及赛事的推进,抵达人数肯定还会增加,但能否达到组委会的预期,恐怕还要等待。

为确保大运会顺利举行,光州作了很大努力。之前,光州方面已经确定,6月26日—7月15日为集中防疫阶段,在此期间启动应急防疫机制。对于中东地区过来的参赛运动员,在入境时会采取特殊的防疫检查。为避免疫情流入,一些学校原来计划前往首尔地区的毕业旅行也被叫停。

中国大学生体育代表团针对MERS疫情也做了相关准备。据中国大学生体育协会相关人员介绍,各运动队在出发前,都针对有关MERS预防工作进行了部署,所有运动队都配发了口罩、便携消毒洗手液、消毒纸巾和抗病毒药品等。

本届世界大学生运动会开幕式将于3日举行,7月14日大运会闭幕。中国代表团共派出380名运动员参赛,3日上午中国代表团将举行升旗仪式。

(本文引自《光明日报》,2015年7月3日)

第四节 采访随感

一、写作要点

(一)名称解释

采访随感,又称采访随笔、采访杂感,是在分析采访中触动较大的事实基础上,侧重反映有关思考、情感的报道。有的学者主张把采访随感划入采访手记。

(二)主要特征

1. 漫谈性。采访随感的写作是有感而发,一点感受或者闪光的意念都可以带到文章中,不受体裁的限制,也没有字数要求,显得自由灵活。

2. 诚挚性。采访随感真实地反映记者对采访过程中所见所闻的认识和评价,真挚地向受众袒露胸襟,真诚地与自己的心灵对话,它拒绝矫揉造作,反对刻意为文。

(三)种类划分

1. 按性质分,有综合采访随感、专题采访随感。
2. 按写法分,有议论性采访随感、抒情性采访随感等。
3. 按位置分,有独立性采访随感、链接性采访随感。
4. 按构成分,有单篇采访随感、系列采访随感。

(四)基本结构

1. 标题

单标题。如公文式《红碱淖采访随感》、主题式《没有比人更高的山》、事由式《一次"抢"新闻的锻炼》、背景式《曾停靠诺亚方舟的国度》、提问式《"抓瞎",还是"瞎抓"?》。链接性采访随感标题经常只写文种。有些采访随感还在标题前加冒号或者标题后加圆括号注明文种,如《记者采访随感:一个庄严的承诺和一种精神的诠释》。

双标题。如引正式《记者节感悟:感受采访中的"乐趣"》、正副式《塞外记忆70年——内蒙古行随感录》。

标题中常用"随感""随感录""随想""随想录""随笔""感悟""感言""有感"等词语,如《民生新闻需要"整合营销"——"家电热线"组合报道感言》。

系列采访随感有总题和分题或者事由和分题,如事由"四川地震灾区重建采访随感",分题《汶川,我们心中曾经的痛——四川地震灾区重建采访随感之一》《中国力量的展示——四川地震灾区重建采访随感之二》《大爱与感恩——四川地震灾区重建采访随感之三》《山之脊梁——四川地震灾区重建采访随感之四》等。

2. 署名

独立性采访随感在标题正下方、消息头后或者正文后署名,链接性采访随感可以不署名。

3. 正文

前言。概述引发感想的事实,提出有关问题。要简练、恰当,为下文的"感"做铺垫。

主体。在内容和写法上,议论性采访随感,通过摆事实、讲道理来表明自己的态度和主张;抒情性采访随感,或者直抒胸臆,或者把情感寓于对事实的描述中。在层次上,一般按逻辑顺序安排,比如事实、分析、建议的递进式,几种分论、几个类比、正反对比的并列式,由因及果或者由果及因的因果式,有时按情感变化的顺序来安排。

结尾。卒章显志,展望未来,提出希望。也可以不单设结尾。

(五)注意事项

1. 忌泛泛而谈。无论议论还是抒情都要缘事而为,从事实本身生发并升华,这样才能显理见情,具有说服力和感染力。如果抛事而谈,就会空泛乏味。

2. 忌任意而为。采访随感不拘一格,纵横恣肆、挥洒自如,但要切合实际、把握分寸,人为地"深化"和"拔高"会令人难以置信甚至生厌。

二、范文阅读

▲议论性采访随感

平凡的坚守
杜芳

华山是一个著名的景点,游客今天来,明天走,都是留不下的过客,因而华山在大多数人的心目中只是一座绝美险峰。

华山之于气象人,则是重要的气象数据观测采集台站,一朝来,半辈子走,长年驻扎在华山之巅,除了美景之外,他们感受到的华山更为丰富,更为刻骨铭心。

曾经,华山带给他们无水无木之苦。为了建站,气象人像愚公一样开山辟石,平地运土,测报开始后,又如苦行僧一般饮雨雪、食干菜、睡着潮湿的床。

几度春秋,他们在华山上忍受着远离亲人的孤寂。未开放时,整个华山人迹罕至,做伴的唯有松鼠、山雀。

华山还常常有风霜雨雪的无情造访。球形闪电会在身旁百米处爆炸,避雷针就在耳边噼啪作响,风大得听不到被吹物体的声音,次日一看,一株几人都抱不住的松树已经被大风连根拔起。

他们只是气象小站默默无闻的气象员,却承载着常人难忍的危险,为了每天你我关心的天气预报更准一点,你我乘坐的飞机更安全一些,他们在这里坚守与付出,牺牲着健康,奉献着年华。

很少人了解他们的工作。他们岗位平凡,工资不高,但这就是他们的职责,这个工作就是要看风云变幻,就是要一年365天值守,就是要尽量远离有干扰的地方。只有这样,测出的数据才更准确,系统的代表性才更强。"因此就这样克服困难干吧,反正工作总要有人干,要干就要干好嘛。"

他们凭一个朴素的理念坚守在这个平凡的岗位上,认认真真地观测每一天,平平凡凡度过一辈子,如此险象环生,又如此波澜不惊。然而,正是这一天天平凡的坚守与积累却缔造了60年连续观测无间断的珍贵气象数据,为每一天的预测预报和长期的气象气候研究奠定了坚实之基。

在中国无数大山小川,有许多个类似的艰苦台站,有许多个像华山气象人这样籍籍无名的工作人员。正是他们,让天气预报越来越准,让越来越多的人远离气象灾难,让整个经济社会发展受益。

(本文是《华山之巅的守望》的采访随感,引自《经济日报》,2015年2月13日)

▲抒情性采访随感

三年的等待只为和她擦肩而过

吴月辉

经过8天的长途旅行,中国探月工程三期再入返回飞行试验器于11月1日凌晨返回地球,这标志着中华民族的飞天梦又迈进了一大步!

梦想总令人憧憬,圆梦之旅却困难重重,需要付出辛劳的汗水、泪水乃至生命。本报记者全程采访了这次发射任务,深深被平凡之中见伟大的航天人感动。今天我们刊发这篇采访手记,谨向所有的航天人,以及所有为了实现中国梦而不畏艰险、爱岗敬业、默默奉献的人们,致以由衷的敬意!

——编者

10月24日凌晨2时,随着长征三号丙运载火箭的顺利发射升空,我国探月工程再入返回飞行试验首战告捷。

第七章 采访札记

那一晚,"月亮城"西昌夜空清朗,星斗满天,映衬的火箭腾空瞬间格外壮美。

那一晚,兴奋战胜疲惫,又是一夜无眠。

返回北京的路上,翻看微信朋友圈,同行们的留言几度令我眼眶湿润——

"短短几日,从茫然不知'月亮城',到眷恋大凉山深处,说到底,是因为那些人和那些事。"

"'三年的等待,只为和她擦肩而过'。这次任务是试验任务,不落月,三年的准备,只为与月球擦肩而过。这句话虽然由于种种原因,最后没有出现在稿件中,但我相信,每一位为之付出过的人,都将铭记这段经历。"

……

我深信这些文字并不是刻意煽情,而是每一位参与报道的同行们最真诚的心声。于我,也是一样,每次报道航天任务,心里都是满满的自豪、敬佩和感动。

当然,被感动的不只是我们,还有数以亿计守候在电视机和电脑前或用手机观看的人们。

之所以感动,是因为中华民族飞天和探月梦想的实现。

飞离地球、遨游太空,这是地球人与生俱来的愿望。可是,这个愿望对于中国人而言,实现起来却是如此不易。自身的技术落后和发达国家的技术封锁,让我们的飞天之路步履艰难。但也正是这些困难,更加激发了中国航天人的斗志。他们埋头苦干,矢志赶超,在短短的 50 多年间就依靠自力更生、自主创新让中国人的飞天梦想一步步变为现实。当亲眼见证梦想成真的瞬间,怎能让人不感动?

之所以感动,是因为勤奋朴实、无私奉献的中国航天人。

老一辈航天人在茫茫无际的戈壁荒原,在人烟稀少的深山峡谷,风餐露宿,不辞辛苦,克服了各种难以想象的艰难险阻,经受了生命极限的严酷考验。新一辈航天人依然继承了这种热爱祖国、艰苦奋斗、无私奉献、严谨务实的航天精神。远离城市,远离家人,在偏远的发射场和试验地一待就是几个月,对他们来说习以为常,没日没夜的攻坚克难更是家常便饭。亲人离世、孩子出生……太多太多人生重要的时刻,他们都无法亲临,只能将思念、悲痛和欢欣深藏心底。采访或闲聊中,我经常会问他们觉得苦不苦,回答是:当然苦,但等到任务成功的那一刻,喜悦和自豪就会将所有的苦都化为甜,一切都是值得的。这就是我们可爱的航天人。

之所以感动,还因为每一位为航天事业付出的平凡人。

在之前的采访中曾听到这样一个真实的故事。当从事航天事业的儿子因为劳累过度牺牲在工作岗位上时,老两口没有任何埋怨,向单位提出的唯一要求就是:能不能到儿子工作过的办公室、车间、试验场去看一看、走一走?像这样在背后一直默默支持航天事业的航天人家属还有很多很多,虽然他们没能在一线,但他们的分担、理解和包容却功不可没。

还有那些为保障每次发射、每次试验成功的后勤保障人员,以及那些为报道好每次发射任务而努力的新闻同行们……甘愿为飞天梦想尽己所能,这种情怀怎能不令人感动?

航天为何总让我们感动?我想,答案就是这些!

(本文引自《人民日报》,2014年11月3日)

第八章 新闻评论

第一节 新闻评论概述

一、写作要点

（一）名称解释

新闻评论，是新闻机构或者社会各界对新近发生的新闻事实或者迫切需要解决的问题所发表评论的总称。

（二）主要特征

1. 新闻性。这是新闻评论区别于其他评论文章的标志。在一定意义上说，新闻评论就是为突出新闻的思想性而配发的评论。它针对受众最关心、最感兴趣的具有现实意义的事实或者问题来阐述，特别注重时效。

2. 政治性。这是新闻评论有别于学术性文章的特征之一。它结合新闻直接阐述观点，带有鲜明的倾向性，体现党和国家的意旨以及人民群众的愿望，因而政治色彩很强。

3. 说理性。新闻评论也属于议论文。无论宏论还是微评、无论政论还是杂感，都以事明理、解题释义，给受众以启迪。

（三）种类划分

1. 按内容分，有时政评论、思想评论、经济评论、科教文卫体评论、政法评论、军事评论、外事评论、社会评论、娱乐评论等。

2. 按对象分，有上级指示评论、中心工作评论、典型经验评论、错误倾向评论、重大活动评论、节日或者纪念日评论等。

3. 按功能分，有立论性评论、驳论性评论、阐述性评论、解释性评论、提示性评论等。

4. 按形式分，有社论、编辑部文章、评论员文章、专论、专栏评论、短评、编者按等。

5. 按篇幅分,有长篇评论、中篇评论、短评、微评。
6. 按构成分,有单篇评论、系列评论。
7. 按媒体分,有报纸评论、杂志评论、广播评论、电视评论、网络评论等。

(四)基本结构

1. 标题

单标题。主要有四种写法:一是论题式,如《论中国经济发展常态化》;二是论点式,如《凝聚起全面深化改革的强大力量》;三是意义式,如《党的制度建设重要里程碑》;四是提问式,如《"转基因共识"如何形成?》。在句式上,主要用判断句,如《四个全面:继往开来的重大战略布局》;祈使句,如《让"个人税号"成涉税行为矫正器》;疑问句,如《拆新房为哪般?》。

双标题。大多是正副式,正题揭示论点,副题点出论题、文种等。如《当代中国军人的样子——论培养有灵魂、有本事、有血性、有品德的新一代革命军人》。有时用引正式,引题交代背景、揭示意义,正题写论题或者论点,如《社会问题多发与归属感缺失有关 社会转型期应注重人的归属感构建》。

系列新闻评论有总题和分题或者事由和分题,如事由"激发新状态,展现新作为",分题《变中求进,保持那么一股子劲——"激发新状态,展现新作为"之一》《补足短板,让干部能力强起来——"激发新状态,展现新作为"之二》《崇尚实干,把担当精神树起来——"激发新状态,展现新作为"之三》。

新闻评论有时不拟题。

2. 署名

大多写在标题正下方。有四种情况:一是作者的真实名称或者姓名;二是作者的笔名,如《求是》杂志的"秋石";三是作者的网名;四是只标作者身份,如"本刊评论员"。以报社、杂志社、通讯社、网站名义发的新闻评论有时不署名。

3. 正文

引论。提出问题,引起评论。或者是某一新闻事实,或者是某种社会现象,为评论提供对象。主要有三种写法:一是简括式,概要介绍评论的背景、范围、内容;二是提问式,以设问的方式提出将要评论的问题;三是论点式,起笔表明作者的基本看法。

本论。分析问题,具体阐述。篇幅较长的新闻评论,在中心论点下面设若干分论点;篇幅较短的新闻评论只含一个基本论点。层次安排有三种:一是纵向推论式。各层之间逐层递进,由表及里,由浅入深,由果溯因或者由因到果。二是横向分论式。各层之间呈并列关系,或者几个分论点齐排,或者从几个侧面阐述,或者进行正反论证。三是纵横交叉式。大多用于篇幅较长、内容较复杂的新闻评论,既有纵向的逐层推论,又有横向的相互联系,有利于充分地阐述论点。

结论。解决问题,归结全文。主要有三种写法:一是论点式,在上文阐述的基础上表明作者的态度和主张；二是激励式，展望前景，发出号召；三是补充式，如有必要可作补充性说明。也可以不单设结论。

此外，广播、电视、网络评论要根据各自的特点安排正文。

(五)注意事项

1. 由头恰当。由头原指可作为借口的事，这里用来强调选题。找准由头是新闻评论写作重要的第一步。具体要抓住"两头"，就是紧跟"上头"、结合"下头"，尤其注重为带有方向性、倾向性、经验性、批评性的新闻配写评论。

2. 观点新颖。这是衡量新闻评论质量高低的重要标准。只有提出新主张、新思路、新举措，才能给受众新的启发。因此，确立观点应在正确的前提下力求新颖，做到体现时代精神、具有个性特征、选取最佳角度。

3. 形式灵活。在形式上，新闻评论比学术论文要灵活些。篇幅长则千字以上，短则三言两语；结构可采用引论、本论、结论三段式，也可篇段合一；表达不仅立论与驳论结合，有时也夹用叙述、说明以及对比、衬托、象征、联想；语言运用有时以文学性词句来点缀。在写作时，要根据文种特点和表达需要来处理。

二、范文阅读

▲广播新闻评论

"一鱼多吃"话科研腐败
张聪　李振利

年终岁尾，济南山大路科技市场又迎来了一批批特殊的客人。他们不买产品，却要开具各种发票，数额从几千到上万元不等。这里的商家早已见怪不怪。

【录音：都是大学里的老师，每年这个时候都过来开发票，说是回去顶账。】

近年来，科研经费的滥用日益浮出水面：浙大教授陈某被指控将1000多万元科研经费占为己有……山东财政学院用1500多张火车票套取科研经费28万元；山东省属13所高校共有9.43亿元科研经费说不清去处……

在今年10月份国新办的一次新闻发布会上，科技部部长万钢连用3个词6个字来表达了自己的心情。

【录音：出现这些问题，我感到很愤怒，也感到很痛心，更加感到十分地错愕。】

部长的愤怒、痛心与错愕事出有因。在我国，从课题的立项到科研经费的划拨，已经形成一条完整的"吃鱼"产业链，大家刀叉齐举，各取所得。

鱼头，量少但精华多，拿走这块的是政府主管部门。目前，掌握科研经费的有科技、发改、经信、农业、海洋等多个政府部门，他们在相关领域课题的立项、评审以及经费的使用等关键问题上，拥有决定性的话语权。权力过大而监督缺位，权力的寻租就在所难免。

山东省政府参事、山东建筑大学教授邓相超透露，不少高校在年初就划定了专门的科研公关费，行贿者与受贿者似乎都心安理得。

【录音：这个公关费送给谁，那毫无疑问送给掌握发放经费、负责课题立项把关的这部分人。这里边都有很多的人情因素，有很多的权力寻租。】

鱼身，肉多而鲜美，拿走这块的是高校、科研院所的负责人。在某些单位领导眼里，最应该严谨的科研已经变味，成为塑造形象工程、制造醒目政绩的大舞台。

【录音：我们科研院所的领导，我们高校的领导都是有级别的，也要升。你得对得起这个乌纱帽呀！在我任上，我完成多少论文，我完成多少课题，我拿到多少科研经费，这就是政绩。】

鱼尾，肉少而刺多，拿走这块的是普通科研人员。他们兢兢业业搞研究，每月却可能只拿到2000多元的微薄收入，成百上千万的科研经费，并不支付他们的工资性报酬。放下文人尊严，虚开发票，伪造合同，套、骗、吞科研经费，成为很多人的无奈选择。

山东省科技发展战略研究所所长孔凡萍认为，仅仅从道德层面谴责并无意义，科研经费屡出问题，并非监管不力，恰恰相反，财务制度的过细过严过于苛刻，更容易造就"法不责众"的监管困境。

【录音：你除了发票以外，还要列明细，如果是服务或者外协你要有合同，非常烦琐。而作为科技来说，最有价值的应该是人，而恰恰这部分是不能从中列支的。显然规则制定的有问题了，逼得大家去走潜规则。】

鱼汤，没有肉但有营养，拿走这块的是一些华而不实的论文型学者。目前我国每年发表的论文数量世界第一，但成果转化率却低得可怜，大量论文属于没人关注、没人引用的"僵尸论文"。

邓相超教授表示，很多学者打着科研的名义拿课题、搞研究，目的却是发论文、评职称，他们的"僵尸论文"只有三类人看。

【录音：一个是他本人，再一个出版社、杂志社，再一个评职称的评委。出来了，评完职称就全都是废纸，全都是垃圾。】

一番大快朵颐之后，宾主尽欢，肥美的科研经费却只剩下一副散了架的鱼骨头。总量居世界第三、年度过万亿的科研投入，并没有换来与之相应的科技创新效应，大量的社会财富和企业的发展机会，在觥筹交错中白白流走。

如此崽卖爷田不心疼，专栏作家董洁林唏嘘不已。她在《华尔街日报》中文版连续发表文章，一针见血地指出，改变必须从政府开始。

【录音：(现状)跟政府的介入太多有很大的关系。纳税人的钱这么滚了一圈以后，给一些人造成了政绩，做了一个虚假的繁荣，虚假创新的形象，最后全部打水漂了。】

破解科研迷局,要管住政府那只乱摸的手。鱼与熊掌不可兼得,以行政权力为主导的科研体制机制必须改变,明确政府职能定位,划定权力清单,简政放权,把权力放在制度的笼子里,钥匙置于公众的监督之下。

(邓相超)【录音:我们的政府,在现在新型的市场关系下,不是分蛋糕者,而是个裁判。】

破解科研迷局,要强化企业的创新主体地位。山东省委党校副教授谭健建议,可以通过税制改革,把更多的科研资金留在企业,减少税收环节,减少分配环节,充分发挥企业的创新积极性,实现产学研的深度融合。

【录音:企业要为了自身的生存和发展,一定找一个最合适的项目、最合适的承担者,效率马上就提高了。政府就是损失了支配钱的这种快感,或者是能够给别人课题、能够掌握别人命运的快感,但是对整个社会来说这是一个进步。】

破解科研迷局,要构建新的科研评价机制。彻底改变以课题为标准的考核方式,不再急功近利要政绩,不再以论文论英雄,不再只见物不见人,给高校和科研院所良好的科研生态环境,更加注重成果的转化,更加保障人员的物质利益,尊重智力、尊重创新、尊重科学,让科研回归本质。

鱼可以吃,但要看怎样去吃。"现代管理学之父"彼得·德鲁克认为,创新的焦点是市场,而不是产品。党的十八届三中全会明确指出,要使市场在资源配置中起决定性作用。破解科研迷局,需要富含智慧的顶层设计。这个设计,不妨就把市场作为指挥棒。

(本文引自山东广播电视台,2013年12月31日)

▲电视新闻评论

民生工程为何不得民心

【前主持】

第一批党的群众路线教育实践活动已经进入到查摆问题、开展批评环节,在南京,正在实施的雨污分流工程中暴露的问题,成为活动中群众反映最多、最强烈的问题。原本一项打基础、利长远的民生工程,为什么遭遇那么多的质疑和声讨?这背后,对我们城市建设和管理的决策和实施过程,又有着怎样的警示?

【字幕】地点:秦淮区止马营小区

【解说】

2012年11月27日,止马营小区的雨污分流工程开工建设,历时1年才算基本完工。

【同期声】

止马营小区居民:雨污分流哎,里面搞得一塌糊涂。你看人跌倒的,你看这个路,一下雨都是水。

记者：不是原来你们小区路就破破烂烂的吧？

止马营小区居民：不是，我们原来小区好好的。

【解说】

为了让记者有直观感受，居民们首先拿来洋镐，打开了一个据说是5年前施工建设的污水窨井。

【同期声】

止马营小区居民：这是过去做的，原来施工的。（用洋镐敲击内壁）比比瞧。

【解说】

就在老窨井几米开外的新窨井内，记者却看到了这样的场面。

【同期声】

止马营小区居民：你看看那个糊的，那是唬人的。一碰就散了，一碰就散了，看看瞧。

【解说】

那么，刚刚完工的止马营小区雨污分流工程，效果如何呢？这就是新建成的雨水管道。从楼顶汇聚的雨水，从这根管子中直接流向地面。

【同期声】

记者：这个就是雨水管。（哎。）雨水管敞开了，是吧？（哎。）

止马营小区居民：按道理讲雨水管是接雨水哎，他现在不是雨污分流，他这个设计是雨污合流。

【现场展示】

记者用脚展示雨水管并未下地，而是悬在半空中。

【解说、抠字】

"雨污分流"简而言之就是"雨水入河、污水进厂"，减少水污染、改善水环境，切实提升市民的生存环境和生活质量。根据2010年公布的"雨污分流"计划，该工程将斥资183亿元，从2010年初到2014年底，5年内铺设500公里污水干管，完善3000个居民小区及单位近2000公里排污支管。然而，这一功在当代、惠及子孙的民生工程却受到了市民的普遍质疑……

那么，这么一项民生工程，产生这么多的问题，原因究竟何在？

【字幕一】

"民生工程不得民心"原因之一：缺乏对民意的尊重，缺乏务实的工作作风。

【同期声】

新华社高级编辑车维旭：民生工程的关键是个"民"，你心里有老百姓，老百姓心里就会有你。如果你心里没有老百姓，只想着这是我的政绩，这是我的工程，这是我的重点工程,我要把它怎么怎么的,你们不要怎么怎么的。如果这样的话,你心里没有老百姓,只有你自己。所以,你满意了,老百姓不满意。

【解说】

这里是六合区山潘小区。居民们让记者看了这样一个雨水井,他们称之为"聋子的耳朵"。(倒了4桶水后,窨井被灌满。)

【现场】记者:我们看一下,刚才这个师傅把这个窨井灌满水的时间是15点42分。

【叠画处理】

【画面】手机时间特写:15点51分

【现场】记者:8分钟过去了,它的下水的尺寸大概是多少?(用卷尺量)……6厘米。

【解说】

经过现场测试,这个雨水井以每分钟不到1厘米的龟速缓慢地排着水……

只注重建设规模,忽略了群众感受;只注重任务的完成,忽略了群众反映具体问题的解决;只注重工程建设进度,忽略了建设过程的管理;只注重工程目标的实现,忽略了群众切身利益的维护。而在工程推进过程中,建设信息公开不全面不及时,开工告知不足,群众反映、投诉渠道缺失,遇到问题,居民只能向民工反映,诉求得不到及时有效解决,一些好的意见建议也不能被及时采纳。

发现雨污分流实质为雨污合流后,山潘小区的居民欧金兰曾多次找到相关单位反映问题,但却一直无人回应……

【字幕二】

"民生工程不得民心"原因之二:缺乏对建设规律和科学的尊重。

【解说】

系统规划滞后,工程设计粗糙,是雨污分流工程中的首要问题。项目没有经过充分的前期调查和细致摸底,导致设计深度不够,给工程后继实施带来困难,工程变更较多,投资难以把控。外地设计单位对南京情况尤其是地下管线情况不熟,本地设计力量又有限,对雨水、污水两套体系也缺乏研究,导致工程出现较多错位。工程设计没有以充分调查为基础,有的地方甚至没有图纸就开始施工。现场施工也没有较好地进行开工前的准备,造成工序衔接不畅和窝工、怠工,影响计划工期兑现。有业内人士说,工程只用了1个月立项,2个月来测绘,2个月设计,剩下7个月来干活,怎么可能科学?

【同期声】

鼓楼区慈悲社区居民:你看这挖挖停停,你看这儿,你看。我问过他们的,他们说每个人做得不一样,自来水是自来水,煤气是煤气,说分几家……

【解说】

在雨污分流工程的实施中,建设目标的确定超出实际承受能力,求大求全。以新街口——鼓楼片区为例,4.5平方公里的老城区要在1年时间内,对15条街巷、91个片区全面实施雨污分流,埋设6万米的污水管。而且城市污水厂和主管道这些"大动脉"没建好,小街小巷的"毛细血管"就全面铺开,就算建好了也没法投入使用。

【同期声】

新华社高级编辑年维旭:我觉得科学性是很重要的,就是要从实际出发,量力而行。既要考虑到这个工程的必要性,也要考虑到这个城市的承受能力⋯⋯

【解说】

何金雪坦承,像雨污分流这样的浩大工程,解决的是城市基础设施的薄弱环节,需要一个持续、完善的方案,而不是现在"一拍脑袋立即决定、全面铺开",这也导致短时间内全城近百个工地突然同时开工。

【字幕三】

"民生工程不得民心"原因之三:没有建立有效的管理机制,导致粗放组织、粗放管理、粗放设计、粗放施工。

【解说】

缺乏统筹的建设必然要付出代价。为了完成计划进度,工期安排过于集中,短期内各类工程建设交织,带来城市运行巨大压力。施工及监管力量的严重缺失,导致工程质量参差不齐。本片开始所报道的止马营小区雨污分流,就存在工程发包违规、中标单位违法转包的情况,而且施工队由民工临时拼凑而成,整个项目部没有一名技术人员。施工中也是偷工减料。在平家巷、慈悲社区雨污分流施工现场,记者连续调查两天,竟然没有找到一位施工单位负责人⋯⋯

【同期声】

记者:为什么这边搞了5个月,到现在为止都没有搞好?

平家巷、慈悲社区雨污分流投诉电话负责人刘家德:我跟你讲这有几个原因,有小区出新,有雨污分流,还有煤气,还有其他的方方面面,不是一个队伍,好几个队伍。

【解说】

责任界限不明晰也是造成管理混乱的重要原因。在整个工程的组织中,市级承担主次干管,区级承担街巷及片区支管建设,但在实际操作中,市级对项目管理介入过多,影响区里积极性发挥;区里对工程重视度不够,力量也相对薄弱,无论是管理人员还是专业化水平,都难以满足如此巨大工程的要求。此外,建设资金紧张,制约工程推进。今年上半年,工程完成立项83亿元,实际完成投资41亿元,累计拨付资金不到30亿元。

针对雨污分流工程中存在的问题,南京市住建委表示,将于近期拿出切实有效的整改方案,不让民生工程失去民心!

【后主持】

一个旨在为市民的长远利益"办好事实事"的工程,为什么没能得到大多数市民理解,为什么那么多人吐槽?前期方案粗放,施工环节脱节,时间过长,扰民现象严重,实施的项目效果老百姓不认可。这些表面上看是施工过程中的管理问题,实际上就是官僚主义和形式主义的典型表现。一切为了群众,一切依靠群众,从群众中来,到群众中去,这是党所创造的一种科学领导方法和工作方法。民生工程不得民心,这让我们反思:究竟应该怎么到群众中去,从群众中来,究竟怎么样真正依靠群众?"雨污分流"这项工程就是一面镜子!

(本文引自南京广播电视台,2013年10月3日)

第二节　社　论

一、写作要点

(一)名称解释

社论,是新闻媒体编辑部对某一重大新闻事件或者某个重要时政问题所发表的权威性评论。

(二)主要特征

1. 权威性。社论是新闻评论中最高规格的文种。它以编辑部的名义代表同级党、政、军及其他组织表态,被喻为新闻中的"元帅""心脏"。

2. 引导性。社论集中反映编辑部的立场、观点和主张,目的在于引导社会舆论,不像学术论文那样允许无休止的辩论,也不同于红头文件必须遵守执行,而是引导受众提高思想认识水平。

(三)种类划分

1. 按主体分,有报社社论、杂志社社论、通讯社社论等。

2. 按功能分,有阐述性社论、启迪性社论、评介性社论、论辩性社论、礼仪和纪念性社论等。

(四)基本结构

1. 标题

单标题。主要有两种写法:一是论点式,如《民主广开言路　协商凝聚共识》;二是意义式,如《夯实强军兴军的重大举措》。如有必要,也可以拟事由式标题。

双标题。一般是正副式,如《夺取中国特色社会主义新胜利——热烈祝贺中国共产党第十八次全国代表大会开幕》。

2. 正文

引论。大多交代新闻背景,引出论题或者论点,有时还强调发社论的目的及必要性。

本论。在内容上,各类社论有所侧重。一般说来,阐述性社论说明有关方针、政策的内涵、实质、依据和意义;启迪性社论针对思想认识或者实际工作的问题排疑解难;评介性社论分析新闻人物或者事件的可贵精神、典型经验和借鉴意义;论辩性社论通过摆事实、讲道理来揭露和批驳有关错误观念和敌对言行;礼仪和纪念性社论阐发现实意义、主要任务等。在层次上,社论的篇幅较短,大多是单一的纵式结构或者横式结构,如有必要也可以纵横交错。

结论。带有鼓动性,篇末大多强调使命感并发出号召、提出希望,常用"坚信……""让……""将……""要……"等句式。有时以深化论点、展望前景收篇。

此外,报社、杂志社、通讯社所发的社论多在标题左侧用特殊字体及图案标明文种。

(五)注意事项

1. 高屋建瓴。要站在一定的高度来认识问题,全面把握、透彻理解、客观阐述有关方针、政策、法律、法规、理论以及主流认同,还要体现应有的预见力和应变力。

2. 平易近人。社论因特定的权威在语体风格上显得庄重,不能谐谑轻佻。但这种庄重不是板起面孔教训人,而是以亲和的态度对待受众、用平易的语言阐释道理。

二、范文阅读

▲阐述性社论

适应新常态　实现农业农村新发展

今天,中共中央国务院公开发布《关于加大改革创新力度加快农业现代化建设的若干意见》,给广袤田野和广大农民送来了春的信息。进入新世纪以来,中央连续发出指导"三农"工作的"一号文件",今年已是第十二个。今年的一号文件围绕加快农业现代化建设,突出强调加大改革创新力度,提出了一系列新观点、新政策、新举措,必将为农业发展、农村繁荣、农民富裕提供新动力、增添新活力。

刚刚过去的2014年,我国粮食产量实现"十一连增",农民增收实现"十一连快",农村重大改革试点方案破茧而出,农村人居环境整治全面推开,农村民生改善取得重大进展,"三农"发展成就可圈可点,成为经济发展新常态下一道亮丽风景线。

同时也要看到,农业农村发展面临十分复杂的新情况,需要应对前所未有的新挑战。经济增速放缓,农业生产成本攀升,主要农产品国内国际价格倒挂,农业增效、农民持续增收难度加大;资源环境约束趋紧,保障农产品有效供给和质量安全压力增加;城乡要素流动加快,农村空心化、老龄化问题日益凸显。要在连年丰产增收后稳住农业农村持续向好的局势,在经济发展新常态下实现农业农村新发展,必须始终坚持把解决好"三农"问题作为全党工作的重中之重,主动适应新常态,按照稳粮增收、提质增效、创新驱动的总要求,以改革为动力,以法治作保障,加快推进中国特色农业现代化。

没有农业的现代化,就没有国家的现代化。农业现代化是一项复杂的系统工程,所涉及的改革方方面面,必须把握方向,突出重点,稳步推进。新形势下,推进中国特色农业现代化,必须围绕建设现代农业、围绕促进农民增收、围绕城乡发展一体化,努力在提高粮食生产能力上挖掘新潜力,在优化农业结构上开辟新途径,在转变农业发展方式上寻求新突破,在促进农民增收上获得新成效,在建设新农村上迈出新步伐。只有这样,才能进一步让农业强起来,让农村美起来,让农民富起来。

"三农"发展持续向好的局势,得益于改革充分释放了农村生产要素潜能,激发了农业农村内生活力。推进中国特色农业现代化,要始终把改革作为根本动力,把改革创新贯穿于"三农"发展的各个领域各个环节。改革创新要坚持以人为本,激发农民的创造、创新、创业活力,形成万人创业、万众创新的生动局面。加快推进农业现代化、全面深化农村改革,必须加强农村法治建设,善于运用法治思维和法治方式做好"三农"工作。

全面建成小康社会,实现中国梦,重点是"三农",关键在"三农",成效看"三农"。今年中央"一号文件"再次描绘了"三农"发展的新蓝图,我们要勇于直面挑战,敢于攻坚克难,继续夯实农业稳定发展的基础,稳住农村持续向好的势头,切实防止出现放松农业的倾向,确保各项"三农"政策不折不扣落实到位,力争"三农"事业发展实现新突破,再创新辉煌。

(本文引自《人民日报》,2015年2月2日)

第三节 评论员文章

一、写作要点

(一)名称解释

评论员,是由资深记者、编辑和知名专家、学者以及党、政、军等组织工作人员组成的受新闻媒体之邀发表评论的人员。有时在评论员之前冠以"特约"二字,用来加重身份,也标明是编辑部以外人士。

评论员文章,是指评论员就某一重要新闻事实或者某个突出问题在新闻媒体上所发表的评论。

(二)主要特征

1. 重要性。评论员文章的规格仅次于社论,是新闻媒体常用的中型重头评论。尽管看似阐发评论员个人见解,但在很大程度上反映编辑部的意图,对社会舆论有一定的影响力。

2. 精辟性。评论员文章大多与相关消息、通讯等同步发表,就受众密切关注的新闻事实或者问题进行精辟分析,从而阐明主张。

(三)种类划分

1. 按主体分,有报社评论员文章、杂志社评论员文章、通讯社评论员文章、广播电台评论员文章、电视台评论员文章、网络评论员文章。

2. 按功能分,有阐述性评论员文章、启迪性评论员文章、评介性评论员文章、论辩性评论员文章、礼仪和纪念性评论员文章等。

3. 按栏目分,有评论员观察、评论员随笔等。

4. 按构成分,有单篇评论员文章、系列评论员文章。

(四)基本结构

1. 标题

单标题。如论题式《深刻理解全面深化改革总目标》、论点式《打通改革推进"最后一公里"》、意义式《法治让国家治理迈向新境界》、提问式《谁来加厚信息时代的文化土层?》。

双标题。一般是正副式,如《师立　则国兴——写在第30个教师节之际》;有时用引正式,如《更好地服务于国内改革和跨国并购　升级资产评估　护航改革发展》。

系列评论员文章有总题和分题或者事由和分题。后者分题副标题按序数"一论(或者'评''谈')××××××""××××××之一"等说明顺序和论题,如《担起文艺工作的历史使命——一论大力推动新时期文艺的繁荣发展》《为人民抒写抒情抒怀——二论大力推动新时期文艺的繁荣发展》《明确文艺事业的价值坐标——三论大力推动新时期文艺的繁荣发展》。

2. 署名

一般写在标题正下方,有时写在正文后。最常见的是写"×××报(或者'刊''网')特约评论员""×××报(或者'刊''网')评论员""本报(或'刊''台''网')特约评论员""本报(或者'刊''台''网')评论员"等字样。有时写笔名、网名或者真实的集体名称、个人姓名。近年来地方新闻媒体也出现"特约评论员　×××""本报(或者'刊')评论员　×××"的写法,但不多用。

3. 正文

引论。一般起笔点出评论的新闻事实或者问题,也可以说明论点。

本论。阐述性、启迪性、评介性、论辩性、礼仪和纪念性五种评论员文章与社论的内容基本一致,层次有纵式、横式、纵横式三种方法。需要说明的是,单篇评论员文章根据表达论点的需要来处理;系列评论员文章把中心论题从不同的角度拟若干分论题或者根据中心论点拟几个分论点,在层次安排上各篇文章基本一致。

结论。有归纳式、展望式、激励式等写法,根据实际情况处理。

(五)注意事项

1. 把准方向。在一定程度上说,评论员文章是新闻媒体的一个"风向标"。写作时必须牢牢把握正确的政治方向,认真贯彻党的方针和政策,围绕工作大局,从人民的利益出发寻找解决问题的路径。

2. 说透道理。与社论着眼于全面阐述不同,评论员文章要在分析事物横向联系的基础上侧重于纵向思考,挖掘事物的本质,揭示事物的发展规律,让受众深受启发。

二、范文阅读

▲单篇评论员文章

限制"公款消费"本质是制约权力寻租
子房先生

经济学家弗里德曼曾提出过一个"花钱矩阵理论":花自己的钱办自己的事,既讲节约,又讲效果;花自己的钱,办人家的事,只讲节约,不讲效果;花人家的钱,办自己的事,只讲效果,不讲节约;花人家的钱,办人家的事,既不讲效果,又不讲节约。

"公款消费"就属于后两种情况。在讲究"面子"文化的国度里,"外国有个加拿大,中国有个大家拿"成为很多国人的常识。但党的十八大后,从"空谈误国,实干兴邦"到"改进工作作风、密切联系群众的八项规定",从"坚决刹住中秋、国庆期间公款送礼等不正之风"到"严禁公款购买印制寄送贺年卡等物品",领导层已下决心治理此顽疾。

遏制"公款消费"看似只是"反腐败"的措施,其实还蕴涵着深刻的"经济学"语义。

一方面,在支出不是来源于个人收入,而是由"公家报销"的情况下,"支出预算约束会软化"和"花钱的人未必追求最大效用"这两种情况必然会出现,那么"公家报销"将会扭曲商品相对价格,而且引起物价总水平的上涨(用公款买的东西,普遍比市场平均价格高)。同时,无论价格结构的扭曲还是物价总水平的上升,都会引起收入的再分配,而这个收入分配显然是不公平的。

另一方面,"公款消费"大行其道实质就是权力与利益交易的市场选择。权力腐败始于交易,而交易需要场合。"吃什么无所谓,关键是和谁吃""喝多少不重要,重要的是让关键的人喝满意""接待上级不敢怠慢",不管是中秋送月饼还是国庆送礼物,打的都是"人情"幌子,然而多数都是"暗度陈仓",行的是权力寻租或利益交换之实。因此,反对公权力公款吃喝、铺张浪费,其本质是制约权力而不是抑制消费。

更重要的是,由于市场化的不彻底,许多重要的资源分配权仍掌握在地方政府手中,这为寻租活动创造了巨大的空间,"看不见的手"异化为"到处乱摸的手"。当决定着资源分配的不是法律和规范,而是官员个人的偏好之时,官员大笔一挥就是数千万上亿的项目资金,随便一个眼色就能让一个企业消失或让一个企业日进斗金,权力自然就已经成为众星捧月、争相取悦的"爷",一切都会围着权力转。

如果消费经济必须靠公款来拉动,那只能说明这个"经济质量"有待改善。在当前的社会经济领域中,"倚公""傍官"现象甚为突出,一些企业在找资源找销路的时候,首先想到的并不是如何服务于市场大众,而是怎样才能搭上政府这条线,他们无不希望通过官员客户等资源,为自己争取更大的"垄断"利益。市场领域中的"倚公""傍官"本身就不健康,以此制造经济繁荣、拉动消费,只能是饮鸩止渴。

实际上,自新一届领导层组成以来,就把转变职能作为第一件大事,紧紧抓住不放。目前已取消下放334项行政审批等事项,简政放权成为深化改革的"马前卒"和宏观调控的"当头炮"。行政审批的削减下放和行政改革的深入,改变了政府运作模式和官员的行为方式,也将极大缩减官员的权力寻租空间。

毋庸置疑,"公款消费"的代价是巨大的,作为花钱的一种办法,尽量少用。对每一个公民来说,只要自己能直接花的钱,就不要让别人代替自己花;对政府来讲,要尽量把"花钱矩阵理论"中的第三、四种花钱转变为第一、二种花钱,这样于国于民都有利。当然,核心问题就是要坚持"三中全会"公报中提出的"处理好政府与市场的关系,使市场在资源配置中起决定性的作用和更好发挥政府的作用"。

(本文引自中国经济网,2013年11月15日)

▲系列评论员文章

有"问题意识",也要有"过程意识"
——辩证看待社会发展与问题之一

本报评论部

今日中国,仍在穿越历史的三峡。这样的阶段,水域开阔也暗流涌动,大河奔腾却泥沙俱下。如何准确把握时代方位、辩证看待社会发展,认识论与方法论的问题,从未如此迫切地摆在我们面前。从今日起,我们刊发"本报评论部"系列文章,与大家共同探讨、共同思考。

从辩证法的角度看待我们所处的世界,本身就是一个不断发现问题、解决问题的过程。关键是要把问题放在中国的现实语境中观察,与国情对接、跟现实对表……

如何看待我们时代的问题?

"不回避矛盾,不掩盖问题",习近平总书记的要求,是对问题应有的态度……有"问题意识",是认识能力提升的表现;能畅所欲言直面问题,更是时代社会的进步。

然而,过犹不及。如果"唯以问题识天下"……"问题意识"本身就也成了问题。

今天的中国,发展很快,矛盾高发,问题不少。我们固然要有"一万年太久,只争朝夕"的紧迫感,但也不能期望万年之事、朝夕解决……

希望找到一个总开关,按一下就解决所有问题,肯定是空想。但在充满纠结的生活中,几乎每一个问题的细节里,倒确实暗藏着一个"哲学按钮",按下那个按钮,被遮盖的意义就会一目了然……

解决问题的愿望迫切,可以理解,更应该重视。不过,如果能多点"过程意识",会更有利于看到主流、达成共识……

抽象的价值,存留在理论之中;具体的公正,则需体现在每一个人身上,不像喊喊口号那样简单……30多年中国的渐进式改革,正是从哲学层面上理清了问题与过程的关系,才摒弃了急于求成的冒进,拒绝了休克疗法的诱惑,找到了正确的逻辑和顺序。

风雨多经人不老,关山初度路犹长……既有"问题意识",也有"过程意识",才能让改革者有更多回圜余地,才会对未来更有信心。

有"权利意识",也要有"法治观念"
——辩证看待社会发展与问题之二
本报评论部

这些年来中国社会的最大变化之一,就是公民权利意识的觉醒……

毫无疑问,这是一个走向权利的时代。市场经济发展带来的自由平等意识、网络媒体勃兴提供的多元表达平台、民主政治进步造就的个体意识启蒙,所有这一切,成为人们权利意识的萌发、表达和伸张的"时代注脚"。与之相伴,"权利意识"的高涨,也为树立法律权威、培养法治观念、发掘公民意识,起到了巨大推动作用,成为社会进步的催化剂……

与此同时,时代的洪流往往泥沙俱下,在极短时期内高涨的权利意识,也呈现出某种"初级阶段"特征……这种走岔道的极端方式,将"权利意识"异化为"交相害"而非"交相利"的行为,让人遗憾,也发人深思:权利的风帆如何行进,才能抵达文明的彼岸?

"在一个多少算得上是文明的社会里,一个人所能够拥有的一切权利,其唯一的来由是法律。"法学家杰里米·边沁的结论一针见血。"权利意识"的伸张,离不开"法治观念"护航……

一个成熟的社会,有许多不言自明的遵循……这些常识的背后,是对个人权利的清醒认知——没有什么权利是绝对的。任何个人权利的行使,都必须在法治的轨道上,不得侵犯他人的合法权利,不得损害社会的公共利益……

今天的中国,正处于从传统到现代的艰难爬坡中,法治观念必须"跟得上"权利意识的步伐……

"哪里没有法律，哪里就没有自由。"……今天，如果说，"权利意识"的启蒙我们已经完成，那么"法治观念"的启蒙还在路上。这也是党的十八大提出"法治思维"和"法治方式"的深层原因所在……

有"个体意识"，也要有"全局观念"
——辩证看待社会发展与问题之三
本报评论部

让这个社会变得更好，还需要每一个人更多秉持目光四射的全局观念，更多承担力所能及的社会责任。

在今日中国的现实语境下谈全局观念，很容易招来拍砖乃至讥笑……

这正是社会治理的复杂性所在。

事实上，改革开放以来，没有哪种观念像个体意识与利益诉求一样，如此席卷人心。从"主观为自己，客观为他人"到"我的地盘我做主"，从"言利未必非君子"到"无利不起早"，个人利益已经成为很多人处理社会关系的出发点……

观念的演进，源自奔流的实践。个体意识勃兴的背后，是告别计划经济、走向社会主义市场经济的社会进程……也正是因为对个体利益的尊重，中国的改革和发展才赢得了亿万人发自内心的推动。只有集体没有个体的时代一去不返。

然而，"全局"从来不会因为对"个体"的强调就不复存在。辩证法的伟大在于，它永远提醒我们认识到问题的另一面……

一切都让个人听命于集体，强调个人为"全局"无条件牺牲确属苛求；但"我满足了，才是公平，我满意了，才叫正义"，肯定也非理性……

中国社会已经进入利益多元的时代。如果我们承认权利和利益的多元多样，欢呼由此带来的文明进步，那么也必须承认这样的事实：不同的利益都要尊重，个体与整体必须协调……正如谚语所说，你挥舞拳头的权利止于我的鼻尖。懂得不同主体的妥协沟通，才能形成多元共存的利益格局。

社会的发展，将个体的尊严和福利推上了空前的高度，但也要看到，超乎历史条件和时代环境的个人主张，可能成为国家之痛……

从世界范围来看，20世纪以后，传统的权利概念经历了一个社会化的过程，即绝对的、排他的权利须受到某种限制，以服从公共利益的需要……

……如果说，个体意识和权利意识的觉醒，只是公民意识成熟的第一步，那么让这个社会变得更好，还需要每一个人更多秉持目光四射的全局观念，更多承担力所能及的社会责任。

有"批判精神",也要有"建设心态"
——辩证看待社会发展与问题之四

本报评论部

曾有人说,批判精神,是呼唤进步的闪耀火花……是追求真理的神圣之光……是面向未来的热切向往……

诚哉斯言。在漫长的人类历史上,批判是思想进步的活水、社会发展的源泉……正是在批判中,我们突破一个又一个禁区,从必然王国一步步逼近自由王国。

如果说问题是时代的呼声,那么批判则是对这呼声的回应。在认识论层面,批判是认识问题的逻辑起点;从方法论角度,批判为解决问题、推动进步提供了契机。然而,仅仅有批判精神,混沌的世界是否就一片澄明、丛生的问题是否就迎刃而解?

……中国共产党人的态度,毛泽东说得清楚:"我们不但善于破坏一个旧世界,我们还将善于建设一个新世界。"

这样的态度,是辩证唯物主义者的态度,也是历史唯物主义者的态度。在他们眼中,推动历史前进的力量……是破与立的对立统一、批判与建设的相得益彰……

社会总有不完美,值得批判的事情岂止车载斗量……对这些问题拿起批判的武器,正确而且必要。问题是,如果人人都坐而论道,谁来为我们解决问题?

与解决问题相比,做个"批判家"并不难……但是,复杂的矛盾不会因批判自然遁形,社会的正义更不会因批判自动实现……

批判是通向正义感的捷径,是体现存在感的绝佳方式,但历史的责任不允许我们满足于道德飙车……我们不仅要做提出问题的共同体,更要做解决问题的共同体。

"颠簸于批判主义的无边波浪之中,我们需要寻找一块陆地建构自己的理想。"……站在这块剧烈转型的不完美土地,有人沉溺于愤世嫉俗,有人习惯于悲观抱怨,但总有一些人以行动肩起责任,用积极主动的点滴努力,积攒起改造社会的正能量。

时代不仅需要解构,更需要建构……不仅当一个批判者,也要做一个建设者,每个人的一小步,就是时代前进的一大步。

有"利益考量",也要有"理想情怀"
——辩证看待社会发展与问题之五

本报评论部

在中国现代化的关键时刻,在"触动利益往往比触及灵魂还难"的当下,尤需在物质利益之外,多一份理想情怀。

"如今的青年怎么了"……本是最富朝气锐气、最有权利做梦的年轻一代,不少人却陷入利益的羁绊,精致利己而老于世故,热衷实惠而耻谈理想。

实际上，时常陷入利益羁绊的又何止青年……

当今中国，利益的正当性早已"除魅"。对利益名正言顺的主张，让人人得享发展成果，"利益觉醒"可说是改革开放最重要的成就之一……

但是，考量利益，并非让利益的追求绝对化……

志愿服务，主动回报社会，却被猜测其中掩藏着利益动机；应对灾难，企业献出爱心，却被揣度背后有着利益交换……利益于是成为时代价值的"粉碎机"，让我们的社会只剩诛心之论，难言感动信任。

这是现代版的义利困惑，也是堕落版的利益考量……

就像文学家所说的那样，"理想有如晨星——我们永不能触到，却可以借着星光在人生海洋中远航"。确实，理想饥不可食，寒不可衣……但是人若没有了理想，生命将走向何方……循着理想的星光，我们才能跳脱一己得失，眼界更远、胸怀更大，找到一个更持久、更深刻的生命出口。

"唯意志论"者固然举步维艰，只有利益的人生同样苍白无力，"喻于利"不是开启幸福的万能之钥，"喻于义"才能推开梦想的必然之门……

……在中国现代化的关键时刻，在"触动利益往往比触及灵魂还难"的当下，尤需在物质利益之外，多一份理想情怀。借用叔本华的一句话，它是对每个时代伟大事物的同一性和连续性的信心，是对一代代人的变化和衰退的抗议。

(本文引自《人民日报》，2013年5月20、21、22、23、24日)

第四节 短 评

一、写作要点

(一)名称解释

短评，是作者就某一新闻事实或者某个问题所发表的简短评论。

(二)主要特征

1. 简短性。短评的最大特征是短小精悍，一般在五百字左右。它就新闻事实或者问题评其一点，不及其余，因而文笔集中，一语破的。

2. 生动性。与社论、评论员文章相比较，短评要灵活些。无论选题、炼旨、谋篇还是择技、遣词都可以酌情而定，不拘一格，更显活力。

(三)种类划分

1. 按内容分，有时政短评、思想短评、经济短评、科教文卫体短评、政法短评、军事短评、外事短评、社会短评、娱乐短评等。

2. 按写法分,有常规式短评、随笔式短评。

3. 按构成分,有单篇短评、系列短评。

(四)基本结构

1. 标题

大多拟单标题。如论题式《舆论争执中的身份选择》、论点式《让体育成为一种生活方式》、意义式《规范收费有助激活进出口增长》、提问式《福彩开奖"爽约"为哪般?》。

有时拟双标题。如引正式《生命力 创造力 凝聚力 制度活力的深厚来源》、正副式《建设国际海上救援基地 彰显国家主权——西沙海域大救援的启示》。

短评的标题大多平实,如《要治"堵",先治"心"》《农民"被上楼"症结在于"被"》;也可以形象化,如《把"群狼"整合成"狼群"》《高校就业指导,别"现上轿现扎耳朵眼"》。

系列短评有总题和分题或者事由和分题。如事由"五评简政放权",分题《还活力于市场》《要算大账》《如何"减"到痛处?》《重在执行》《简政加责 考服务》。

2. 署名

以个人名义发的短评,在标题正下方或者正文后标出作者的真实姓名、笔名或网名。以编辑部名义发的短评,是否署名可酌定。

3. 正文

主要有两点:一是引论入题快,不搞迂回战术;本论集中笔墨阐述,不加铺议;结论收得住,不作赘述。二是层次安排不囿于某些程式,逐层剥笋、因果推论、相似类比、相反对比、相互问答等都可以运用。

(五)注意事项

1. 见微知著。要不断提高洞察力,善于捕捉新闻价值大的琐事小题,对媒体披露的新闻事实或者问题也要从细微处选取一个最佳议论点,揭示实质和发展趋势。

2. 富有特色。这个"特",就是特定的角度,不是通常方位;独特的见解,并非人云亦云;特用的技巧,摒弃陈陈相因。只有这样,才以鲜明的个性吸引人。

二、范文阅读

▲常规式短评

莫让"规划性破坏"毁掉乡愁
段金柱

近日,福州市毗邻上下杭历史文化街区的苍霞片区拆迁改造中,部分历史建筑被拆。此事因媒体跟踪报道,引发关注,微博、微信上一片惋惜之声:"苍霞片最美的红砖西式四合院被拆了,民国青砖街铺也没了……"

所幸,呼应民声,当地立即叫停。举一反三,省里及福州市文化、建设、规划等部门将携手对苍霞、上下杭、朱紫坊等片区的历史建筑重新调查认定,以决定下一步如何保护、能否拆除。

亡羊补牢,为时不晚。不过,联系到近年来发生的地铁一号线屏山站"考古赶不上建设"、胪雷村陈氏祠堂"是拆还是留"等诸多引起热议的事件,我们有必要认真审视:在城市建设、重点项目建设突飞猛进的情形下,历史建筑命运到底如何?

每当直面此类问题,涉事各方总是说"我有理,我没错"。

地方政府说,为了推进项目建设、城市发展,不得不拆,而且它们并不属于文物,没有法律障碍;属于文物,或历史文化区域内的建筑,都严格依法保护。

开发商说,他们是按照正规"招拍挂"获得的开发权,并缴纳了土地出让金。

当地市民说,他们牺牲了很多,难道连留存历史记忆的几栋建筑都不能保留吗?

似乎,各有各的难处,各有各的理由。但有两点无法漠视。一来,历史建筑是承载岁月记忆、传承文化根脉的载体,都拆了,何处觅乡愁?国内一些城市拆掉真文物,建起假古董,令人痛心疾首,毁坏既成,无法挽回;再者,加快城市建设与保护历史建筑,并非截然对立,关键是要寻找到开发和保护的平衡点。这方面,福州有成功经验,当年为给南江滨扩建让路,泛船浦教堂就成功整体平移,基本保留原貌。

纵观全球那些历史厚重感较强的城市,无不对包括历史建筑在内的文化遗产悉心呵护。希腊雅典、意大利罗马自不必说,波兰首都华沙浴火重生即是代表。"二战"期间,华沙古城十之八九被毁,战后波兰人在原址复建华沙,重现文明辉煌。1980年,华沙古城被列入世界文化遗产名录。

由此反观,我们更应该警惕近年来浮现的"规划性破坏"现象。

在2005年全国"两会"上,全国政协委员冯骥才针对北京古城保护的现状,提出"规划性破坏"概念,意为在划出若干片历史文化保护区后,同时又在保护区之外大拆大建。他深为这种没有凸显城市文化个性、与文化遗产保护脱节的保护规划忧虑。

如果任由"规划性破坏"行进,必然会出现毫无生气的"建筑将军"现象,也势必会毁掉乡愁。

美国规划学会秘书长苏解放曾说:一个伟大的城市应该像一支伟大的军队,成千上万名士兵排列成威严整齐的方队,有几个将军带领着他们,比如以前的老北京。但现在一些城市的现状,让他感到困惑:这是一个充斥着"建筑将军"的城市,每一个将军统帅着只有一两个士兵的军队,其结果就是"城市的自我'休克',毫无个性可言"。

这也是无论经济怎么飞快发展、城建如何提速,一定要保护文化遗产的内在缘由。时代如何变革、演进,我们都需要传承记忆、延续文脉,让我们可以随时重返精神家园。正因如此,中央城镇化工作会议提出,城镇建设要让居民望得见山、看得见水、记得住乡愁。

如果我们不能对先辈、对历史怀有深深的眷恋和敬畏,又怎能正常面对当下的自己?对自己尚不能负责,又何谈对后人负责?何谈相信未来?

20世纪50年代,面对老北京城墙被拆、城门被毁,梁思成痛心不已:拆掉一座城楼像挖去我的一块肉,剥去了外城的城砖像剥去我一层皮。然而,不顾梁先生极力反对,城墙轰然倒下。他与陈占祥共同提出的保护北京老城、在城西易地建设行政中心区的"梁陈方案"也被否决,令人扼腕叹息。

不过,面对历史、朝向未来,梁先生又是自信的。当年,他就向北京主政者直言:"在这些问题上,我是先进的,你是落后的","50年后,历史将证明你是错误的,我是对的。"——梁先生的话应验了,但失去的已经无法追回。

50多年后,此时此地,我们回味梁思成这位"福州女婿"的话,又会怎么做呢?难道还要让"规划性破坏"毁掉乡愁吗?

(本文引自《福建日报》,2014年9月5日)

▲随笔式短评

既是"青蛙"也是"蝴蝶"
——写给坎昆气候变化大会

古岳

也许,此前你从没听说过坎昆这个地方,但是,从11月29日开始,全世界的人都将目光投向尤卡旦半岛上的这个海滨城市,因为今年的世界气候变化大会在这里举行。

这个地方距离我们生活的这个城市很遥远,对绝大多数人来说,一辈子都不会跟这个地方有关系。可是,这个会议却跟所有的人都有关系,无论你生活在哪里。就像爱德华·洛伦茨所说的,因为远在巴西的一只蝴蝶扇动了一下翅膀,改变了空气的持续流动方式,最后可能会在美国德克萨斯州引发一场龙卷风。这就是著名的"蝴蝶效应"。既然这只"蝴蝶"可能在德克萨斯引起一场龙卷风,自然也可能会在西宁、在青藏高原引起点什么。譬如,西宁的冬天会不会更暖和一点。这看似荒唐的事情,说不定真的会发生。

从《联合国气候变化框架公约》到《京都议定书》,从"巴厘路线图"到哥本哈根会议,再到坎昆,世界气候谈判也已经走过20年的风雨历程。20年里地球一直在变暖。

20年以前,每年春天到5月初,西宁的树木才开始长出绿叶,这两年到4月初就全绿了。春天来临的时间整整提前了一个月。

20年以前,每年秋天到10月中旬,西宁所有的树叶就已经落尽了,这两年到12

月初,节气已临近大雪,柳树的叶子还没有完全落尽,甚至还绿着。冬天来临的时间整整推迟了一个半月。

对生活在这座高原古城里的人来说,这可能是一大喜事。因为地处青藏高原,这里的冬天曾经异常寒冷。

20年以前,冬天的青海湖边一般很难看得到白天鹅,那是因为,每年它们飞临青海湖的时间都是在冬天来临之前。这两年,它们每年经过青海湖的时间却越来越晚,那是因为它们从更遥远的北方起飞南迁的时间越来越晚了。它们要等到冬天来临之前才开始迁徙,而那里的冬天来临的时间却越来越推迟了。于是到青海湖游览观光的游客们就欢呼雀跃,就兴高采烈。

人们只注意到了这种变化带来的一个正面效应,而忽视了一个负面的效应。其实,这都跟那只"蝴蝶"有关。只是这次它没有引起龙卷风或者飓风,而是引起了全球气候的变暖。而且最初的变化都出现在青藏高原上。科学家们研究发现,青藏高原是世界上对气候变化最敏感的地区。

与这个"蝴蝶效应"有异曲同工之妙的还有一个经典"效应",叫"青蛙效应"。把一只青蛙放到一口盛着凉水的铁锅里,用文火慢慢加温,直到被烫死、煮熟,青蛙都感觉不到热。说的就是这种效应。综观今天之地球,就像一口煮青蛙的铁锅,而煮在锅里的青蛙则非人类莫属了。人总是为眼前的一时之快而庆幸,却不知危在旦夕。

到了秋叶飘零的季节,树叶还不凋落,那肯定是季节出了问题,而不是树木不知冷暖。一只候鸟,总是在不该飞走的时候飞走,不该飞来的时候飞来,那也是季候出了问题,而不是候鸟。我们对季节更替之异常、对候鸟迁徙之变故所持有的心态就是"青蛙"的心态。

墨西哥总统卡尔德在大会开幕式上说:"气候变化带来的灾难已对人类的生存造成威胁。坎昆会议上讨论的每一个问题都与世界上的每个人息息相关。"可是,连续几届的气候变化大会虽有收获,但都没能再达成共识。人们对本次大会的最终成果也没抱太大希望,"共同但有区别"的原则依然是一个沉重的话题。只是不敢放弃努力而已。

因为放弃努力就意味着放弃了最后的希望。只要还有一线希望,这个世界就不会放弃努力。虽然发达国家不肯为他们的过去承担责任,但仍来参加会议,这可能就是希望之所在吧。等到别无选择的那一天,人们就不会再固执己见了。也许最终意愿的达成还需要召开若干次世界大会,但是地球变暖的脚步会因之放缓吗?从那只"蝴蝶"想到那只"青蛙",再想到冬天飞临青海湖边的那几只天鹅,对我们这些普通的世界公民而言,除了祝福和祈愿,唯一所能做的就是"简单生活"了。也许当全世界的每一个人都开始"简单生活"的时候,我们就不再需要召开气候变化大会了。因为我们每个人既是那只"青蛙",那只"天鹅",也是那只"蝴蝶"。

(本文引自《西海农民报》,2010年12月7日)

第五节 编者按

一、写作要点

(一)名称解释

"按""案",是按语或者案语的简称,是作者、编者对有关文章、词语所做的说明、提示或者考证。

编者按,又称编者案,是新闻媒体的编辑人员对文章所做的解释、引申性文字。

(二)主要特征

1. 依附性。这是编者按的必要前提,编者按依附于新闻稿件而存在,离开新闻稿件就成了无本之木,因此,编者按起着辅助作用。

2. 点睛性。这是编者按的写作目的。编者按并非拘泥于相关新闻稿件,而是用精练的语言对其作必要的提示、表态、补充,使内容得到延展和深化。

(三)种类划分

1. 按表达分,有介绍式编者按、评论式编者按、综合式编者按。

2. 按位置分,有文前编者按、文中编者按、文后编者按。

(四)基本结构

1. 标题

编者按大多没有单独的标题,只是在正文上方或者正文前标明文种、点出事由。其中,文前编者按写"编者按""编者的话""编前话""按语";文中编者按写"编者按""编者""按""注""评""点评";文后编者按写"编后""编余""编后语""编辑后记""编者后记""编者附记""编辑小记""编辑札记""编后小议""编辑点评""新闻点睛"等。

单独成篇的文前或者文后编者按也可以拟题。

2. 署名

编者按一般不单独署名,有时在正文后写"——编者"。单独成篇的编者按也可以署名。

3. 正文

在内容上,介绍式编者按主要介绍作者身份,交代背景材料,表明刊载或者播发的目的;评论式编者按侧重于对新闻稿件的内容加以评议,强调思想意义并提出建议;综合式编者按根据需要确定内容。在层次上,编者按体现主次、并列、递进等逻辑关系来安排;在段落上,多是1~2段,独立成篇的编者按可适当增加段落并采用引论、本论、结论三段式。

（五）注意事项

1. 善于提炼。编者按是画龙点睛之笔，应该对特定的新闻事实或者问题进行深入分析，提炼出具有普遍意义、揭示客观规律、达到一定理论深度或者政策高度的观点。

2. 力求简括。编者按大多一二百字，有时一两句话，所以表达要简洁概括。它借题发挥，点到为止，不能复述新闻，不必展开释理。

二、范文阅读

▲文前编者按

编者按 党的十八大以来，党中央、国务院对发展现代职业教育做出了新的战略部署，为职业教育服务经济转型、结构调整、产业升级、提升人力资本素质指明了方向。近年来，职业教育为发展现代农牧业、现代制造业、现代服务业培养了数以亿计的各级各类技术技能人才。当前，在经济发展进入新常态的历史阶段，职业教育肩负着更加重大的历史使命，亟须为全面提升人力资本整体素质增强培养能力，为实现"两个一百年"奋斗目标和中华民族伟大复兴的中国梦提供坚实的人才保障。今天，我们编发此文，希望对职教界有深层次的真实推动。

（本文是《职业教育，加快适应经济新常态》的编者按，引自《光明日报》，2015年2月3日）

▲文中编者按

"朋友圈"广告寻求变现

近日，微信官方在朋友圈内测信息流广告。如同普通的朋友圈信息一样，好友可以进行点赞、评论。不同的是，在广告信息右上角将注有"推广"二字，用户可以通过点击该标示屏蔽广告信息。

评：从用户体量上来说，微信在2015年遇到发展的瓶颈期，如同当年兴盛的微博一样，寻求变现成为其平台运作的重要策略，不过，用户担忧"朋友圈变为广告圈"，以及用户隐私等问题都需要解决。

Wi-Fi Aware技术面市

Wi-Fi联盟最近正着手推出一套新型平台，允许设备之间在不具备可用Wi-Fi网络的情况下实现数据共享。这套平台被称为Wi-Fi Aware，允许不同设备之间直接共享小型数据片段，从而在无须进行设备升级或者经由接入点的前提下正常运行多人游戏等应用。

评：互联网终端节点自行"连片成群"一直是技术前进的方向之一，从快牙、闪传到FireChat应用，各种尝试层出不穷。Wi-Fi Aware作为一种与基于蓝牙，端到端的通信层协议类似的技术，可望得到普及。不同的是，它比蓝牙有更远的传输距离。

微软 Windows 10 发布

　　Windows 10 是微软最近发布的首个跨平台系统，被视为微软摆脱 Windows 8 阴影，在移动端赶上苹果和谷歌的重要武器，也被视为此前口碑不错的 Windows 7 的接班人。Windows 10 的主要特色包括跨越全平台、全新 UI 设计、集成智能机器人"微软小娜"等。

　　评：微软的移动化转型走得并不尽如人意，至少在移动领域作为三足鼎立的"一足"，还没有苹果的 iOS 和谷歌的安卓系统那么有影响力和话语权。随着多屏时代的来临，Windows 10 或能够携 PC 端优势取得新成绩。

　　（本文是《互联网前沿追踪》的编者按，引自《人民日报》，2015 年 1 月 29 日）

▲文后编者按

总编辑感言

坚守的价值

张占辉

　　年复一年，一代又一代红山嘴官兵的事迹感动了无数读者。如今，各种物质生活条件大为改善，但大雪封山的自然环境却无法改变。新一代戍边人仍要面对孤寂和寒冷的考验，仍要牺牲奉献。走进边防，你会深切地感受到，他们卫国戍边的崇高与坚定、忠诚尽责的乐观与豪迈，如同一股热浪，扑面而来。当代革命军人核心价值观在这里尤显生动和真实。他们坚守的不仅是雪域边关，更有边防军人的博大情怀和精神高地。只要祖国需要，他们会永远地坚守下去。

　　关注边防建设，讴歌基层官兵，同时也受教育，丰富提高自身，是军事记者的优良传统和神圣职责。期待在"走基层、转作风、改文风"活动中，我的同行们能有更多的收获、更大的作为。

　　（本文是《红山嘴，大雪即将封山》的编者按，引自《解放军报》，2011 年 9 月 28 日）

第九章 特 稿

第一节 特稿概述

一、写作要点

（一）名称解释

特稿，有广义和狭义之分。广义特稿，泛指各种新闻媒体的特约稿件，包括除消息之外一切有深度的新闻报道；狭义特稿，是指充分运用讲故事的技巧，对现实生活中的人物、事件、风貌、问题等展开生动、深入和详尽的描述，具备高度文学品质和原创性的一种新闻体裁。本章所述的是狭义特稿。

（二）主要特征

1. 文学性。特稿在真实性的基础上，借鉴文学技巧，重视人物性格的刻画以及叙事手法的变化，以精巧的构思、生动的情节、出神入化的细节来描述事实。

2. 故事性。特稿的前提在于有个好故事，以故事的形态呈现一个非虚构的事实。它不像特写那样截取横断面，而是反映故事的全貌。同时，还要把故事讲好，运用叙事语言，做到张弛有致、跌宕起伏，吸引受众的注意力。

3. 深刻性。特稿在采访思路、题材开拓、事实分析和文本表现等方面都有一定的深度。包括生动、具体、新鲜的事实以及纵横交叉的背景材料，对所写的人物、事件、风貌、问题进行多侧面描述、多层次剖析，从而反映事实真相、揭示本质特征、表达独到见解。

（三）种类划分

1. 按范围分，有国际特稿、国内特稿。
2. 按主体分，有组织特稿、个人特稿。
3. 按对象分，有人物特稿、事件特稿、风貌特稿、问题特稿等。
4. 按构成分，有单篇特稿、系列特稿。
5. 按媒体分，有报纸特稿、杂志特稿、广播特稿、电视特稿、网络特稿等。

(四)基本结构

1. 必备项目

(1)标题

单标题。主要有六种写法:一是公文式,如《"奇迹宝宝"的故事》;二是对象式,如《那些变成石头的肺》;三是主题式,如《守望我们的精神家园》;四是事由式,如《一本证书的前世今生　一个家族的创业传奇》;五是背景式,如《科学界进入了"诺贝尔时间"》;六是提问式,如《一棵核桃树,需要几个部门的水来浇?》。

双标题。有两种:一是引正式,如《伴随着那些改变已知世界、探索未知世界的伟大名字　欧洲科学之旅》;二是正副式,如《寻找22年前穿短裙的女孩——一张新华社老照片背后的改革信号》。

系列特稿有总题和分题或者事由和分题。如总题《三峡,无法告别》,分题《涪陵:老城的最后容颜》《万州:曾是万商云集地》《大宁河:一条没有航标的河流》等。

(2)署名

一般写在标题正下方,有时写在消息头后或者正文后。

(3)正文

前言。主要有四种写法:一是故事式,用与主题关系密切的小故事开篇;二是悬念式,起笔写事关重要、冲突尖锐的情节、场面或者提出关键性问题;三是明旨式,在概述事由后表明作者的基本看法和态度;四是结论式,交代事实的结果及新闻价值。

主体。着眼于重现事件的全过程,在真实、严谨的故事框架内,运用富有想象力的文字,通过细节观察的方式重构故事,运用足够的背景资料,回答逐步展开的事实所提出的问题。层次安排主要有四种:一是纵式结构。以时间的延续为基本线索,按事实发生、发展的时间顺序组织材料;或者从事实的表象入手,逐层分析主观与客观、主要与次要等因素。二是横式结构。按事实的内在联系、以多侧面拼接或者正反对比的形式来安排。三是纵横式结构。在事实的某些时间点上,笔触向不同空间的延伸。四是蒙太奇式结构。材料之间有特殊的跳跃和组接。此外,有时用明线与暗线交织的两条线索、情感线索等来串联材料。

结尾。主要有四种写法:一是呼应式,将焦点回到开篇的人物或者故事,首尾呼应;二是显旨式,在上文叙写基础上表明作者的态度;三是启发式,或者促使受众通过细节和不同观点的诠释得出自己的结论,或者设置问题来引发受众预测将要发生的事件;四是欧·亨利式,用一个情理之中而又意料之外的结局,产生独特的魅力。

此外,广播特稿诉诸听觉,电视特稿视听结合,网络特稿多媒体运用,安排正文也要各显其长。

2. 选择项目

(1)消息头

有时设此项。

(2)附录

如有必要,可附加图片、表格等。

(五)注意事项

1. 采访扎实。好特稿的基础在于有大量独家信息。因此,记者要到人物生活地或者事件发生地认真采访,如有必要可以多次回访。采访时捕捉细节,直到脑中形成画面感。

2. 内容确实。特稿的文学性并不代表记者可以恣意发挥主观创造性对事实进行虚构和想象。作为所见所闻的记录者,记者要抛开个人偏见、主观臆断等干扰,客观地再现历史和现实。

3. 表述克制。如同人们所说"冷眼热肠",叙述笔调必须是冷静、客观的。尽量把情感、观点隐藏在所选择的故事中,避免作者主观感情的过多介入。

二、范文阅读

▲电视特稿

白鹤的约定

郑忠杰　黄培　崔国强　龚文芳

主播:西伯利亚和鄱阳湖相隔万里,是一种神奇的鸟儿将这两块地域联系在了一起,这就是白鹤。这种神奇的鸟儿目前世界上仅存3000多只,被列为"极度濒危"的物种。今年6月下旬的一天,在遥远的西伯利亚苔原上,一只小白鹤破壳而出。世界上首次记录到这一珍贵画面的,是我们江西电视台都市频道的野外摄制组。他们付出了整整10年的努力,终于完成了与白鹤的那份约定。

1. 西伯利亚画面,字幕:北纬71度,俄罗斯西伯利亚苔原,永久性冻土带。

2. 鄱阳湖画面,字幕:北纬29度,中国最大的淡水湖,全球最大的候鸟越冬地之一。

3. 西伯利亚白鹤画面,字幕:每年春天,白鹤都要回到这里繁殖。

4. 鄱阳湖白鹤画面,字幕:每年冬天,世界上98％的白鹤都要飞抵这里越冬。

5. 白鹤迁徙画面,字幕:从西伯利亚到鄱阳湖,是万里漫漫长空路。

6. 白鹤破壳的一瞬间。

解说:这是世界上首次拍摄到白鹤出壳画面,地点是俄罗斯的西伯利亚苔原。为了这一时刻的到来,我们已经努力了整整10年。从鄱阳湖到西伯利亚,我终于完成了心中与白鹤的那份约定。

第九章 特 稿

采访 江西电视台都市频道副总监郑忠杰:踏上苔原的那一瞬间,心里非常激动,内心在说,白鹤,我们的约定实现了,我们从鄱阳湖来看你们来了。

黑起

解说:白鹤,也称西伯利亚鹤、黑袖鹤、修女鹤,在地球上已经存活了几千万年……

黑起

解说:从西伯利亚苔原起飞,历经万里之遥——每年白鹤抵达越冬地鄱阳湖时,已是11月上旬。此刻,中国最大的淡水湖鄱阳湖进入枯水期,水落滩出,大片天然湿地的形成,使得白鹤拥有了越冬的天堂。2002年冬天,就是在这里,我第一次拍摄到了她的靓影。

采访 江西电视台都市频道副总监郑忠杰:拍摄白鹤这么多年,我个人感觉和白鹤、和鸟类会有一种情感,会有一种沟通。

解说:在人类难以涉足的鄱阳湖湿地深处,地球上98%以上的白鹤悠然越冬。这种被国人尊为仙鹤的鸟儿充满灵性,极其敏感。为了拍摄,我们经常凌晨三四点钟就潜伏在它活动的区域,身披伪装网,忍受着湖区凌晨的湿冷,等待着朝阳升起,白鹤飞舞……

一段白鹤的画面

解说:即便是候鸟的天堂,鄱阳湖也并非总是风和日丽。

鄱阳湖下雪的同期声

解说:大地风雪弥漫,湖区交通完全中断。怀着忐忑的心,我们小心翼翼地驱车进入了湖区深处,寻觅着白鹤的踪影……

采访 江西电视台都市频道副总监郑忠杰:一年一年走过来,对白鹤等候鸟就会产生一种情感,这种情感就会成为一种牵挂……

解说:当见到风雪中的白鹤时,我知道是自己多虑了,这些来自西伯利亚的精灵们,天生就无畏冰雪……

黑起

解说:白鹤可以飞跃东亚大陆,可国界却成为横亘在我与西伯利亚间难以跨越的鸿沟……

采访 江西电视台都市频道副总监郑忠杰:那么白鹤从鄱阳湖起飞之后,他不可能直接飞1万多里路飞回西伯利亚,那么它有相应的停歇地。

解说:每当春回大地的时候,白鹤从祖先流传下来的血脉中,似乎能感应到西伯利亚的遥远召唤。长空万里,东北湿地成了它们返乡最重要的停歇之地。

解说:一路北上,在东北湿地,我见到了北迁白鹤的身影……

采访 江西电视台都市频道副总监郑忠杰:因为这是最后一站,它在进入西伯利亚境内之后,大白鹤和小白鹤就要分手,因为成年白鹤要进入西伯利亚深处,进入第二轮繁殖期。

解说:经过20多天的休整,白鹤又将再次起飞,前往西伯利亚……

黑起

解说:在10年漫长的拍摄过程中,我们几百次进入鄱阳湖深处,积累了大量珍贵的影像资料。受国际鹤类基金会的邀请,我成了他们的一名公益摄影师……

采访　江西电视台都市频道副总监郑忠杰:他开始很惊讶,居然有中国人想去拍摄白鹤,那么慢慢他理解了。

解说:通过国际鹤类基金会的联系,6月下旬,在俄罗斯科学院西伯利亚分院科学家的陪同下,我们终于踏上了西伯利亚广袤苍凉的土地。

解说:西伯利亚,地球上的极寒之地……位于北纬71度~73度的北极圈无人区,就是白鹤的繁殖地。

采访　江西电视台都市频道副总监郑忠杰:当进入无人区以后,一切后援都没有了,我们背着睡袋、背着干粮、背着摄影器材等等……

解说:俄罗斯科学家谢尔盖对白鹤有着近30年的野外研究,此行,他将带领我们前往距离岸边几公里的一个白鹤巢穴进行拍摄。然而,当我们抵达白鹤巢穴时才发现,巨大的意外发生了。

采访　江西电视台都市频道副总监郑忠杰:在我们去的前一天,由于动物的侵扰,把蛋给吃了,白鹤飞走了。

解说:白鹤的出壳一般在6月的最后1周和7月的第1周,如果在这半个月里不能拍摄到它们,这就意味着我们此次西伯利亚之行空手而归。

采访　江西电视台都市频道副总监郑忠杰:那么第二计划就是说,离这个站点附近二三十公里的地方还有一巢白鹤在繁殖,而这巢白鹤我们要从下船的地方背上所有的装备包括帐篷、睡袋、设备、粮食、干粮要走两三天的路程,这个确实给我们带来了巨大的困难。

解说:在西伯利亚苔原上,到处是一望无际的沼泽……由于位于北极圈内,此时西伯利亚处于极昼状态。

采访　江西电视台都市频道副总监郑忠杰:就这样一步一步在沼泽地里走,没有白天黑夜,确实太困难了……

解说:步行1天之后,我们抵达了一个湖泊。在湖边,有一个废弃的鱼棚,曾经是当地雅库特人冬天破冰取鱼的临时落脚之地,如今它成为了我们的一号营地……

采访　江西电视台都市频道副总监郑忠杰:那么小鱼棚我们可以稍微劈点柴火取点暖,那么可以烧口热水喝……

解说:从一号营地出发,一天之后,我们来到了距离白鹤巢穴半天路程的地方,临

第九章 特稿

时支起了简易帐篷作为二号营地。从这里，我们又艰难前行了大半天，最终抵达了白鹤巢穴的附近。

采访　江西电视台都市频道副总监郑忠杰：所有野生动物它在繁殖期人类稍微接近它拍摄基本上可以，而白鹤不一样。大概接近到200米，它就要飞。

解说：即使是在繁殖期，白鹤依旧非常机警。我们只有在距离巢穴500多米的地方，搭建了隐蔽帐篷进行拍摄。在不干扰白鹤孵化的情况下，隔天向前悄悄移动。

解说：历经艰难，我们终于从镜头中见到了白鹤。令人惊讶的是，这只鹤，与俄罗斯科学家谢尔盖是老朋友。22年前谢尔盖亲手为它做的环志，如今依旧可以看到。

采访　江西电视台都市频道副总监郑忠杰：我们拍到了05号，这只白鹤是谢尔盖1990年亲手为它做的环志，也就是这只白鹤已经22岁了。这也是国际鹤类基金会有史以来(有)野外记录的第一只白鹤。

解说：可以说，这巢白鹤是我们此次西伯利亚之行的最后希望。在拍摄的过程中，我们小心翼翼。如果白鹤受到干扰飞走，就意味着我们无望再继续拍摄了⋯⋯

采访　江西电视台都市频道副总监郑忠杰：另一巢白鹤距它还有30公里，我们还要走3天的路程，可能出壳了，或许我们真的走不动了⋯⋯

黑起

解说：然而，在西伯利亚，我们面临的最大困境不是拍摄白鹤，而是自我生存⋯⋯

采访　江西电视台都市频道副总监郑忠杰：我们热起来的时候可能穿一件衬衣，20来度，这个温度适应白鹤繁殖，然而在我们拍摄的期间，突然降临的暴风雪又到了零度，又把所有的羽绒衣、棉袄全部穿上。上午是晴天，中午可能就下雨，晚上就可能有暴风雪⋯⋯

解说：风雪过后，天气晴朗，西伯利亚的蚊子铺天盖地而来⋯⋯

采访　江西电视台都市频道副总监郑忠杰：那么我们当时预计的食物我们带了大概8～10天的食物，已经是负重很大了，在这样的情况下，还带发电机，还带汽油。

解说：食物很简单，就是方便面、枕头面包和少量的罐头，这样的干粮我们吃了一个星期⋯⋯按照原有计划，我们会通过海事卫星电话与几十公里外小镇上的雅库特人联系，让他们乘小船将补给送到基地附近⋯⋯早在进入苔原的第四天，我们与外界完全失去了联系。

采访　江西电视台都市频道副总监郑忠杰：在生存比较危急的情况下，我对大家说，只要走出西伯利亚，走回去，就是胜利⋯⋯因为拍摄白鹤难度非常之大，它给你的机遇非常小。

解说：此刻，勇敢的谢尔盖成了大家的救星。30年极地生活，他有丰富的苔原生存经验。他决定，独自步行3天，前往外界求助，我们让他随身携带了大部分的干粮，因为他是我们此行平安走出苔原的唯一希望。

采访　江西电视台都市频道副总监郑忠杰:我们相信俄罗斯科学家是一定能够按时返回的……

解说:谢尔盖离开后,又是一场铺天盖地的暴风雪……幸运的是,3天之后,从地平线上,我们看到了谢尔盖的身影。

同期声:看,这么大一袋面包。

黑起

解说:终于有一天,透过摄像机的镜头,我们看到一个小黑点出现在大白鹤的身边——小白鹤出壳了。

采访　江西电视台都市频道副总监郑忠杰:应该说我们成功了,这么多天的经历,这么艰难万里之遥,我们终于能够记录到白鹤的繁殖画面。

解说:刚刚出生的幼鹤还无法飞翔,在出壳的第二天,它就需要随父母向南步行。苔原的夏天虽然充满生机但过于短暂,随后的时间里,严酷的冰雪将再次覆盖大地。小白鹤要在这段时间内尽量向南迁移,并逐渐让羽毛变得丰满。等到9月下旬,它们一家就要开始去往鄱阳湖的征途。

采访　江西电视台都市频道副总监郑忠杰:我感觉到最大的收获不仅仅是首次拍摄到了白鹤繁殖,而是完成了我的一个心愿,我与白鹤的约定,或者人类与白鹤的约定。

主播:从鄱阳湖到西伯利亚,我们跨越了10年漫长的时间,跨越了1万多里的辽阔空间。如同白鹤的迁徙,历尽风霜雨雪。所不同的是,白鹤的迁徙,源自其远古祖先的血脉相承,而我们却是靠着一种信念力量的支撑。这种信念,关乎记者职业的崇高,关乎我们与白鹤的约定,关乎人类与自然更好的和谐相处。

与白鹤的约定,是对生命的感悟,用生命去拍摄、记录生命的过程,用生命去了解、诠释生命的意义。

(本文引自江西广播电视台,2012年10月1日)

第二节　单篇特稿

一、写作要点

(一)名称解释

单篇特稿,是指没有其他相互关联而独立成篇的特稿。

(二)主要特征

1. 单列性。这种特稿重在一个"单"字,不与其他特稿组合,单列一篇。因此,在内容与形式等方面表现出相对的完整性。

2. 特殊性。这种特稿表现一个"特"字，题材不强调硬度，截稿时限更宽松，写作风格多样。在传递全新信息的同时还提供生动的情节、场景和细节，让报道更有人情味和可读性。

(三)种类划分

1. 按主体分，有单篇组织特稿、单篇个人特稿。

2. 按对象分，有单篇人物特稿、单篇事件特稿、单篇风貌特稿、单篇问题特稿等。

(四)基本结构

1. 标题

单标题。如公文式《山村变形记》、对象式《一个娃 两个爸 三个妈》、主题式《"没有木卡姆就等于没有了生命"》、事由式《"摔"出来的大发现》、背景式《霞光洒满三沙》、提问式《故宫，不可能完美的大修？》。

双标题。如引正式《"没有人想搬出去" 300多万中国人住在窑洞里》、正副式《你不会懂得我伤悲——杨丽娟事件观察》。

2. 署名

写在标题正下方、正文前或者正文后。

3. 正文

前言。以生动的画面、精彩的引语、新奇的情节等起笔，写法多样。

主体。在内容上，不同类型特稿各有侧重。一般来说，单篇人物特稿选取人物的某个片段或者构成人生特色的历程，通过对人物的描述揭示其内心世界；单篇事件特稿着力报道重大或者其他典型事件，反映事件的来龙去脉；单篇风貌特稿侧重描写某一国家、区域、地区、组织以及行业的独特风情、巨大变化等；单篇问题特稿反映社会关注的问题并进行探析。在层次上，有纵式、横式、纵横式、蒙太奇式等多种。

结尾。常用呼应式、显旨式、启发式、补充式等写法。有时不单设结尾。

此外，是否加消息头和附录，酌定。

(五)注意事项

1. 题材有张力。要从大处着眼、小处着手，着重选择社会普遍关注、受众兴趣浓厚的题材，把时代背景下的大问题从微观角度作纵深剖析，显出应有的气势。

2. 表达有特色。人、事、情、意多层信息的实现是特稿的价值追求。要以小说的形式把故事讲活，设置悬念，重视细节，准确表达，收到引人入胜的效果。

二、范文阅读

▲**单篇事件特稿**

永远无法抵达的列车

记者 赵涵漠

7月23日7时50分

在北京这个晴朗的早晨,梳着马尾辫的朱平和成千上万名旅客一样,前往北京南站。如果一切顺利的话,这个中国传媒大学动画学院的大一女生,将在当天晚上19时42分回到她的故乡温州。

对于在离家将近2000公里外上学的朱平来说,"回家"也许就是她7月份的关键词。不久前,父亲因骨折住院,所以这次朱平特意买了动车车票,以前她是坐28个小时的普快回家的……

就在出发前一天,这个"超级爱睡觉电话绝对叫不醒"的姑娘生怕自己误了火车。在调好闹钟后,她还特意拜托一个朋友"明早6点打电话叫醒我"。

23日一早,20岁的朱平穿上浅色的T恤,背上红色书包,兴冲冲地踏上了回家的路……

就在同一个清晨,中国传媒大学信息工程学院的2009级学生陆海天也向着同样的目的地出发了。在这个大二的暑假里,他并不打算回安徽老家,而是要去温州电视台实习……

23日6时12分,陆海天与同学在北京地铁八通线的传媒大学站挥手告别。

7时50分,由北京南站开往福州、途经温州南站的D301次列车启动。朱平和陆海天开始了他们的旅程。

后来,人们知道陆海天坐在D301次的3号车厢。可有关朱平确切的座位信息,却始终没有人知道。有人说她在5号车厢,有人并不同意,这一点至今也没人能说得清……

D301上,陆海天和朱平的人生轨迹靠近了。在学校里,尽管他们都曾参加过青年志愿者协会,但彼此并不认识。

朱平真正的人生几乎才刚刚开始。大一上学期,她经历了第一次恋爱,第一次分手,然后"抛开了少女情怀,寄情于工作",加入了校学生会的技术部。在这个负责转播各个校级晚会、比赛的部门里,剪片是她的主要任务……

她平日花钱一贯节俭,甚至每个月的饭钱不到200元。这或许与她的家庭有关,邻居们知道,朱平的父亲已经80多岁,母亲60多岁,这个乖巧的女儿总是不希望多花掉家里1元钱。

就连这趟归心似箭的回家旅程,她也没舍得买飞机票,而是登上了D301次

第九章 特 稿

列车。

"车上特别无聊,座位也不舒服,也睡不痛快,我都看了3部电影了。"朱平在发给黄一宁的短信里这样抱怨,"我都头晕死了。"

在这个漫长而烦闷的旅途里,陆海天也用手机上网打发着时间。中午时分,朋友在网上给他留言:"一切安好?"

他十分简短地回答了一句:"好,谢。"

在陆海天生活的校园里,能找到很多他的朋友。这个身高1.7米的男孩是个篮球迷,最崇拜的球星是被评为"NBA历史十大控球后卫"之一的贾森·基德,因为基德在38岁的高龄还能帮助球队夺取总冠军……

在这辆高速行驶的列车上,有关陆海天和朱平的信息并没有留存太多。人们只能依靠想象和猜测,去试图弄清他们究竟如何度过了整个白天。"希望"也许是7月23日的主题,毕竟在钢轨的那一端等待着这两个年轻人的,是事业,是家庭。

7月23日 20时01分

人们平静地坐在时速约为200公里的D301次列车里。夜晚已经来临,有人买了一份包括油焖大虾和番茄炒蛋的盒饭,有人正在用iPad玩"斗地主",还有人喝下了一罐冰镇的喜力啤酒。

据乘客事后回忆,当时广播已经通知过,这辆列车进入了温州境内。没有人知道陆海天当时的状况,但黄一宁在20时01分收到了来自朱平的短信:"你在哪,我在车上看到闪电了。"

当时还没有人意识到,朱平看到的闪电,可能预示着一场巨大的灾难。

根据新华社的报道,D301前方的另一辆动车D3115,遭雷击后失去动力。一位D3115上的乘客还记得,20时05分,动车没有开。20时15分,女列车长通过列车广播发布消息:"各位乘客,由于天气原因,前面雷电很大,动车不能正常运行,我们正在接受上级的调度,希望大家谅解。"

有人抱怨着还要去温州乘飞机,这下恐怕要晚点了。但1分钟后,D3115再次开动。有乘客纳闷,"狂风暴雨后的动车这是怎么了?爬得比蜗牛还慢。"将要在温州下车的旅客,开始起身收拾行李,毕竟这里离家只有20分钟了……

已经抵达温州境内的朱平同时也给室友发了一条短信:"我终于到家了!好开心!"

这或许是她年轻生命中的最后一条短信。

10分钟后,就在温州方向双屿路段下岙路的一座高架桥上,随着一声巨响,朱平和陆海天所乘坐的、载有558名乘客的D301,撞向了载有1072名乘客的D3115。

两辆洁白的"和谐号"就像是被发脾气的孩子拧坏的玩具:D301次列车的第1~4节车厢脱线,第1、2节车厢从高架上坠落后叠在一起,第4节车厢直直插入地面,列车表面的铁皮像是被撕烂的纸片。

雷电和大雨仍在继续,黑暗死死地扼住了整个车厢。一个母亲怀里的女儿被甩到了对面座位底下;一个中年人紧紧地抓住了扶手,可是很快就被重物撞击,失去意识……

附近赶来救援的人们用石头砸碎双层玻璃,幸存者从破裂的地方一个接一个地爬出来,人们用广告牌当作担架。救护车还没来,但为了运送伤员,路上所有的汽车都已经自发停下。摩托车不能载人,就打开车灯,帮忙照明。

车厢已经被挤压变形,乘客被座位和行李紧紧压住,只能发出微弱的呼救声。消防员用斧头砸碎了车窗。现场的记者看到,23时15分,救援人员抬出一名短发女子,但看不清生死;23时25分,一名身穿黑白条纹衫的男子被抬出,身上满是血迹;然后,更多伤者被抬出列车。

有关这场灾难的信息在网络上迅速地传播,人们惊恐地发现,"悲剧没有旁观者,在高速飞奔的中国列车上,我们每一位都是乘客"。

同时,这个世界失去了朱平和陆海天的消息。

在中国传媒大学温州籍学生的QQ群里,人们焦急地寻找着可能搭乘这辆列车回家的同学。大二年级的小陈,乘坐当晚的飞机,于凌晨到达温州。在不断更新着最新讯息的电脑前,小陈想起了今早出发的朱平。他反复拨打朱平的手机,可始终无人接听。

黄一宁也再没有收到朱平的短信回复。当他从网上得知D301发生事故后,用毫不客气的口吻给朱平发出了一条短信:"看到短信立即回复汇报情况!"

仍旧没有回复……

同学罗亚则在寻找陆海天。这个学期将近结束,分配专业时,陆海天和罗亚一起,凭着拔尖的成绩进入了整个学院最好的广播电视工程系。这是陆海天最喜欢的专业,可他们只开过一次班会,甚至连专业课也还没开始……

在这个雨夜,在温州,黄一宁和小陈像疯了一样寻找着失去消息的朱平。

约200名伤者被送往这座城市的各个医院,安置点则更多,就连小陈曾经就读的高中也成了安置点之一。

寻找陆海天的微博被几千次地转发,照片里,他穿着蓝色球衣,吹着一个金属哨子,冲着镜头微笑。但在那个夜晚,没有人见到这个"1.7米左右,戴眼镜,脸上有一些青春痘"的男孩……

人们同时也在寻找朱平,"女,1.6米左右,中等身材,着浅色短袖、长裤,红色书包,乘坐D301次车"……

追尾事故发生后,朱平的高中和大学同学小潘也听说了朱平失踪的消息。她翻出高中的校友录,在信息栏里找到朱家的电话。24日0时33分,她告诉QQ群里的

第九章 特 稿

同学,她已经拨通了这部电话,可是"只有她妈妈在家,朱平没有回去过"。

这位年过六旬的母亲并不知道女儿搭乘的列车刚刚驶入了一场震惊整个国家的灾难。"她妈妈根本不知道这个消息。"小潘回忆通话时的情景。朱妈妈认为,女儿还没到家可能只是由于常见的列车晚点,她已经准备好了一桌饭菜,继续等待女儿的归来。

凌晨3时许,黄一宁和小陈分头去医院寻找已经失踪了7个小时的朱平。他们先是在急诊部翻名单,接着又去住院部的各个楼层询问值班护士……

当小陈最终找进附一院时,他向护士比画着一个"20多岁,1.6米高的女孩"时,护士的表情十分震惊,"你是她的家属吗?"

那时,小陈突然意识到,自己之前抱有的一丝希望也已经成为泡沫。他从护士那里看到了一张抢救时的照片,又随管理太平间的师傅去认遗体。女孩的脸上只有一些轻微的剐蹭,头发还是散开的,"表情并不痛苦,就好像睡觉睡到了一半,连嘴也是微微嘟着的"……

7月23日22时

朱平是在23日22时44分被送到医院的,23时左右经抢救无效后身亡。

21时50分,被从坠落的车厢里挖出的陆海天,被送到了温州市鹿城区人民医院。据主治医生回忆,那时,他已经因受剧烈撞击,颅脑损伤,骨盆骨折,腹腔出血,几分钟后,心跳停止,瞳孔放大;在持续了整整1小时的心肺复苏后,仍然没有恢复生命的迹象,宣告死亡。

在D301次列车发生的惨烈碰撞中,两个年轻人的人生轨迹终于相逢,并齐齐折断。这辆列车在将他们带向目的地之前,把一切都撞毁了……

新华社发布的消息称,截至25日23时许,这起动车追尾事故已经造成39人死亡。死者包括D301次列车的司机潘一恒。在事故发生时,这位安全行驶已达18年的司机采取了紧急制动措施,在严重变形的司机室里,他的胸口被闸把穿透。死者还包括,刚刚20岁的朱平和陆海天。

23日晚上,22时左右,朱平家的电话铃声曾经响起。朱妈妈连忙从厨房跑去接电话,来电显示是朱平的手机。"你到了?"母亲兴奋地问。

电话里没有听到女儿的回答,听筒里只传来一点极其轻微的声响。这个以为马上就能见到女儿的母亲以为,那只是手机信号出了问题。

似乎不会再有别的可能了——那是在那辆永不能抵达的列车上,重伤的朱平用尽力气留给等待她的母亲的最后一点讯息。

(本文引自《中国青年报》,2011年7月27日)

第三节　系列特稿

一、写作要点

（一）名称解释

系列特稿，是指由相关联的若干单篇组合报道的特稿。

（二）主要特征

1. 系列性。这种特稿是组合的，围绕同一主题，由关联密切的若干人物、事件、风貌、问题构成一个整体。

2. 全面性。这种特稿选择特定的对象，多侧面、多角度地表达主题，有一定的广度和深度，是专题报道的"重头戏"。

（三）种类划分

1. 按主体分，有系列组织特稿、系列个人特稿。

2. 按对象分，有系列人物特稿、系列事件特稿、系列风貌特稿、系列问题特稿等。

（四）基本结构

1. 标题

有总题和分题或者事由和分题两种。其中，分题多用单标题，如总题《美丽梦想》，分题《"老军垦"的兵团梦》《阿布拉的梦想》《"萌妹子"用榔头夯出"英雄梦"》《边境线上"小姐姐"的梦想引路人》。有时用引正式或者正副式的双标题。如总题《纪念抗战胜利70周年专题》，分题《其实我和特务半点关系都没有　跑在史迪威公路前的驻印兵》《每英里吞噬四条生命　史迪威公路上的战争与和平》《"不扛枪的队伍""百团大战"百万民众总动员》等。

2. 署名

写在标题正下方、消息头后或者正文后。

3. 正文

系列特稿的正文，每篇与单篇特稿的结构和写法相同，但系列特稿的正文内容之间有明显的联系。

前言。每篇前言的写法及风格应尽量保持一致，即使是由不同记者采写，编辑也要作相应调整。需要说明，追踪式系列特稿的前言，记者对事件没有把握一次性地做出结论，只能进行阶段性的总结；每篇前言要提供当时最新的核心事实，并做到互相连贯。

主体。每篇所写的人物、事件、风貌、问题等尽管各具特点但有某些共性，而且共同表达一个主题。作者应该调动一切技巧,充分运用讲故事技巧和精彩的细节,适当穿插相关背景材料,通过生动描述,真实地再现事实的发展过程。

结尾。常用呼应式、显旨式、启发式等写法,同时要注意每篇特稿之间保持共同的指向或者逐步深入的思考。

此外,有时加消息头和附录。

(五)注意事项

1. 准确选题。要根据当前报道的中心工作,分析受众关注的热点问题,确定系列特稿的话题或者主题,把准总题与分题的内在联系。

2. 精心架构。要从整体上考虑框架。比如,包括几篇,每篇选哪个对象或者反映哪些侧面,在表达主题、处理材料、安排结构、使用表达方法和表现技法、运用语言等方面如何趋同显异,力求系统化。

二、范文阅读

▲系列人物特稿

改革时代人物志

真性情柳传志:做撒欢跑在前面的人

新华网北京 11 月 14 日电(记者肖春飞　王清颖　张舵)柳传志有句名言:小公司做事,大公司做人。柳传志是个什么样的人?

传言中的柳传志俨然有威,他也确实是凭借坚忍的意志与严格的制度,缔造了联想传奇。但是,当我们结束对他的采访时,却又心生感慨:"您真是个性情中人!"

"啊,是吗?"柳传志有些意外,也有些兴奋,他说:"只有我家里人说我是性情中人,外面的人都说我这个人,老谋深算……"

他年近70,走向隐退。或许是时光,冲刷了包裹在他外表的威严与谋略,让我们一睹他饱经沧桑跃上人生新境界的真性情。

梦想:支撑人生的力量

一次看电影,电影结束了,他还久久坐着不动。这部电影叫《一九四二》。

柳传志生于1944年,他在人生的下半程才开始绽放出生命的光辉,但前半程绝非平淡无奇的铺垫。或许正因为有前半程的困苦劳顿,让他对后半程有了超过年轻一代的更深刻的认识。"我会带着历史的比较和穿透去看事情"——他喜欢说这句话。

他还喜欢说一句话:"一个挨过饿的人和一个没有挨过饿的人,对一碗红烧肉的感情是迥然不同的。"

时至今日,他还爱逛食品商店,就为了过眼瘾。联想的年轻人喜欢听他讲故事,他说有一次饿急了,连药丸都往嘴里塞,"小伙伴们都惊呆了"。

饥饿、蜗居……那个时候,柳传志最大的梦想是买一辆三轮车,退休后带老伴去北京城逛逛。那时他和妻子两人所有的存款加起来是 80 元,买三轮车是个奢望,"我那个时候算啊,到退休的时候就能买得起了。"

再往前追溯到少年,柳传志的梦想是当兵——20 世纪 50 年代初,中国人在朝鲜战场上打出尊严、扬眉吐气。

当兵梦无法实现了,但后来的梦想都实现了。今天上街看到三轮车,他还会忍不住一笑。他没有变成蹬三轮车带着老伴转悠的老头,改革开放的洪流把他铸造成了一个商界风云人物。

1984 年,柳传志"下海"创办联想,当时没梦想今天的成就,就是为了生活过得更好一些。不断遭遇挫折,几次走到悬崖边上,不断坚强挺住……在磨砺中,柳传志认识了中国与世界的差距,开始做一个"联想"的民族品牌梦。

因为对这个品牌的热爱,让他放弃短视、不懈奋斗。他说联想当年与世界品牌的差距是"千倍万倍"。今天,当全球 PC 市场下滑时,联想却夺得全球第一的宝座。采访时我们问他:"您用的是联想手机吗?"他说:"当然。"然后马上掏出来给我们看。我们又问他:"您家里人也用联想吗?"他认真地说:"如果不用,我会'谴责'他们!"

他今天已经功成名就,即使隐退,传说仍在流传。我们问他:"您现在的梦想是什么?"他哈哈笑道:"现在,就梦想做一个幸福的老头!"

其实他还有更大的梦想——让联想天下无人不知,不用在国际上再这么介绍:"联想,就是收购 IBM 的那个 LENOVO。"

成功:顺势而为

柳传志创业的时候,已经 40 岁了。

回忆当时的选择,柳传志坦言自己憋坏了,非跳出来不可。

那是一个万马奔腾、激情燃烧的改革年代,中国人压抑已久的创造财富、改变现状的热情,如熔岩找到了喷发点。

"当时我们被束缚得紧紧地,突然松绑了,我们就撒欢地跑……"柳传志说,他格外珍惜这样的时代。

当年一起撒欢狂奔的人,有不少在一个个节点折戟而去,或者被竞争者打垮,或者被自己打垮。柳传志依然笑傲江湖。他的成功引人注目,被企业家奉为尊长,人们甚至整理了"柳传志语录",广为流传。

到底什么是成功的关键? 柳传志一次次面临这个问题。

智慧练达,坚韧不拔,言出必行,还有"建班子,定战略,带队伍"的管理方略……这些都耳熟能详。

柳传志的严格是出了名的,他希望打造一个"没有家族的家族企业",但他强调规则。他说自己每周与联想新掌门人杨元庆以朋友的身份聊一聊。在联想内部,大伙儿亲热地称呼杨元庆为"元庆"。我们问柳传志:"杨元庆怎么称呼您?"

他严肃地说:"柳总。"

成功的秘诀,到底是什么?柳传志这么回答我们:"运气比较好,正好赶上中国的变化。我很幸运,如果再晚20年,我就60岁了,可能就没有机会了。"他很诚恳。因势而动,加上自强不息,他无疑是改革开放改变中国人的命运的代表。

联想曾有一句著名的广告:如果没有联想,世界将会怎样?

由此联想,如果没有改革开放,中国将会怎样?

期望:在规则下"赛马"

"改革开放以来,在我的眼里是几百年来中国历史最好的一段,希望它能成为一个转折点,中国从此能好下去……"2007年,柳传志在《写给一百年后人们的信》中这样写道。

在这封信中,他还表示:企业家应该有家事国事天下事、事事关心的为世道义。

他说自己看到一些地方政府建豪华高楼、浪费纳税人的钱而心疼,他关心"八项规定"能否长期坚持下去……他对放开审批尤为关注。"我们需要一个公平、公开、透明的市场环境。不管什么类型的企业,遵循规则,在赛马中赛出的马,才是好马。"

采访结束时,华灯初上。

这一天正是党的十八届三中全会闭幕之日。我们问柳传志的期望,他说:"企业家应该是一个时代跑在最前面的人。希望松绑彻底一些,让企业家们跑得更快!"

"弄潮儿"鲁冠球

新华社杭州11月24日电(记者余靖静 许雪毅)鲁冠球出生在钱塘江边,那里的江潮名闻天下。

要概括他在中国市场经济几十年的"搏击",人们常会想到两句宋词——"弄潮儿向涛头立,手把红旗旗不湿"。

"大家都富裕了,你的富裕才会持久"

年近古稀的鲁冠球,被《福布斯》称为汽车零部件领域的"全球领袖",不过看生活习惯,他还是中国农民:

住在1983年修建的农家小楼,厨房是老式的灶台。每天早5点起床,晚11点睡觉。只要不出差,他便按时回家和妻子一起吃晚饭。

办公室也多年未变,10多平方米。下了楼,有座凉亭。44年前,那是他起家的铁匠铺。

工作服送去缝补,裁缝惊讶,万向的"老大"就穿这个?

编制"中国百富榜"的胡润和他对话,需双重翻译——先把萧山土话译成普通话,再译成英文。

2000年后，萧山地区整体农转非，他的"身份"才从农民转为城市居民。

但鲁冠球身上，罕有小农意识。用村里人的话，这人从小"头上长角"。

成绩好却初中辍学，进城学锻工。精减回乡，其他人"停产闹革命"，不到20岁的他忙着修自行车、开粮食加工厂……经常被抓，他就白天挨批斗，晚上继续生产。

他终于"嗅"出机会。1969年，国家批准每个人民公社可以开办一家农机厂。24岁的鲁冠球带着人"投奔"到公社名下，戴上了"红帽子"。1979年，又是一篇党报社论《国民经济要发展，交通运输是关键》，让他决定专攻万向节这个不起眼的汽车零部件。

直至今天，他每天的阅读量还在三四万字。

"财散则人聚"是他的一句口头禅。1983—1993年，他放弃的承包奖金超过300万元。这些钱，要么修改承包条例变成集体所得，要么捐去建学校。

2009年，万向员工最高年收入超过1000万元。对新招聘大学生，万向合同一签10年。他说："一定要周围都好，你的企业才会好。大家都富裕了，你的富裕才会持久。"

乡镇企业的磨难与真知

鲁冠球一直以万向是乡镇企业而自豪。

在中国的乡镇企业中，万向实现首个个人风险承包、首个上市、首个获中国工业大奖、首个收购国外上市公司……

其实，戴着"乡镇企业"的帽子，路并不好走：

在"只讲计划"的年代，没有钱，冬天去信用社借，别人在内屋烤火，他在外屋坐两小时冷板凳也没借成；没有材料和燃料，他骑自行车过江去杭州城，从国有企业捡废料和煤渣……

有些门槛，能靠技巧化解：进不了全国订货会，他在场外摆地摊，照样刮起"鲁旋风"；没资格看文件，他用人托人、国营对国营的名义把400条考核标准"弄"到手，逐一整改，高分成为全国"唯三"的国家万向节定点工厂。

有些时候，只能依靠等待。启动股份制改造，4年后同意试点；申请上市，等了7年；成立财务公司，申报了9年……

"我不怕苦，最怕的是不被承认。"鲁冠球说。但他认准一点："质量面前人人平等。"

1980年，他从全国回收3万多套次品，员工一人一袋，背去废品收购站。企业1年利润泡汤，大家心痛流泪，但质量意识从此深植。

地处钱塘江边，万向注册的商标叫"钱潮"。有人告诉他，这两个字的拼音首字母"QC"，正好是"质量控制"的英文缩写。从此每个万向节都印上"QC"标志，象征"质量就是生命"。

1984年,拥有世界上最多万向节专利的美国舍勒公司代表在广交会上"相中"万向,要到厂里考察。那时钱塘江边还竖着"外国人止步"的牌子。市委书记当即拍板,过江手续当天办妥。

这次考察,美方决定下3万套订单。但定价低,万向将亏损10万美元。鲁冠球最终同意,他说:"3万套我们亏损,等到30万套怎么还会亏?"

2000年,万向并购舍勒。如今美国14个州,万向拥有28个工厂。在美国站稳脚跟的国内效应是:既然能给通用和福特供货,进入一汽、二汽的配套体系顺理成章。

2011年,美国前财长鲍尔森请鲁冠球吃饭。鲍尔森说,在美国无论竞争对手还是合作伙伴都夸奖和尊重万向,很少见。

鲁冠球认为,万向美国公司的轨迹和本土发展有相似之处,"万向是乡镇企业,从无到有、从小到大,一点点摸索,一定要稳健,客观上你想冒也冒不了,只能慢慢地干。"

"慢慢干"的过程中,他给自己做情绪管理——晚上在院子散步,看月亮。"从月缺,看到月圆。"

这几年,他每天练书法。办公室过道,悬着"正气"。家里窗前,贴着一小张竖排的"遇事不怒"。

他说:"做什么都要时机或者机遇,但认准了目标,就不能懈怠。"

"我是企业家,不是商人"

鲁冠球认为自己不是商人,而是企业家。

"企业家要赚钱,但不做钱的奴隶。企业家注定是要创造、奉献、牺牲的。"

有两个产业,他天天"烧钱",坚持了一二十年。

一个是农业,20世纪80年代初开始投资,屡败屡战,最近几年才产出利润。他说,"为农民讲话的人太少了"。

另一个是电动汽车。1999—2013年,投入50亿元,回报"没看到"。

中国学术界把电动汽车作为前沿技术研究时,他已确立产业目标,且框定"纯电动"。

2003年,科技部一位副部长到杭州考察"863"项目,意外发现万向的电动汽车电池实验室和中试生产线,感慨地说"你们是真在做"。鲁冠球趁机开口,"那把我们列进去吧"。业内人士笑称,万向是"自费跑进'863'"。

万向电动汽车"掌舵者"陈军是汽车专业的博士,受不住"烧钱"的煎熬,分出人手去尝试其他"利在眼前"的方向。鲁冠球发现后,坚决叫停。

"新技术和产业的磨合中,只要方向正确,总有回报。如果方向不正确,浪费钱是小事,时间追不回来。"博士被说服。

鲁冠球有压力,"所以企业其他地方一定要赚钱,否则要做的事都是一句空话。"

但他很明确,"我希望万向成为一家受世界尊敬的企业。万向以后就是为清洁能源奉献一切。"

2013年10月,工信部发布新一批电动汽车生产"牌照",万向上榜,市场的曙光终于照进。

(本文选自系列特稿《改革时代人物志》,引自新华出版社,2014年1月)

第十章　报告文学

第一节　报告文学概述

一、写作要点

(一)名称解释

报告文学,是以文学手法反映社会生活中真实并且具有典型意义的新闻人物及事件或者重要问题的一种新闻体裁。

(二)主要特征

1. 新闻性。报告文学以社会生活中的真人、真事、实际问题为对象,不允许虚构;及时地报道新闻事实,紧扣时代脉搏。

2. 文学性。报告文学使用文学手法来表达,比如小说的描写技巧、戏剧的对话艺术、电影分镜头的叙述方法、诗歌的跳跃方式,具有艺术感染力。

3. 政论性。报告文学的本质在于报告,表明作者的政治态度,起着宣传与教育的社会作用,所以它带有鲜明的政论色彩。除了通过具体的画面流露思想寓意外,还用精辟的议论画龙点睛,使形象与哲理巧妙结合。这与特稿侧重于讲述充满戏剧张力的故事有明显区别。

(三)种类划分

1. 按内容分,有时政报告文学、经济报告文学、科教文卫体报告文学、政法报告文学、军事报告文学、外事报告文学、社会报告文学、娱乐报告文学等。

2. 按对象分,有人物报告文学、事件报告文学、问题报告文学等。

3. 按篇幅分,有长篇报告文学、中篇报告文学、短篇报告文学。

4. 按写法分,有记录性报告文学、故事性报告文学、研究性报告文学等。

5. 按媒体分,有报纸报告文学、杂志报告文学、广播报告文学、电视报告文学、网络报告文学、图书报告文学等。

(四)基本结构

1. 必备项目

(1)标题

单标题。主要有六种写法:一是公文式,如《善行启示录》;二是对象式,如《阿里阿里》;三是主题式,如《生命的赞歌》;四是事由式,如《寻找"红衣姐"》;五是背景式,如《大江东去》;六是提问式,如《谁在守约?》。

双标题。由正题和副题组成。其中,正题说明意义、揭示主题、提出问题,副题交代对象、事由、文种。如《国家记忆——一本〈共产党宣言〉的中国传奇》。

标题中常用"报告""纪实""故事""调查"等词语,如《让大海告诉你——来自辽宁沿海经济带的报告》。

标题中常用比喻、借代、拟人、象征等修辞方法,如《海雀的一棵树》《牵出彩虹挂天边》。

标题写在文章第一行或者封面。

(2)署名

一般只写个人姓名,以集体名义发表的写集体名称。署名置于标题正下方或者封面。

(3)正文

前言。有解题式、目的式、背景式、描写式、引语式、提问式等写法。要根据需要设置,力求新颖别致。

主体。在层次上,主要有以下三种:一是时间顺序,即按照时间的推移来叙写,可以显示其发展脉络;二是逻辑顺序,即以因果、点面、主次、并列、递进等关系布局,优点在于集中、突出;三是综合顺序,中长篇报告文学内容比较复杂,可以把时间与逻辑两种顺序交叉安排。在写法上,有的学者归纳出封闭式、开放式、模块式、全景式、集锦式、卡片式、索引式、鱼骨式、日记式、书信式、蒙太奇式等多种。

结尾。有显旨式、总括式、结局式、展望式、补充式等写法。有时不单设结尾。

2. 选择项目

(1)封面

用于出版的长篇报告文学。

(2)目录

用于长篇、中篇报告文学。

(3)题记

在书的正文前或者文章标题下,扼要说明主题或者其他内容,有的只引用名言。

(4)附录

如有必要,附加相关的图片、表格等资料。

(五)注意事项

1. 内容厚重。适应时代的发展要求,选取重要题材,提炼深刻主题,抒发笃厚情感,显出应有的分量和大气。

2. 行文活泼。选择独特的角度进行艺术构思,围绕主题巧妙地安排结构,灵活运用表达方式和表现技法,使用生动形象的文学语言。

二、范文阅读

▲重大工程报告文学

为了润泽北方大地

梅洁

从丹江口水库初建到南水北调中线工程完成,汉水流域82万移民,在长达50余年的岁月里,为了汉江中下游的安澜,解救北方水困境,他们背井离乡,痛失家园。他们所经受的巨大磨难,北方受水区人也许不知道……

1

35亿年前,水有幸使生命在地球上起源,自此生命与水结下了不解之缘……

然而,曾几何时,人类文明与水发生了巨大的碰撞……

中国是极度贫水国家,人均水资源量仅为2000立方米,是世界人均水量的四分之一……在世界排名第110位以后,被联合国列为世界13个贫水国家之一。

联合国审议人与水资源短缺标准为:人均水量在2000立方米以下就是缺水国家;人均水量不足1000立方米,即为严重缺水国;人均水量等于或小于500立方米,为生存极限缺水。以此标准,包括京、津、冀在内的北方16省市,人均水资源全部不足几百立方米,已是生存极限缺水。我们,就像一群搁浅在沙滩上的鱼……

北方不仅有河皆干,而且有水皆污……

北方因缺水,3亿多人用不上健康、卫生的饮用水……

没有水怎么办?打井超采地下水……全民打井的结果,最终使黄淮海三片出现9万平方公里的漏斗区。漏斗中心区地下水最大埋深已达二三百米,地面沉降最大已到2.6米。

我们脚下的土地在沉陷,房屋在开裂,建筑物在倾斜倒塌,海水在倒灌,土壤在污染,庄稼在枯死!

2

北京成为首都已有800多年历史。作为一个民族政治、经济、文化的中心,800年来,北京已从3000年前蓟国的一个小镇发展到今天一个庞大的现代化都市。

尽管北京人口自然增长率呈逐年下降的趋势,且20世纪末已降到了千分之一以下,然而2013年人口普查,北京常住人口已近1900万……最终,这座远离江河湖海的国际都市终因水资源的先天不足和人口、经济的巨大膨胀,遭遇了城市生存和发展的最大障碍。

应该说,从20世纪80年代至今,干旱一直横扫北京。在北京历史上作用非凡的泉水如今已销声匿迹,也许我们常常站在异常干燥的北京城的某一个地方纳闷,北京为什么这么多地方叫"海""湖""淀""潭"?……这么多湿漉漉、水灵灵的名字难道是空穴来风?历史上"河湖纵横、清泉四溢、湿地遍布、禽鸟翔飞"的水乡北京哪里去了?

北京多年靠着密云水库、官厅水库两盆水。然而,半个世纪以来,永定河上的官厅水库在向北京人提供了400亿吨生命之水后……因水量不足加之被沿途的工业生活污水严重污染,原本每年向北京提供19亿吨水到1997年只剩1亿多吨污染水。

北京人偌大的一个水盆就这样说没就没了!

而这时的母亲河永定河呢?自官厅水库建成后,永定河上共修了3座大型水库、19座中型水库、28座小型水库,层层建坝,层层拦截。最终,北京的母亲河断流了,干涸了,一条生命之河死亡了……

2011年5月,北京水资源再度告急——人均水资源量降至仅有100立方米。这个数字极为恐怖——仅是中东沙漠国家人均水量的三分之一啊!

3

如同北京人说永定河是北京的母亲河一样,天津人也世代都在感恩他们的母亲河——海河……

海河河道和海河平原的形成只有4000年的历史,那是渤海退走后留下的一片浩渺的"大陆泽"……由于河网密布、湖沽聚集,我们可以想象海河平原曾一度如苍穹银河、水光灿烂的大泽景象……

然而,从20世纪70年代起,水荒便开始频频袭击天津……

与北京一样,在汉水、长江水到来之前,天津水荒一年接一年。在漫长的几十年中,天津人不得不喝咸苦水,人们说"天津人喝的水能腌咸菜"。

……20世纪80年代,十几万义务劳动大军修筑的"引滦工程",在22年里为天津人送来168亿立方米生命水之后,不堪重负的潘家口水库已降到死水位,一个原本29亿立方米库容量的水库,年入库水量只有1亿立方米。

与京津的干渴一样,人均水量仅为270立方米的燕赵大地也饥渴难耐。

90万眼机井使河北一省就出现5万平方公里的地下水开采漏斗区和地面沉降区,已占去河北平原面积的三分之二。河北东部几百万人因喝深井抽上来的超标准高氟水而经受着氟骨病的折磨。衡水、沧州地下水位已降至300米以下,机井打下去数百米也难抽上水。即使这样,嗓子干得冒烟的河北,2008年迄今已从黄壁庄等4座水库向北京送水16亿立方米。

然而,不知道北方干渴处境的人们却依然不知节制……

4

　　一方面在对生命之水不知珍惜,一方面国家花费巨资给北方调水。

　　南水北调中线工程实现了汉水北上,北方有1亿多人受益。北京每年将获得12亿立方米补充水量,天津年均将获得10亿立方米,河南年均获得38亿立方米,年均获水量35亿立方米的河北90多个县、80%的平原地区都将受益于汉水……

　　在这个世界上罕见的引水工程背后,无数鲜活的生命为此而奉献着、奋斗着……

　　早在1959年12月26日,经过10万筑坝民工长达10年的奋战,汉江丹江口工程截流合龙。

　　48万库区移民(湖北十堰28万,河南淅川20万)开始了艰难的迁徙之路……

　　处在"大跃进""文革"那个灾难性的历史时期,移民的方式也错综复杂,移民在简单、粗暴、无序或"以水撵人"中历经了太多的磨难……

　　在那个一切"以阶级斗争为纲"的年代,移民们被迫走上了异乡之路。由于生活的艰辛、劳作方式的不适应,思乡的移民开始成千上万地返迁,他们不顾一切地又回到了各自的故乡,哪怕是一路乞讨要饭……

　　丹江口库区,如同一位贫病潦倒的老人,在风雨中艰难前行……

5

　　从1990年长江委在库区进行了长达两个多月的实物指标调查并下了禁建令,至2008年10月南水北调中线移民工程启动,在这18年中,工程一直处在"要上马"的时紧时松的喧嚷声中,库区百姓和政府就再也不敢建设、也不让建设了,库区经济、人民生活完全处于"冻结"状态。

　　一晃18年过去了,他们错过了中国改革开放后经济发展最辉煌的年代!

　　湖北丹江口市均县镇党委书记张兆华说:"1992年,库区开始执行国家停止建设的'禁建令',均县镇发展停滞,镇上不建车站、村里不修公路,村民房屋变危房便租用帐篷度日以待搬迁。本以为等一等就要移民了,而这一等,就是十七八年……"

　　我曾沿着汉江、丹江走了3个月。3个月里,我仿佛总在听到一个焦灼的声音:"南水北调,你到底什么时候上马?我们实在拖不起了!我们的房子都拖塌了!我们的媳妇都拖没了!"

6

　　2008年10月,国务院第三十二次常务会议和国务院南水北调工程建设委员会第三次会议终于决定,南水北调中线移民工程正式启动,湖北丹江口水库2013年开始蓄水,2014年汛期后往北方四省市送水。

　　消息传来,作为有18万移民的湖北十堰和有16万移民的河南淅川,便开始了规模宏大的、远比三峡移民更为复杂、更为艰辛的一场大移民行动!

　　南水北调中线工程,是从湖北丹江口水库调汉江水一路北上,解困河南、河北、北京、天津的水危机。蓄水量为290亿立方米的汉江丹江口水库，计划2014年开始每年向中原、华北、京、津输送95亿立方米生活、生产用水，2030年以后每年将输送130亿～140亿立方米水。丹江口水库将成为中国北方百姓最大的一口水井——一口生命之井！

丹江口大坝加高至176.6米开始蓄水，3000公里的库岸线，290亿立方米水，相当于20个十三陵水库、7个密云水库的库容。1000多平方公里的水面，将淹没湖北十堰、河南淅川数千公里公路、1000多个码头、数百家企业、十几个集镇，损失非常惨重，这么多基础设施的恢复需要时间，困难可以想象。

而真正的困难是移民……

"移得出、稳得住、能发展、可致富。"这是中央对移民工作的总要求……

举全省之力，完成移民的外迁、后靠，保证一江清水按时送北京，已成为鄂豫两省各级政府和人民强大的行为动力。

为让广大移民早日身安、心安，河南省委、省政府提出"四年任务，两年完成"，要求南阳淅川县16万农村移民搬迁完成时间，由原计划的2013年年底提前到2011年8月底……

湖北省委、省政府规划"四年任务，两年基本完成，三年彻底扫尾"，即"四二三计划"。面对紧迫的"四二三计划"……

鄂豫吹响集结号！

百万名库区移民包保干部宣誓："忍辱负重，在所不惜！"

7

有18万移民任务的湖北十堰和有16万外迁移民的河南淅川县，34万移民要在两年或三年内搬迁完毕，这是一个什么速度啊……

为了缓解北方水困境，丹江口库区34万移民开始了大迁徙——

不能忘记：

那位95岁被担架抬着上移民车的老爹爹告别的眼泪……

那位病重的大姐坚持到达几百公里外的新家后才安然闭上双眼……

把老家的一串钥匙埋进父亲的坟里而后含泪离去的儿女……

夜色里，舒家沟移民齐刷刷站在路边，含泪向故乡望去最后一眼……

几百人站在山梁上放声大哭，然后齐声大喊：洪家沟，再见了……

还有：

为了一江清水北送而给移民亡亲下跪的移民干部……

为了一江清水北送而倒下、累死的十多条基层工作者的生命……

还有：那些宁死也守在主人家废墟上的万只忠犬……

这是一场没有硝烟的战役，前面没有一个敌人，战胜的全是自己。

这是一场没有硝烟的战役,但却必须用意志、信念、责任和血肉之躯穿越枪林弹雨。

鄂豫两省儿女蘸着汗水、噙着泪水,践行着"祖国在上,我把家乡献给你""万众一心,一江清水送北方"的庄重承诺……

滚滚北上的汉水不会忘记万众一心的峥嵘岁月,在长达 1000 多个日日夜夜里,鄂豫两省各级政府官员、数百万移民干部和建设队伍、34 万移民全部投入了南水北调大移民这场没有硝烟的战役之中。无数的艰难、困苦,不尽的血汗与泪水,诠释了一个国家的意志、一个执政党的信心,一个以局部的牺牲赢取全局利益的大政只有在中国才会实施,才会成功,才会实现。

千里迢迢,汉水北上。站在美丽汉水润泽的土地上,愿每一个受润的生命怀一颗感恩的心,庄严向南一鞠,说一声"谢谢",然后倍加珍惜每一滴来之不易的生命之水!

(本文引自《人民日报》,2014 年 12 月 3 日)

第二节 人物报告文学

一、写作要点

(一)名称解释

人物报告文学,是用文学手法刻画新闻人物的报道。

(二)主要特征

1. 借鉴性。这种报告文学的写作目的在于通过塑造具有典型意义的新闻人物,来树立榜样、提供鉴戒,对受众有一定的借鉴意义。

2. 艺术性。与人物消息轮廓化、人物通讯立体化、人物特写放大化相比,人物报告文学运用文学手法对人物进行生动描写,带有鲜明的艺术化特色。

(三)种类划分

1. 按身份分,有主要领导人报告文学、英雄模范报告文学、社会名流报告文学、普通百姓报告文学、起警示作用的反面人物报告文学等。

2. 按人数分,有个人报告文学、群像报告文学。

3. 按写法分,有传记式人物报告文学、片段式人物报告文学等。

4. 按篇幅分,有长篇人物报告文学、中篇人物报告文学、短篇人物报告文学。

(四)基本结构

1. 标题

单标题。如公文式《三门李轶闻》、对象式《中国奥运元勋张伯苓》、主题式《英雄不老》、事由式《寻找"红衣姐"》、背景式《山中,那棵美丽的红豆杉》、提问式《她有多少孩子?》。

双标题。大多是正副式,如《伊人已去,何日君再来——纪念邓丽君》。

2. 署名

写在标题正下方或者封面。

3. 正文

前言。常用简介式、描写式、引语式、评价式等写法,根据需要处理。

主体。侧重写人物的性格特征和典型事实,从而展示人物的内心世界。在层次上,传记式人物报告文学主要把人物成长的过程划分成几个阶段依次叙说,或者集中写最主要的阶段;片段式人物报告文学聚焦于某一事件、某一场面的描述。此外,群像报告文学往往按主要人物及次要人物、不同类型人物或者事件发展的顺序述说。

结尾。大多赞誉人物或者指出警戒意义,有的作补充说明。

此外,出版的长篇人物报告文学要加封面、目录;如有必要,可以写题记;有时列附录。

(五)注意事项

1. 抓典型。要配合报道的中心任务,从历史与当代、正面与反面人物中选择个性特征及普遍意义强的人物,深入采访分析,发掘独有的新闻价值。

2. 重塑造。借叙事写人,通过矛盾冲突刻画人物,描写人物的肖像、语言、动作、心理和景物、场面以及细节,力求鲜活传神。

二、范文阅读

▲模范人物报告文学

玉 碎

李迪

无锡老百姓爱骑电动车,便宜,方便,不怕堵车。这天,两个骑着电动车的姑娘相撞了。高个儿叫陈珍,矮个儿叫刘铃。刘铃骑得快,一超车,把陈珍别倒了。啪嗒嗒!车倒人翻,花容失色。陈珍开口就骂,你眼瞎啦?

刘铃自觉理亏,忍了没吭声。

还好,陈珍没摔坏,爬起来掸掸身上的土。就在这时,她惊叫起来,哎呀,我的镯子!

她的镯子摔碎了。

刘铃一看,也傻眼了。

你赔!玻璃种的!

赔就赔,你干吗骂人啊?

第十章 报告文学

谁骂你啦?

你!你说×××的!

傻帽儿,我说镯子是玻璃种的!跟你说不清,走,咱们找警察去!

陈珍扭住刘铃,两人来到公安局交通事故调解室。

巧了,当班的是无锡十大爱民标兵周五南。周家有九个孩子,他在男孩儿里排第五,父母就起了这个名字,南押男的音。周五南说,感恩父母啊,要叫周老五就坏了。叫着叫着,叫成周老虎,人家一听吓死了,还怎么做调解工作?周五南的工作,用他自己的话说,就是做和事佬。来的都是平头百姓,过日子本来就不易,给双方搭一座桥,渡过纠纷河,化解不愉快。

陈珍说,周警官,我这手镯是玻璃种的,是我男朋友从缅甸带来的,少了5万我不饶她!

周五南接过碎玉一看,说,你先消消气,跟我到楼上去,我有话对你说。刘铃,你先在楼下坐一会儿。

来到楼上,周五南说,陈珍,内外皆美的人才配得上这块美玉。你有个好镯子也不要盛气凌人,话要讲一半儿留一半儿。看打扮刘铃不如你,但她会一辈子不如你吗?你跟她吵了半天,说她是傻帽儿,不懂玉,可我有句话说了,你可别生气。

陈珍说,说吧,我不生气。

周五南说,这个镯子,如果真是玻璃种,你知道值多少钱吗?

多少钱?

打底150万!

啊?

你这个镯子,我们叫水磨石。它不是翡翠,是一种翡翠的包裹体。值多少?要我说,六七百。

陈珍的脸一下子白成纸,六七百?……不可能。

周五南说,我不是专家,我的话只是给你做参考,让你心里有数。无锡有法院指定的玉石检测机构,我带你们一起去做第三方检测,好吗?

陈珍惶惶不安。

两人下了楼,刘铃也紧张得不行。周五南说,别紧张,事情发生了,总要面对。走,我们现在一起去做检测。

刘铃心惊肉跳。

一检测,正是水磨石。市场估价五六百。

刘铃说,陈姐,我赔你,对不起啊!

陈珍的脸紫成个茄子。

周五南私下对她说,你答应我,回去不要跟男朋友吵架。他跟我一样,不是专家,难免会看走眼。但是,他那么老远带来,送你的是一片心意,心意无价!

陈珍说,我答应你。又问,周警官,你怎么还懂玉呢?

周五南笑而未答。

想不到,第二天,又碰到一桩玉碎事件。

苏老太是一位国学教授,88岁了,鹤发童颜,齿若编贝。她说,廉颇老矣尚能饭否?古人把能不能吃,当成老不老的标志。我现在一顿饭还能吃两个大馒头!问她秘诀,她哈哈一笑,秘诀不秘,饭后百步走,活到九十九!

这天饭后,苏老太又操练秘诀,在小区里百步走,农民工小郑骑辆破车飞过来,一下子把她撞倒了。老太太扑通坐地上了,小郑吓得神经了,您您您……您了半天。想不到,奇迹出现,老人整个儿一活神仙,唰啦啦,自己站起来了,胳膊腿儿一点儿没事。小郑赶紧给她掸土,一低头,直了眼——

一只玉镯,摔成三截儿!

苏老太只有进气儿,没了出气儿。她不心疼自己,心疼玉,拿布包好了找到周五南。

周五南一看,眼也直了,正儿八经的新疆和田玉,打瘸了小郑也赔不起!这可怎么办?他喘了一口大气儿,忽然转忧为喜——

苏奶奶,我恭喜您啊!

苏老太说,我倒霉死了,你还恭喜我?

周五南说,我当然要恭喜您。您看,您说话90高寿了,像您这一般年纪的老人,骨质疏松摔不得。屁股往下一坐,尾巴骨就断;腰往下一蹾,胯就断;手往下一撑,腕就断。您呢?半点儿都没事。这还不要恭喜吗?您老这是修得好,积了德啊!

对,对,对,我一直资助穷学生,还养流浪猫。

还有一点很重要,玉镯保佑了您!为什么人们都爱买玉戴玉,因为玉能避邪保平安。

对,对,对,我老伴儿也这么说。这是我80岁生日那天,他为我买的。我俩同岁,他身子骨儿赶不上我!

您老伴儿真有眼力,生日不买别的,送您个玉!这说明什么呢?第一,您夫妻恩爱;第二,他祝愿您长寿平安。您看,都灵验了。88也是个坎儿,您摔一跤,玉碎了,您没事儿,玉保佑您过了这个坎儿!

对,对,对,玉保佑了我!

第三,您这玉是个好玉,正儿八经的新疆和田糖料,颜色跟红茶一样。这么好的玉碎了,您心疼,我也心疼。但是,我劝您不要心疼。为什么?它为您挡了灾,立了功,是大功臣!

对,对,对,它是大功臣!

第十章 报告文学

这么好的玉,别说小郑买不起了,就算他买得起,再买个一模一样的,里头也少了您老伴儿的情分。您呢,离不开老伴儿,也离不开这玉。对不对?

对,对,对,再买什么样儿的也不可心。可是……

苏奶奶,您要说什么我知道。我告诉您,现如今玉器修补工艺一级棒,用金箍儿把断裂处一包,又是一个完整的镯子。金镶玉,您戴着更漂亮!

苏老太两眼一下子亮了,啊,是吗?

周五南说,是啊,还花不了几个钱,大说三四千。

小郑抢着说,奶奶,我给您包!

苏老太说,你这孩子!你先谢谢周警官,今天他帮你讲了多少好话啊。我呢,也表个态,原谅你了,下回你骑车多加小心!

小郑说,奶奶,谢谢您!镯子就让我包吧。还有,往后您家里有什么出力的活儿,您就叫我,随叫随到。

周五南说,苏奶奶,您就让小郑包吧。让他承担他的责任,也得个教训,更念着您的好!

苏老太说,行,听你的!

得,皆大欢喜。

过后,苏奶奶问,周警官,你怎么还懂玉呢?

周五南笑而未答。

老天知道周五南懂玉,跟他干上了。刚化解了苏老太的玉碎,又来一档玉碎。怎么回事?打工妹丹丹骑着电动车去上班,刚到大门口,人称女汉子的刘霞骑着电动车突然从侧面拐进来,嘭的一声,两车相撞,二女尖叫,噼里啪啦!还好,都年轻,活鱼似的,谁也没摔着。

人没摔着,可东西要了命。

丹丹的镯子摔成一地碎玻璃,当时就哭起来。

拐弯让直行,现场一看就是刘霞的错。

刘霞一撇嘴,你多少钱买的玻璃玩意儿?20块够不够?

丹丹立马叫起来,什么玻璃玩意儿?我花一万六买的!

哈哈哈!你能花一万六买镯子?怎么不说十万六呢!

我为什么不能?我就是一万六买的!

好啊,你想敲诈我!

谁敲诈你啦?

走,咱们找警察去!

去就去!

来到调解室,还是周家男孩儿排老五。

丹丹说，周警官，她看不起人！我打工都8年多了，这个镯子是我去年给自己买的生日礼物，真的花了一万六……

周五南问，有发票吗？

丹丹说，买完镯子第二天钱包被小偷偷了，发票夹在里边。

刘霞说，你编，你再编，当周警官是瓜娃子？

周五南说，我瓜不瓜没关系，咱们还是说说这个镯子吧。要让我看呢，它是真的，是翡翠冰种，应该是值钱的。但我说的不算，咱们现在就去做个检测，行不行？

刘霞说，去就去！

周五南说，要是真的怎么办？

刘霞说，我赔！

不料丹丹却说，我不去！我买的就是真的，凭什么还要检测？她不赔，我上法院告她！

周五南笑了，好，你不去就不去。我和刘霞去，你等信儿吧！

来到检测机构。临进门儿，周五南问刘霞，你真的要做检测吗？

刘霞说，真的！

周五南又说，万一结果不是你想象的，你会反悔吗？

刘霞丹凤眼儿一竖，反悔是小狗！

周五南大拇指一伸，女汉子！

检测结果出来了：翡翠冰种，估价二万六。

刘霞二话没说，从银行取出二万六，让周五南转交。

晚上，周五南找到刘霞，说我没完成任务。

刘霞一愣，她想要多少？

周五南笑了，丹丹说她还戴着美了一年呢，只留下一万四！

刘霞的脸红成鸡冠。

看她脸红了，周五南也不说什么了。胶多不黏，话多不甜。

过后，刘霞问，周警官，你怎么还懂玉呢？

周五南笑而未答。

金秋十月，太湖涌碧。当我来到无锡市公安局深入生活，面对面倾听周五南讲玉碎时，他向我解开了懂玉之谜——

李作家，说实在的，调解这碗饭不好吃，双方都是老百姓，都是我的亲人。要理解他们，亲近他们，要会说话，还要懂行。你当不成专家，起码也要当个杂家。嘴勤腿快，去跑，去问，去学，去长眼，去拜师。跑医院，跑得我都快成大夫了，摔了碰了伤筋动骨说起来我门儿清。玉石瓷器字画古玩更是水深得没底儿。人家开口说我那画是唐伯虎的，你都听不懂，还问人家是什么虎？人家再瞪你一眼，说东北虎，那你也太露怯了,还调解什么呀？哪儿凉快哪儿待着去吧！一句话,老百姓是天,老百姓是地,咱要让天地待见,宁为玉碎不为瓦全！

(本文引自《人民日报》,2015年5月6日)

第三节 事件报告文学

一、写作要点

(一)名称解释

事件报告文学,是以文学手法描述新闻事件的报道。

(二)主要特征

1. 情节性。与事件通讯、事件特写相比,事件报告文学要素之一就是情节,强调情节的典型性和曲折性,因而显得故事性强。

2. 情理性。与事件通讯、事件特写相比,事件报告文学不仅仅叙述事件,更偏重于以事显理,让受众从事件本身悟出内在的寓意。

(三)种类划分

1. 按轻重分,有重大事件报告文学、一般典型事件报告文学。

2. 按内容分,有大事型事件报告文学、成果型事件报告文学、感人型事件报告文学、揭露型事件报告文学、突发型事件报告文学等。

3. 按时间分,有现实事件报告文学、历史事件报告文学。

4. 按写法分,有全景式事件报告文学、片段式事件报告文学。

5. 按篇幅分,有长篇事件报告文学、中篇事件报告文学、短篇事件报告文学。

(四)基本结构

1. 标题

单标题。如公文式《"雪龙号"纪实》、对象式《解放战争》、主题式《最完美的抵达：中国高铁梦》、事由式《赶考》、背景式《西望胡杨》、提问式《谁持彩练当空舞？》。

双标题。一般是正副式,如《亮剑湄公河——中国警方"10·5"案件侦破纪实》。

2. 署名

写在标题正下方或者封面。

3. 正文

前言。常用背景式、倒叙式、描写式、引语式等写法,要灵活安排。

主体。在层次安排上,或者按开端、发展、高潮、结局的框架,或者只写开端和发展,或者把有一定联系的几件事加以组合,或者按空间的变化分别描述,也可以把以上几种方法综合运用。

结尾。常用结局式、显旨式、评价式、补充式等写法。有时不设结尾。

此外，出版的长篇事件报告文学加封面和目录；有时写题记、列附录。

(五)注意事项

1. 精选事件。既要选择受众普遍关注的最新事件，又要关注有典型意义的以往事件；既要注重影响深远的重大事件，又要洞悉以小见大的一般事件；既要侧重弘扬主旋律的正面事件，又要考虑必须披露的反面事件。

2. 善于描述。要根据事件自身的特点、借用文学方式来描述事件。包括设计跌宕的情节、安排新颖的结构、采用恰当的表达方式和表现技法、运用生动的语言等，增强吸引力。

二、范文阅读

▲突发事件报告文学

索南的高原

李春雷

这是地震后在高原上进行的第一例外科手术！4月17日14时18分，索南出生了，婴儿的哭声高亢洪亮，弥漫了整个青藏高原……

索南是谁？

她是一个婴儿。不！她是一个胎儿。我们的故事开始的时候，她还蜷缩在阿妈肚子里呢……

青果，是青藏高原上一个小村的名字。

她位于玉树藏族自治州首府——结古镇的南部草原上……

天蒙蒙亮，32岁的才仁求吉挺着硕大的肚子，起床了……猛然一阵眩晕，房子塌了，眼前黑雾腾腾。什么也看不见，鼻子里充满了浓烈的土腥味，隐隐约约地听到外面凄惨的呼喊声。她的身体被坍塌的房屋压住了，动弹不得……

时间凝滞在2010年4月14日7时49分。"结古"的藏语含义是"货物集散地"。这里是长江上游第一个人口密集区，也是青海西宁、四川康定和西藏拉萨三地之间的交通、军事和贸易重镇……

而现在，一切贸易戛然而止。往这里狂奔的是帐篷、方便面和矿泉水……

甘孜离玉树800公里，才仁求吉的娘家就在那里……

8年前的夏天，一个四处游唱的藏族民间歌舞团来到了村里，吉他手叫索南杰，是青海玉树人……每天晚上，屋后的山坡上，索南杰的吉他，弹得月光颤颤，花香袅袅，把她冰洁的心也弹拨得春水沥沥。

阿爸是一个爽快人，竟然答应了他们的婚事。

第十章 报告文学

　　索南家族里有15口人,阿爸、阿妈和四个兄弟姐妹,都住在一起。
　　属于他们小夫妻的,只有两间土坯房。还有16只绵羊、5只牦牛和几百亩草场。
　　在阿公阿婆的传授下,她学会了独自饲养牦牛、绵羊,学会了挤奶,做酸奶和酥油茶,还学会了种青稞、油菜……
　　16日凌晨3时,才仁求吉被武警救援队从废墟中扒了出来,抬到了兰州军区野战医院的营地。
　　公公婆婆都受了重伤,被送往西宁,家里的牦牛和绵羊们死伤各半。庆幸的是,丈夫只是轻伤。
　　她惊恐地睁开眼,几个穿绿军装的人,正在微笑地注视着她,像在梦里。
　　"别动!"朱自清赶紧按住她的肩膀。
　　朱自清是兰州军区医院政委,也是这家野战医院的总领队。前天,他正准备着向军区首长请假,远在陕西乡下的父亲病危,他是长子,要回家尽孝。可地震来了,上级命令:火速组建野战医院,开赴前线……当然这只是他自己心底的疼痛,没有人知道,包括身边的王芳医生。
　　36岁的王芳是野战医院唯一的妇产科医生,毕业于第一军医大学,是一位在读博士。
　　虽然是医学博士,但面对眼前的特殊情况,她有些束手无策了。
　　孕妇腹部受创,造成内部出血,致使胎盘早剥、羊水污染、胎心微弱。
　　语言不通,两个人比比画画,像是说哑语。王芳急得满头冒汗,好不容易才搞清楚,胎儿的预产期还有1个多月。
　　尽最大可能保胎! 注射急救药品——地塞米松。该药可促进胎儿心肺功能成熟。
　　但是,这个时候,问题出现了:预防子宫出血的必备药——催产素告罄!
　　这是一种妇产科专用药,玉树当地医院全部倒塌,无以寻找;相邻卫生机构携带的又都是救治地震创伤的药品。
　　不仅药品难寻,而且通信瘫痪。情况紧急! 怎么办?"要不惜一切代价救人!"朱自清命令。
　　他亲自启用国际海事卫星电话,与最近的800公里之外的西宁方面联系。拨打了数十家,终于确定由青海医药供应处供货。可西宁到玉树的车程最少要16个小时,他又紧急联系航空部门……
　　玉树全境平均海拔4000米以上,其中超过5000米的山峰就有900多座。
　　茫茫的高原,每年几乎有一半时间与冰雪相拥……雪白的高原,又像一个圣洁的孕妇,虽然安静无言,却是充满了希望和期待。
　　才仁求吉每天的生活就是在家里侍候老人,等待丈夫,饲养牲畜。

家里有一台电视机……她听不懂，看着里面的人笑，也跟着笑……

平时的主食是藏粑，把青稞晒干、炒熟，磨成面，加酥油、水和曲拉，捏成团团……

夏天里，她常常做酸奶……

丈夫最爱喝她做的酥油茶了……

家里那一把吉他，是他们爱情的信物。冬天的夜晚，每每一碗酥油茶后，索南杰就抱起吉他，开始弹唱……

这时候，她就闭上了眼睛，感觉四周开满了鲜花，而自己变成了一只小鸟，一只彩蝶，飞了起来，飞了起来……

3个小时后，催产素"飞"来了。注射之后，王芳和小儿科副主任戴永利一起，会同泌尿外科、普外科医生，每小时做一次检测，密切监视病情……

此时，救援工作已经全面展开，大量的伤员纷纷拥来。

伴随着伤员拥来的，还有汹涌的高原反应。大部分医护人员是第一次上高原，头疼脑胀，胸闷气喘，严重者出现了脑水肿、肺水肿。

反应最强烈的是朱自清……

大家认为他仅仅是高原反应，缺乏休息，却不知道他内心的煎熬。弟弟在电话里哭诉：父亲已经到了最后时刻，昏迷中还在喃喃着他的名字，家里人正在准备棺材和寿衣。

他的家乡在咸阳附近的兴平县朱曹村，那里紧挨着汉武帝的陵墓……可自从1974年入伍后，他就很少回家了……

后来，他在部队里提干、升级、结婚、分房，有了一个温暖的小家庭，条件也好一些了，一直邀请父亲到城市里住几天，享享福。可父亲总是推托，担心给他找麻烦，造成不好的影响，直到现在也没有来过一次。

"自己还是年轻无知啊，总感觉来日方长，还有机会，可今天……"

哦，父亲，他的心在滴血，在哭泣……

结婚后，丈夫便不再出去游唱了，只在附近打工，垒石头，盖房子。

此地牧民多是土房，墙壁是土坯，顶上加木料或水泥板，蒙上塑料布，再覆一层厚厚的黄土。天寒冰冻，每年只能干5个月，也能挣四五千元。

收入不多，却很平安，她也很知足。

家里有一尊佛龛，佛龛前是一盏常年不熄的酥油灯。酥油是由纯植物食用油脂制成的，燃烧时散发出淡淡的奶油香味。

每天，她都要磕头，祈祷全家吉祥，祈祷丈夫健壮，祈祷自己早早生子……

她也常常步行到8公里之外的新寨村，那里有一个世界上最大的玛尼堆……上面的刻字近200亿，大都是阻止秽恶、禳除灾难、祈祷祥和的经文。

每年7月，结古镇都要举办一次盛大的赛马会。绿草为毯，蓝天为帐，骄阳为灯，整个草原沉浸在铺天盖地的欢乐之中……

这是索南杰的节日,操起吉他,放开嗓子,边舞边唱,汗流浃背,吸引着姑娘们流光溢彩的眼神。

她在一旁安详地听着、看着、笑着……

17日上午,孕妇病情出现异常:胎盘剥离面积增大,胎心继续减缓,腹痛加重,流血量剧增。如不及时手术,胎儿将会因缺氧窒息而死。

"马上送西宁,或兰州!"朱自清命令。救护车火速开往玉树巴塘机场。

可是,机场太小,伤员太多,而且孕妇病情急剧恶化,疼痛难忍,飞机起降的剧烈颠簸,极易造成母子双亡……

目前的最佳方案——就地立即进行剖腹产手术!可是,现场手术条件根本不具备。全城水电系统瘫痪,医院全部倒塌。但是,别无选择!唐代之前,藏族以麦熟为新年。后来,中原文化逐渐传入,其中包括历算。到公元9世纪初期,藏族天文学家重新创制了历法,这样藏汉两个最隆重的节日便常常相遇在同一个月中,甚至是同一天。

藏历年的仪式是很讲究的。从12月15日开始,家家搞卫生,祭灶神。29这一天,女人洗头发,男人剪头发。29晚上,家家"驱"鬼。

索南家里有15口人,每年的"驱鬼"仪式都搞得有声有色……

野战医院迅速成立4个工作组……

没有电。从附近部队借来70升柴油,安装启动自备发电机。

没有自来水,手术中需要大量的消毒和清洗。大家纷纷跑回帐篷,把自己备用的矿泉水拿过来,一瓶、两瓶、三瓶、三百瓶……

没有血源。战士们纷纷排队,争相献血……半个小时后,手术条件已经初步具备。手术室呢,就选在军用卡车的后厢中。

真是巧得很,2010年的藏历年和农历春节,恰在同一天。更巧的是,这一天还是情人节。

她终于怀孕了,胎儿已经6个月。

过年时,天冷路滑,妊娠反应,她出不了门,就守在家里。丈夫陪着她,专门为她弹吉他,唱歌……

女人又想起了甘孜老家的那一个夏天的夜晚,脸上就悄悄绽开了一朵绚丽的格桑花。

"咱娃娃长大后,要好好上学,学汉语,不能像咱们。"女人说。

"嗯,听说北京好多了,还有民族大学。明年,咱们抱着孩子,一起去旅游?"

"要是能坐飞机就好了,玉树都有机场了。"……

这是地震后在高原上进行的第一例外科手术!4月17日13时30分钟,妇产科、小儿科等7名大夫走进手术室;麻醉师王公校采用对胎儿影响最小的椎管内阻滞镇痛对才仁求吉进行了麻醉;无影灯下,妇产科王芳、普外科副主任朱万坤、泌尿外科副主任董永超开始术前准备。

14时18分,王芳轻轻地在才仁求吉的肚子上切开一个10厘米左右的口子。她屏住呼吸,娴熟地分离,将胎儿从腹中取出。

王芳激动地告诉大家,是一个"千金",母女平安。在场的人都深深地出了一口气。没有体重秤,女婴的体重估约2.5公斤。婴儿的哭声高亢洪亮,弥漫了整个青藏高原……

迟到的暖风在小镇的街上欢快地跑着、唱着、喊着,像一群群活泼的藏羚羊……

朱自清的父亲是在婴儿出生后的第二天上午10时去世的。大家都还沉浸在婴儿手术成功的喜悦中,谁也没有意识到他的情绪的特殊变化。

接到弟弟报丧电话的那一时刻,朱自清咬着牙,独自跑到帐篷后面的河滩里。他朝着家乡的方向,双膝跪下,以头叩地,号啕大哭……

索南杰更没有意识到这一切,兴奋的他正在到处寻找哈达,献给恩人。可到处是地震的废墟,到哪儿去找啊。他无奈地望着湛蓝的天空,那绵延千里的皑皑白云,就是世界上最长最圣洁的哈达了。

这几天,索南杰和妻子才仁求吉终于学会了第一句汉语。于是,见到任何人,他们都会大声说一句:"谢谢!"小索南,还只是一个婴儿,青藏高原是她大大的睡床。

她每天的工作仍然很单纯,就是睡觉,打哈欠,伸懒腰,闭着眼,做冥思状。只是又多了一些本领,她会哭了,会笑了,人类的情感正在越来越丰富起来。

是的,在她的懵懂中,她的家乡,她的身边发生了一桩大的事件。这个事件有着很多很多的故事和内涵,只是她不记得,更不明白。

但是,孩子,你正在一天天地长大起来,你终究会明白的……

(本文引自《光明日报》,2010年5月22日)

第四节 问题报告文学

一、写作要点

(一)名称解释

问题报告文学,是以文学手法反映重要问题的报道。

(二)主要特征

1. 针对性。这种报告文学直面问题、研究问题、找出解决问题的答案,对实践活动有一定的指导性。

2. 透辟性。这种报告文学用文学手法来述说典型事例及数据，并加以精辟的议论，从而得出正确的结论，有很强的说服力。

（三）种类划分

1. 按内容分，有时政问题报告文学、经济问题报告文学、科教文卫体问题报告文学、政法问题报告文学、军事问题报告文学、外事问题报告文学、社会问题报告文学、娱乐问题报告文学等。

2. 按表现手法分，有记录性问题报告文学、故事性问题报告文学、研究性问题报告文学等。

3. 按篇幅分，有长篇问题报告文学、中篇问题报告文学、短篇问题报告文学。

（四）基本结构

1. 标题

单标题。如公文式《中国式育才浪费启示录》、对象式《中国新生代农民工》、主题式《命脉：中国水利调查》、事由式《舌尖上的安全》、背景式《西部的控诉》、提问式《谁怜滴血父母心？》。

双标题。大多是正副式，如《百年钟声——香港沉思录》。

2. 署名

写在标题正下方或者封面。

3. 正文

前言。常用解题式、背景式、主题式、提问式等写法。

主体。总的来看，按照提出问题、分析问题、解决问题的顺序来安排层次。其中，大多是逻辑顺序，反映递进、因果、总分、主次、并列等关系。如有必要，可以把逻辑顺序与时间顺序结合起来。

结尾。常用总括式、主题式、展望式、补充式等写法。可以不设结尾。

此外，出版的长篇问题报告文学设封面、目录；也可以写题记；有时加附录。

（五）注意事项

1. 目光犀利。问题无处不在，关键在于能否发现。对已经出现的问题，既要抓住带有根本性的大问题，也要知晓人们熟视无睹但事关重要的小问题；对尚处于萌芽状态的事物，要洞察那些带有倾向性的新问题。

2. 逻辑严密。要提出事关重要的问题，用全面、联系、发展的眼光分析问题，探究问题的性质、原因、发展趋势，对已经出现的问题提出有效的应对措施，对尚处于萌芽状态的问题找出可行的预防方法。

二、范文阅读

▲农业改革问题报告文学

黑土地的梦
蒋巍
历史遗留的一个问号

那是党的十八大召开之前的秋日,我走向绥化大地,曾经一望无际的青纱帐已经化为丰收的金黄,在蓝天下闪耀着、翻卷着,海一样雄浑壮阔,城市成了金浪中升起的亮丽岛屿。

如画的风景年年相似。其实一波新的具有深远意义的变革已在绥化悄然展开,不过不再是急风暴雨的方式和行政命令的强力推进,一切以自然的、温情的方式发生着,一切尊重人民的意愿和选择……

……1983年秋,绥化地区肇东县的五里明村通过抓阄儿大会,把生产队的耕地和所有生产资料分光了……傍晚,26岁的生产队长徐凤玉对村民说,今后用不着敲钟叫大家下地干活了,队部门口挂着的那块铁犁片我就抱回家做个纪念吧。

那个夜晚,全村许多间漏风漏雨的茅草房响起阵阵欢声笑语,下了岗的生产队队长徐凤玉却蹲在自家土坯房的院里,瞅着那块锈迹斑斑的破犁片抱头痛哭了一场。他心疼的不是队长职务,而是这个刚见起色的生产队……

很快,徐凤玉看到,分田到户极大地激发了广大农民的积极性,粮食连年大增产,中国人终于可以吃饱饭了,再加上发展副业外出打工,庄稼院的小日子越过越红火。可是,眼瞅着城市的现代化像楼群疯长、车流奔涌一样突飞猛进,农村发展显然缓慢许多,专家说那叫"徘徊"。那么,农村现代化的出路在哪里?未来的农业是啥样?他还是想不明白。但他知道一个大道理:一家一户分散经营的小农经济肯定办不成现代化!

中国农业向何处去?这是历史遗留的一个巨大问号,13亿中国人要从根本上保障自己的粮食安全,必须对这个问题做出回答。

答案在哪里?人民是创造历史的主体力量,答案就蕴藏在人民无穷的创造力之中。

一个老兵的"根据地"

许彦彬又黑又瘦,一脸风吹日晒奔波四方的痕迹。1995年,当兵7年的他复员回到家乡肇东市向阳乡中心村……许彦彬找到乡里于书记说,我看乡政府前面有个土体育场,每年春天开一次运动会,平时就没用了,能不能租给我种点什么,来年春天我再压平夯实还给政府……

许彦彬从小好学,脑瓜灵通,在部队"军地两用人才"培训中学过不少农科知识和技术……于是跑到省农科院买回 1000 棵号称"圣女"牌的优良小西红柿秧苗——那时小西红柿还是稀罕玩意儿,此外,还种了些西瓜、甜瓜。入秋,体育场开出的 27 亩地让许彦彬足足赚了 1.5 万元,第二年开完运动会,他又赚了 2 万多元。

那时农村还是"万元户"走红的时代,体育场距乡政府不远,来往人多。复员兵许彦彬居然把它变成瓜果飘香的大菜园子,而且一年就成了"万元户",消息传开,十里八乡的乡亲们眼馋得要命,纷纷跑来向他请教。许彦彬借机在体育场门口摆了个摊床,一边卖瓜果一边传技术,一边赚钱一边当"活雷锋"……几年下来,瓜菜风压倒大苞米,邻近几个乡有 3000 多亩地改种了瓜果蔬菜,许彦彬的家自然成了"技术咨询中心",从早到晚"热线电话"响个不停……

乡亲们笑了,许彦彬的脸色却凝重起来。他看到瓜菜多了,农民争着卖,商贩压价收,乡亲们增产不增收。2000 年春,他找到乡政府,说想把种瓜菜的乡亲们组织起来搞个"协会",统一购种肥农药,统一销售,统一搞个商标打品牌。乡领导大为高兴,说全力支持!

于是,富起来的许彦彬自掏经费办起了"向阳乡瓜菜协会",数年间发展会员近 3000 名,乡农业技术站聘请他当了第二门市部的义务经理。每到耕作时节和冬闲时候,他请来省城的专家教授给乡亲们讲科学种植,前来听课的农民最多时达五六百人……

信息是致富之源,此后向阳乡瓜菜协会在全国几大城市招聘了市场信息员。2004 年,许彦彬发现各地批发西瓜种子量减少近一半,他立即鼓动会员增种西瓜 5000 多亩,结果"西瓜户"都大赚了一把。2007 年,4000 多亩番茄突遭疫病,农民忧心如焚,许彦彬立即与杜邦公司上海总部联系请求救援,该公司派专家飞赴绥化……结果药到病除。

所有这一切协会活动,全是普通农民许彦彬自费操办的!

加入协会的菜农越来越多。瓜菜成熟之时,邻近向阳乡的公路两侧绵延 3 公里,全是堆积如山、琳琅满目的瓜果蔬菜摊,人流如潮,车马如流,这段贯通哈尔滨、大庆、齐齐哈尔的公路成了肇东市最大的瓜菜批发市场。2005 年,在市、乡政府的支持下,许彦彬联合 5 个实力雄厚的会员,成立了"向阳乡瓜菜合作社",大家决定集资 140 万元,征地建房,在路边搞个正规化的瓜菜批发大市场……

在拥有 586 万人口、辖 1 区 9 县的农业大市绥化,第一个农民专业合作社就这样"非法"创办起来。经注册的"向阳花"品牌无公害瓜果蔬菜由此声名大振……

"黄麻子"和"白胖子"

分田到户 30 多年来,特别是农民免交农业税以来,广袤的乡村大地似乎一片寂静,亿万农民各忙各的小日子,各奔各的致富路……

城里人不知道,近些年农民自发召开的会议突然多了起来。

2006年,望奎县东郊乡李亚文……通过亲戚在二龙山农场租下200亩地专种土豆,年底和张姨各收入2万多元。她想,自己和张姨闯出一条致富路,但单打独斗规模毕竟小,为什么不带动乡亲们一块干呢?恰逢2007年国家通过的《农民专业合作社法》开始实施,李亚文受到启发,动员了18个大户入股集资300万元,集中耕地670亩,成立了东郊乡"顺达马铃薯合作社"。那是2008年春天的一个夜晚,停电,18个股东集中在村委会的破会议室里,摸黑开了成立大会,李亚文当选理事长。"那以后,我们几乎每月开一次会,不是理事会就是监事会,"李亚文说,"分田到户以后,农民都不愿意开会了,可合作社成立后,大家特别愿意开会,因为一切都是民主决策,一切财务账目都公开透明……"

按照国家相关法规,顺达合作社制定了一系列惠农政策,以吸引广大农户……因土质好、耕作细、管理严,品种也选得好,顺达合作社的品牌"黄麻子"土豆很快红透半边天,产品远销大江南北,全国著名的食品加工企业"上好佳"闻风而来,决定把这里定为原料基地,全面实行订单生产……

就在"黄麻子"土豆诞生之际,兰西县又冒出个"白胖子"土豆。

向阳村紧靠兰西县城,村主任徐文武……2005年顺利当选为村民委员会主任。2007年,镇领导找到他说,国家鼓励村民联合起来创办合作社,搞土地规模经营,你能不能鼓捣鼓捣?徐文武一听就知道这是大好事,他找到党员李树德,两人都是能人,晚上坐炕头一合计,咱村紧靠县城,外有公路,如果搞个蔬菜合作社,比种大苞米来钱快多了。两人联合了11户有实力的村民组成马铃薯合作社,吸收了近百户社员搞统一经营……可东北冬季漫长,怎么能掌握作物生长期呢?经市里农科部门指点,他们引进了马铃薯"扣膜育芽"技术,每年3月还是冰雪世界,他们先在室内育芽,5月栽秧,7月收获,然后迅速整地,再种一茬秋白菜,东北传统的一季作物由此变成两季收获,1亩效益顶5亩……镇党委书记高维国说,这么好的土豆得起个好名字,便于打市场。他领着大伙儿琢磨商议了好几天,最后经投票表决,定名"白胖子"。纯绿色、无公害的"白胖子"迅速打响,销路直达长江两岸,订单生产供不应求……

大农机进了小村庄

贾洪涛,18岁外出打工时是个小瘦猴,裤袋里藏着50元活命钱,35岁回乡时宽额方脸,膀阔腰圆,是拥有数百万资产的物流业老板……

听了父亲的话,贾洪涛毅然决定留下来,领着父老乡亲闯一条致富路。镇领导很支持,指定他当村"负责人"……要致富先修路,他没告诉妻子,私下拿出80多万元为村里铺了10条砂石路,接着打了48眼机井,修整了数千米水渠,安装了进村电视和10台电脑,网线把大大的永兴村和小小的"地球村"全面连接起来——世界因此变得扁平了。

……贾洪涛乘势而上,又相继组建了蔬菜合作社、现代农机合作社和烤烟合作社,全村688户全部入社,17200亩耕地全部由合作社规模经营,由农民群众自愿发起、真正民办民管民受益的"合作化运动"在永兴村产生……

我问,现在有些农村脱离实际过快城镇化,农民"被上楼",给生产生活造成许多困难,你那里不存在这样的情况吗?贾洪涛说,只要把合作经济搞起来,土地实现连片代管、规模经营,现代大农机用上了,农民可以离开土地另谋职业,他们当然愿意上楼……

在绥化生机盎然的广阔绿野上,在各级党组织和政府的强力支持下,千百个乡村能人、种地大户、被群众认可的村组干部先后涌出,成为引领广大农民走向现代化大农业的新一代致富带头人,他们有一个统一的名字叫"理事长"。黑龙江省委、省政府对绥化市"因地制宜,多元创办,政府支持,市场引导,大力推进农村合作经济"的经验给予高度评价。

绥化市委书记朱清文……喊得最多最亮的就是"发展合作经济,推动规模经营,大力推动农业现代化和农村城镇化"。两年来,全市农业合作社迅速发展到3000多家,拥有众多大型农机、价值达千万元以上的农机合作社从几十家跃升至219家,作业覆盖面积占全市耕地四分之一……

数千年里,牛拉犁一直是中国农村的缩影。

改革开放30余年,小四轮拖拉机一直是中国农业生产力的象征。

新世纪到来,在国家一系列惠农政策的支持下,农民自发组织的专业合作社如雨后春笋涌现在乡村大地,正如党的十八大报告所指出的,这是"集约化、专业化、组织化、社会化相结合的新型农业经营体系",在这个富有生机和活力的体系中,小农经济的汪洋大海正在汇聚起前所未有的集体智慧和能量,分散经营的广大农民正在重新集结起来,数字化大型农机具正在隆隆开向连年增产的绿野。毫无疑问,这是打造现代化、产业化绿色农业的希望所在,是保障国家粮食安全的必由之路……

历史的问号已经破题。

梦想不再遥远,她正在绿野上飞翔。

(本文引自《人民日报》,2012年12月24日)

第十一章 信 函

第一节 信函概述

一、写作要点

(一)名称解释

信函,是以通信的方式反映现实生活中新情况、新经验、新问题的一种新闻体裁。

(二)主要特征

1. 广泛性。信函涉及的范围十分广泛。适用于各种媒介及其他组织、各类公众,反映咨询、建议、求援、表扬、感谢、批评、致歉、申诉等各种信息,采取多种形式,既可内部使用也可对外传播。

2. 互动性。信函以大众传播媒介为主要载体,报刊编辑部、广播电台、电视台、网站等组织与公众进行互动,及时传递与反馈各种信息,对舆论产生一定的影响。

(三)种类划分

1. 按主体分,有报纸编辑部信函、杂志编辑部信函、广播电台编辑部信函、电视台编辑部信函、网站编辑部信函、其他组织或部门信函、记者信函、读者信函、观众信函、听众信函等。

2. 按内容分,有问题型信函、建议型信函、咨询型信函、求援型信函、表扬型信函、感谢型信函、批评型信函、致歉型信函等。

3. 按往来途径分,有来信、复信。

4. 按处理过程分,有披露信函、追踪信函。

5. 按成文形式分,有自撰信函、整理信函等。

6. 按结构分,有单篇信函、系列信函。

7. 按媒体分,有报纸信函、杂志信函、广播电台信函、电视台信函、网络信函、手机信函等。

（四）基本结构

1. 必备项目

（1）标题

大多拟单标题。主要有四种写法：一是公文式，如《致读者的一封信》；二是主题式，如《食品安全问题要抓"西瓜"也要抓"芝麻"》；三是事由式，如《梁山县一农村小学两年多没操场》；四是提问式，如《选拔人才，只唯"985""211"?》。有些信函还注明作者身份及文种，置于标题前加冒号或者标题后加圆括号，如《记者来信：小微企业孵化园不能"造壳"了事》。

如有必要，也可以拟双标题。如《闹市光鲜　小巷阴暗——"里子工程"少人过问》

（2）署名

包括信函作者、信函整理者两种，写有关组织、部门名称或者个人姓名。

（3）正文

前言。交代目的及根据，提出问题，概括事由，亮出观点，写法因文而异。

主体。在内容上，围绕主题具体说明相关事项，显示内在的逻辑性；在段落上，可以篇段合一，也可以多段叙说；在写法上，有概述式、条陈式等。

结尾。一般总括上文、提出希望、补充事项、表明心意。有时不设结尾。

2. 选择项目

（1）消息头

有时在正文前说明发出新闻的媒体名称、地点、时间。

（2）称谓

如有特定的致送对象，应该写明。

（3）问候语

多数信函不设此项，如有必要，可以简洁、恰当地问候。

（4）祝颂语

在特定语境下有时选用适当的祝颂语。

（5）成文日期

根据实际需要而定。

（6）附录

把起证明、补充等作用的有关文章、图表等附在信函后。

（五）注意事项

1. 找准目标。信函是一种灵活有效的互动方式，要处理好由谁写、写给谁、为什么写、写什么、怎样写、写了效果如何等问题，以体现鲜明的针对性。

2. 简洁明了。信函是短文，多在几百字之间，短则数十字，长则千余字。所以，要起笔入题、展开紧凑、收束有力,在表达上也要言简意明。

二、范文阅读

▲网络信函

空气污染原因及相关防护知识

读者来信:

我是上海第二工业大学调研部的学生。最近 APEC 蓝又成了热点话题,因而我想对空气污染相关问题进行具体了解。第一,我们一直都在采取措施改善大气污染,但时不时还是有污染天,大气污染是受哪些因素造成的?$PM_{2.5}$到底是指什么样的污染物?第二,我们知道污染是分等级的,每个等级对人体影响是什么?在不同的等级下,我们分别需要做什么防范措施?第三,我们平日能做些什么来帮助缓解空气污染呢?

回复:

造成大气污染的原因是多方面的,包括自然源和人类活动排放,如沙尘暴、火山灰、海盐、生物质燃烧、化学燃料燃烧、汽车尾气排放等。另外,气象条件也会影响污染物的稀释和扩散。在小风、逆温等不利于污染物扩散的静稳天气条件下,污染物浓度会积聚加强。

$PM_{2.5}$是指大气中直径小于或等于2.5微米的颗粒物,也称为可入肺颗粒物。$PM_{2.5}$来源十分复杂,既有一次排放的污染物,又有二次反应生成的污染物,涉及日常发电、工业生产、燃煤、机动车、扬尘等多方面。与大颗粒物相比,$PM_{2.5}$粒径小,在大气中的停留时间长、输送距离远,因而对人体健康和大气环境质量的影响更大。

空气质量等级分6级:

1级为优,空气质量令人满意,基本无空气污染,各类人群可正常活动。

2级为良,空气质量可接受,但某些污染物可能对极少数异常敏感人群健康有较弱影响,建议极少数异常敏感人群应减少户外活动。

3级为轻度污染,易感人群症状有轻度加剧,健康人群出现刺激症状。建议儿童、老年人及心脏病、呼吸系统疾病患者应减少长时间、高强度的户外锻炼。

4级为中度污染,进一步加剧易感人群症状,可能对健康人群心脏、呼吸系统有影响。建议儿童、老年人及心脏病、呼吸系统疾病患者避免长时间、高强度的户外锻炼,一般人群适量减少户外运动。

5级为重度污染,心脏病和肺病患者症状显著加剧,运动耐受力降低,健康人群普遍出现症状。建议儿童、老年人和心脏病、肺病患者应停留在室内,停止户外运动,一般人群减少户外运动。

6级为严重污染,健康人运动耐受力降低,有明显强烈症状,提前出现某些疾病。

建议儿童、老年人和病人应当留在室内,避免体力消耗,一般人群应避免户外活动。

治理大气污染已成为全社会的共识和每个公民义不容辞的责任,具体到日常生活中,我们可以通过降低能耗、使用清洁能源、采取低碳环保的出行方式等来减少污染物排放,为蓝天工程作出每个人应有的贡献。

(本文引自中国气象网,2014年12月24日)

▲手机短信

首届"感念师恩"祝福短信获奖作品选

△有一个信念矢志不渝,有一份情怀大爱无痕,有一种境界忘我奉献,有一盏明灯照亮人生,有一段记忆挥之不去,有一声问候心底流出:老师,节日快乐!

△厚德,示学生做人之本;积学,授学生求知之根;励志,激学生奋起之威;敦行,化心中教育之道。值教师节之际,天下桃李祝老师们节日愉快!

△春天,您掬取天池之水,作养料润泽万千桃李。还来不及驻足欣赏金秋累累的硕果,那冬日的雪就不知何时漫过了您的头顶。老师,您辛苦了!

△绿叶离鲜花最近,种子离希望最近,天空离理想最近,流星离心愿最近,学生离老师最近,老师离太阳最近!

△菊桂争艳馥满园,桃李缤纷展新颜。传道授业连广宇,化雨春风润心田。良语忠言千百遍,璞玉紫檀细琢研。饮水思源谢师恩,盼君康乐是吾愿。

△《青玉案·感师恩》金风玉露秋未已,教师节,情怠寄。感念恩师呕心血,三尺杏坛,一支粉笔,谁会恩师意。谆谆教诲今犹记,动情往事尚依稀。今朝正逢佳节时,昔日学子,恭祝恩师:天下尽桃李!

△上联:育英才、七尺讲台、口若悬河、侃侃千言传真谛
　下联:树风范、三寸秀笔、纸似枫叶、洋洋万语落华章
　横批:潇洒人生

(本文引自中国教育和科研计算机网,2010年9月16日)

第二节　记者信函

一、写作要点

(一)名称解释

记者信函,是记者针对现实生活中具有普遍意义的现象或者问题,以通信方式所做的报道。

（二）主要特征

1. 凸起性。这种信函侧重于反映现实生活中特别突出的现象或者问题，以引起受众的普遍关注。

2. 述评性。这种信函以述说为基础，报道相关新闻事实；以发表评论为重点，阐述记者的观点。因此，在表达上述评结合。

（三）种类划分

1. 按内容分，有问题型信函、建议型信函、表扬型信函、批评型信函等。

2. 按往来途径分，有来信、复信。

3. 按处理过程分，有披露信函、追踪信函。

（四）基本结构

1. 标题

一般拟单标题。如主题式《我国应多管齐下防止"地球之肾"衰竭》、事由式《三种方法识别违法医药食品广告》、提问式《一个"讨"字，包含农民工多少辛酸？》。记者信函常在标题前加冒号注明作者身份及文种，如《记者来信：夏令营奢侈风不利青少年健康成长》。

如有必要，也可以拟双标题。

2. 消息头

根据需要考虑是否设此项。

3. 署名

有两种写法：一是作者所在单位、职业及姓名，有时省略所在单位；二是只写姓名。位置有标题正下方、消息头后、正文后三种。

4. 称谓

大多写"编辑部"。如有消息头，不再设称谓。

5. 正文

大体来说，问题型信函按提出问题、分析问题、解决问题的顺序来安排；建议型信函先简括缘由、性质、意义，接着提出具体建议；表扬型信函叙写先进人物及事迹，赞扬对方高尚的道德情操及精湛的业务水平，提出使其精神发扬光大的热望；批评型信函概述错误事实，分析性质及原因，提出改进措施。

此外，祝颂语、附录等项目酌定。

（五）注意事项

1. 摸清情况。要树立责任意识，注重社会调查，既掌握上情，又了解下情，从而确定广大受众迫切需要解决的问题，选取确凿有力的事实和数据。

2. 辩证分析。对特定的现象及问题进行辩证分析，通过直接议论、引用诗文名句、借有关人物之口等方法做出恰如其分的评价,提出具有科学性和可行性的建议。

二、范文阅读

▲城市文化信函

"东西犹在""文武已失"
北京行政区划调整改名留遗憾
韩业庭

编辑部:

  本报开设的"地名的故事·那些历史那些乡愁"栏目,让记者再次想到5年前北京那次行政区划调整及改名的事情。那次行政区划调整,原崇文、宣武、东城、西城四区被撤销,随后成立新的东城区和西城区。从名字看,崇文区、宣武区被取消了,保留了东城、西城2区。

  崇文区得名于区内的崇文门,取"文教宜尊"之意;宣武区得名于区内的宣武门,取"武烈宣物"之意。

  古人在思想和形式上都追求和谐统一,北京内城南城墙中间为"正阳门",崇文门、宣武门则分居其左右两侧。左崇文右宣武的格局,在阴阳五行中,又另有含义,东方属木,主生,西方为金,主死,所以古时进京赶考的举子都走生门——崇文门;出殡以及押赴菜市口的死囚都走死门——宣武门。

  这一左一右,一东一西,一生一死,一文一武的两座城门后来又被赋予了不少特殊的含义,比如"文成武德,文武并重""文治武安,江山永固"。而今天看来,崇、宣武,可谓文武之道,一张一弛。对内以文治国,半部论语治天下,谓之"崇文";对外以武安邦,不战而屈人之兵,谓之"宣武"。简单的两个地名,其实承载着中华传统文化中的治国思想。

  崇文、宣武作为行政区的名称,是新中国成立后的事情。解放初,北京城区区划调整频繁,先后由20个区调整为12个区,后又合并成9个区。1952年9月,第七区更名为崇文区,第八区改称宣武区。后来,各自的区界几经变动,直到1958年,两区的区划范围才逐渐稳定下来,形成了后来的格局。

  2010年7月1日,经国务院批准,北京市对首都功能核心区行政区划做出重大调整,崇文区、宣武区整体行政建制被取消,原西城区与宣武区合并,成立新的西城区;原东城区与崇文区合并,成立新的东城区。至此,崇文区、宣武区成为历史。

  20世纪90年代以来,北京人口迅速增加,城市规模迅速扩张。作为北京城的核心区,原东城、西城、崇文、宣武面积都比较狭小,可地狭人密,发展空间大大受限。并且由于种种原因,核心4城区发展极不平衡,位于南部的崇文、宣武落后于位于北部的东城、西城。因此,通过行政区划的合并调整,有利于对现有的空间资源进行有效整合，提高核心区的承载能力和服务水平，同时也有利于解决 4 个区结合部管理薄弱的状况，推进核心区南北均衡发展。

不同的历史时期，为了充分发挥城市整体功能、促进社会经济发展，将城市的行政区域重新划分是正常的，也是必要的。然而，行政区的命名却不应不慎重。土耳其著名诗人纳齐姆·希克梅特有一句名言：人的一生有两样东西最难忘，一是母亲的面孔，一是家园的面孔。崇文有全国"工艺美术之乡"的美称，有"崇文三宝"（天坛公园、明城墙、永定门），宣武更是北京城的肇始之地、宣南文化的发祥地和北京城著名的传统商业区。当古城墙和古城门逐渐消失，当四合院和胡同慢慢离我们远去，承载我们对家园记忆的或许只有家园的名字了。由此我们不难理解为什么崇文、宣武被取消后，那么多老北京市民表现出巨大的失落感，因为他们关于家的记忆由此便断裂了。

法国学者绍克吕说："地理是横的历史，历史是纵的地理。"那么，地名便是这"纵横"网络上繁星一般的自然实体的标记。以崇文、宣武命名城门已近 600 年，用它们命名行政区也已有半个多世纪。在这漫长的历史岁月中，崇文、宣武已经不单单是两个用来标记地理位置的名字，它们已经成为城市文化的胎记，体现着城市的底蕴，反映着城市的文脉，映衬着城市的特色。新的行政区划命名为东城、西城，结果"文武"变"东西"，从名字上人们已经看不到文化，看不到底蕴，也看不到特色了。甚至有老北京人感叹："'东西犹在'，'文武已失'，北京不再是原来的四九城了。"

5 年过去了，"文武"变"东西"的遗憾已然造成，后悔抱怨也已无济于事。今后，地名的演变、更改仍会继续，我们希望有关部门在修改地名时，能多听听百姓的意见，多听听专家的意见，多考虑一下历史和文化因素，不要让遗憾再次出现。

(本文引自《光明日报》，2015 年 5 月 27 日)

▲记者队伍建设信函
一封老新闻工作者的来信

编辑同志：

我是一个老新闻工作者。从事新闻工作 30 余年，我见证了改革开放给我省新闻事业带来的飞速发展。特别是近年来，我省新闻战线通过深入开展"三项学习教育"和"走转改"活动，涌现出大批先进人物和优秀新闻精品，媒体的经济实力和社会影响力也得到大幅提升，受到全国新闻界的肯定和关注。

不过，我同时也看到，我省一些新闻媒体仍然存在这样那样的问题，如有的媒体编辑记者对正面报道和建设成就宣传热情不高，认为缺乏新闻价值，但对负面新闻却兴趣十足，常常一拥而上；有的媒体对主旋律影视作品报道仅三言两语，对一些影视明星的风流韵事却连篇累牍；还有些媒体喜欢从互联网网站上"扒"新闻，导致经常出现虚假不实报道，严重影响新闻报道的公信力。

我还注意到,身边有的同行习惯以"黄鹤楼上看翻船"的心态看待社会发展中的问题,或者以"无冕之王"的口吻指责从事实际工作的同志;有的同行、特别是青年同行甚至以"打酱油的"自称神圣的新闻工作岗位,令一些老同志愕然不已。

我觉得这些情况应该引起足够重视。新闻工作者也是中国特色社会主义的建设者,是全社会各行各业建设者中的一员,而绝不是社会主义事业的局外人。因此,遇到社会问题,我们应该与广大人民群众同忧乐、共患难,绝不能有"黄鹤楼上看翻船"的"看客"心态,也不应该有高居人民群众之上的"无冕之王"错觉。新闻媒体是社会现象的"放大镜",是社会舆论的"扩音机",新闻报道的毫厘偏差都可能对现实生活产生倍加效应。心态的失准很容易带来报道的失误。因此,我们必须以社会主义建设者的姿态自觉担当社会责任,热情讴歌推动社会进步的人民群众,科学对待社会转型期的社会矛盾,努力凝聚中国力量,共同解决前进中的问题,实现我们的中国梦。

当然,我也知道,新闻媒体也有市场竞争的压力,也要讲求经济效益,但不应以猎奇媚俗来迎合市场,以牺牲社会效益来换取经济效益。这很可能是饮鸩止渴。其实,新闻媒体的经济效益往往与社会效益成正比,我们的报道如果满足人民群众的需要,就会被越来越多的人关注和信任,从而产生公信力和品牌效应,最后就会带来市场的经济回报。而我们的报道只有具备建设性,才能被人民信任,才能形成公信力和品牌效应。

随着新闻事业的发展,现在越来越多的年轻同志走上新闻工作岗位,在国内外复杂的政治形势和市场经济背景下,我们应该以什么样的角色姿态履行自己的职责使命?这个问题关系到我们新闻事业的未来。我不揣浅陋写来这封信,希望有更多的同志来思考这个问题,更希望新闻界的同行们用自己的实践科学地回答这个问题。

我的想法对吗?很希望得到你们的回答。

谨致

敬礼

一个老新闻工作者

2013年3月19日

(本文引自《湖北日报》,2013年3月27日)

第三节 受众信函

一、写作要点

(一)名称解释

受众信函,是读者、听众、观众等通过来信直接向媒体反映社情民意的报道。

（二）主要特征

1. 聚集性。这种信函集中反映受众普遍关注特别是直接关系到受众切身利益的问题。列宁曾把报纸的读者来信称为"最好的政治晴雨表"。长期以来，各种新闻媒体设"××聚焦""××来信""××信箱""××在线""××呼声""民声"等专栏，收到很好的效果。

2. 办理性。这种信函除了一部分用来宣传外大多涉及具体事务，通过记者采访、转交有关职能部门、复函、在线答复等方式，做到办必结、结必复。

（三）种类划分

1. 按作者分，有读者信函、观众信函、听众信函等。

2. 按内容分，有问题型信函、建议型信函、咨询型信函、求援型信函、表扬型信函、感谢型信函、批评型信函、致歉型信函等。

3. 按往来途径分，有来信、复信。

4. 按处理过程分，有披露信函、追踪信函。

5. 按成文形式分，有自撰信函、整理信函等。

6. 按构成分，有单篇信函、系列信函。

（四）基本结构

1. 标题

大多拟单标题。如公文式《热心观众来信选登》、主题式《让"老字号"持续走俏》、事由式《种粮大户有"四盼"》、提问式《修路损坏民宅　险情何时排除？》。有些受众信函在标题前加冒号或者标题后加圆括号注明作者身份及文种，如《读者来信：基层群众需要更多这样的好干部》。

有时拟双标题。如《一份报纸和它为之畅言的土地——写在〈三湘都市报〉创刊20年》。

系列信函一般拟专栏标题，如《读者聚焦》《党员来信》，专栏内单篇是否拟题酌定。

2. 消息头

经整理的受众信函有时设此项。

3. 署名

多是信函作者身份或者居住地加姓名，有的只写姓名。经整理的信函要写整理者的姓名。署名多在正文后，有的放在标题下方。

4. 称谓

一般写"编辑同志"。如果有明确的对象，可以直接写专栏名称或者记者、主持人姓名。如前面有消息头，不写称谓。

5. 正文

受众信函涉及面很广,每个信函根据特定内容来安排结构。单篇信函的结构比较完整,大多分前言、主体、结尾,其中主体部分按照时间顺序或者逻辑顺序安排层次;系列信函根据编辑的需要,或者不调整原文的结构,或者只选取原文的若干片段;自撰信函使用第一人称并且按现象或者问题的内在联系来处理先后、主次、详略;整理信函采取第一人称与第三人称结合的方式并且把原文意思与编辑意图巧妙融合。

6. 附录

需要回复的受众信函,要写明联系方式,如联系人、地址、邮政编码、电话号码、电子邮箱。

此外,祝颂语、成文日期等项目根据实际确定。

(五)注意事项

1. 写作客观恰当。作者要贴近基层,选择影响大、代表性强的问题,力求事实可靠而不失真、表达平允而不偏激。

2. 办理积极慎重。媒体要对大量的受众信函进行认真的筛选、分类、校核、加工,及时有效地承办或者转办,为受众排忧,让受众满意。

二、范文阅读

▲披露与追踪受众信函

无德小广告真的没治吗?

我居住的葫芦岛市是一座美丽的海滨城市。这里气候宜人,风景如画。但不知从何时起,"满天飞"的小广告竟然遍布城市的大街小巷。从火车站到汽车站、从商场到学校、从办公楼到住宅小区,凡是有人的地方都能看到胡乱粘贴的小广告。

这些小广告中,有的是将广告内容打印在纸上后用快干胶粘贴在墙上,有的是用黑油漆写在墙上,也有的是用黑油漆直接把字喷在墙上。

说这些小广告是坑人的小广告,一点儿都不过分。就拿我们小区来说吧。前几年我花了大半辈子的血汗钱终于买了一所属于自己的新住宅,可还没等装修入住,楼前房后的墙面和单元门上就已经贴满了各种小广告。有的人将小广告的内容用黑乎乎的油漆直接写在粉刷一新的墙面上。就这样,一座好端端的大楼让小广告给糟蹋了,让人看了真是气愤。

对这些大楼墙面和单元门上的小广告,物业的保洁员也曾经试图用水擦掉,后来又用专业清洗剂擦洗,但不管什么方法都很难彻底清除小广告留下的痕迹,最终一幢好端端的楼房变得面目全非。有一次我们小区在一夜之间竟有8栋大楼多处墙面被人用黑油漆写下了"办证"广告,后虽经保洁员清洗、粉刷,仍难恢复原样。

平时，每当谈起城市中随处可见的非法小广告，人们总是又反感又无奈。难道小广告问题真的无法解决了吗？我认为，只要有关部门肯下决心、花力气，办法总会有的。凡是粘贴小广告的人，不是都在广告后面留有联系电话吗？有关部门完全可以顺藤摸瓜，一查到底。该教育的教育，该处罚的处罚。只要有人管，问题迟早都能解决，即使是杜绝不了也可以有效控制，最起码不会让坑人的小广告肆意蔓延。

辽宁省葫芦岛市李连和

清理小广告　市容有改观

6月23日，《人民日报》读者来信版"社会观察"栏目刊登图文报道《无德小广告真的没治吗？》后，引起辽宁省葫芦岛市有关部门高度重视，开始全面清理小广告。

葫芦岛市城管支队按照市里统一部署和市容环境整治要求，将户外广告管理相关法律法规和政策编印成册，深入到各经营户，广泛宣讲，免费发放，并组织人员对户外小广告进行全面清理，落实管理责任。经过城管、街道、社区和小区物业多个部门1个多月的联合整治，葫芦岛市区小广告泛滥现象得到有效遏制，城市环境有了明显改观。

辽宁省葫芦岛市李连和

（本文引自《人民日报》，2015年6月23日、8月11日）

▲受众来信与复信

来信选登	
来信标题	江苏省何时出台中西医结合执业医师执业规范，明确中西医执业范围
来信时间	2015.4.19
来信内容	现在的治疗类执业医师主要分为三个类别，临床、中医、中西医结合。临床类执业医师的执业范围分为内外妇儿等很明确，但是中医和中西医结合执业医师执业范围就写到中医和中西医结合，没有二级分科，由此带来众多中医和中西医结合执业医师执业不明确。不知能不能在综合医院和专科医院非中医及中西医结合科室执业，特别能不能在综合医院手术科室，如外科执业。2001年至今，多省相继出台相关政策或解释明确了中医和中西医结合执业医师的执业范围。江苏省是全国中医及中西医结合强省，各项工作均在全国前列。 请问：江苏省有没有相关计划出台相关政策以解决数以万计相关专业医师的执业困惑。如果有非常感谢，如果没有请明确中西医结合执业医师在综合和专科医院非中医科和中西医结合科执业的合法性，如外科手术的合法性。

回复情况	
回复时间	2015.4.30
回复单位	江苏省卫生和计划生育委员会
回复内容	您好！来信已转至给我委办理，现就有关问题答复如下： 　　根据《中华人民共和国执业医师法》第十四条规定："医师经注册后，可以在医疗、预防、保健机构中按照注册的执业地点、执业类别、执业范围执业，从事相应的医疗、预防、保健业务。"因此，中医类别执业医师（含中医专业和中西医结合专业）按照规定注册后，可在综合医院、专科医院相关临床科室按照其注册的执业范围执业。 　　执业医师的注册管理应该按照《中华人民共和国执业医师法》和国家制定颁布的《执业医师注册管理办法》《关于医师执业注册中执业范围的暂行规定》等执行，中医类别执业医师执业范围等问题的解释权应由国家卫生和计划生育委员会或国家中医药管理局负责。制定中医类别执业医师执业范围相关政策，既应当符合法律法规规定，同时考虑与专业技术职称评定政策、医疗技术临床应用管理规定等相衔接。 　　目前，我们正在认真研究讨论解决中医类别执业医师执业的相关政策，并再次积极向国家中医药管理局反映政策、规定相互衔接问题，争取尽快妥善解决您所提出的要求。 　　感谢您对卫生工作的理解与支持！ 　　此复。

（本文引自江苏政府网,2015年5月22日）

第十二章　新闻资料

第一节　新闻资料概述

一、写作要点

(一) 名称解释

新闻资料,有广义和狭义之分。广义新闻资料,又称素材,是可作新闻依据的材料;狭义新闻资料,是写入新闻的一系列事实或者论据。本章所述的新闻资料,是新闻的一种边缘体裁,特指专门记述新闻资料的文书。

(二) 主要特征

1. 延展性。同是对新闻事实起补充作用,新闻背景写入文章,是新闻结构的一个组成部分;新闻资料是新闻的延展阅读,或者作为单独发表的文章,或者以链接的形式存在。

2. 丰富性。新闻资料所涉及的领域十分广泛,无论政治、经济还是天文、地理,无论远古还是现今,都根据需要撷取。

(三) 种类划分

1. 按对象分,有国际新闻资料、国家新闻资料、区域新闻资料、行业新闻资料、组织新闻资料、部门新闻资料、个人新闻资料等。

2. 按文种分,有报告、大事记、组织沿革、统计数字汇集、专题概要、名录、人物传记、科普作品、简介、文摘等。

3. 按性质分,有综合新闻资料、专题新闻资料。

4. 按写法分,有文章式新闻资料、图表式新闻资料、综合式新闻资料。

5. 按位置分,有独立性新闻资料、链接性新闻资料。

6. 按媒体分,有报纸新闻资料、杂志新闻资料、广播电台新闻资料、电视台新闻资料、网络新闻资料等。

(四)基本结构

1. 必备项目

(1)标题

单标题。主要有四种写法:一是名称式,如《南水北调中线工程》;二是事由式,如《中国载人航天任务航天食品的变迁》;三是主题式,如《张治中"婢"而不"卑"》;四是提问式,如《2015年春节为何姗姗来迟?》。

双标题。有两种:一是引正式,如《走进众声喧哗时代:中国互联网20年》;二是正副式,如《2014年中国智库报告——发展特点与政策建议》。

是否拟由引题、正题、副题组成的多行标题,酌定。

(2)署名

写组织、部门、集体名称或者个人姓名。一般置于标题正下方,有时写在正文后。

(3)正文

在结构上,完整的正文包括前言、主体、结尾。前言交代缘由、概述内容、提出问题,有时不设此项;主体的内容根据实际情况确定,层次安排有横式结构、纵式结构、纵横式结构;结尾深化主题、突出特色、补充说明,也可以不单设结尾。

在写法上,根据文体的不同,正文的写法有两大类:一是实用体,按照表达方式分为简介式、报道式、论证式、问答式、图表式等;二是文艺体,按照文体的特点分为散文式、故事式、曲艺式、图画式等。以上各种写法,要因文而异,经常交叉使用。

2. 选择项目

(1)封面

用于出版的新闻资料。

(2)目录

用于长篇、中篇新闻资料。

(3)注释

解释有关词语。

(4)附录

如有必要,可以把名词解释、图片、表格等附在正文后。

(5)附注

有的文种要注明出处。

(五)注意事项

1. 厚积薄发。重视资料的积累,建立数量可观、设计合理的资料库,并且通过采访、阅读等方式及时搜集与新闻事实相关的新情况,精心选择最佳资料。

2. 力求简捷。要配合纷繁多变的新闻,尽量写得简短、快捷。一般在几百字,有时三言两语。在形式上也要灵活,适当采用小贴士、集锦等写法。

二、范文阅读

▲文章式新闻资料

"国家秘密"的秘密

孔令钰

据新华社报道,美国每年产生秘密文件10万个,而中国则多达数百万个。在这众多"秘密"背后是一个繁杂的"国家秘密"生产机制。

土壤污染数据、高考试卷、计生部门统计的引产数……这些乍看毫不相干的名词,都有一个共同属性——国家秘密。

新修订的《中华人民共和国保守国家秘密法实施条例》将于2014年3月1日起施行,取代1990年版的《中华人民共和国保守国家秘密法实施办法》。该条例对2010年施行的新《中华人民共和国保守国家秘密法》(以下简称《保密法》)做出补充解释,再次引发媒体对"国家秘密"的热议。

从公开媒体报道可整理出,计时停车位规划案、因灾死亡人数、财政预算等这些与普通人密切相关的信息,都曾是不予公开的国家"秘密"。还有些曾经的"秘密"则让人费解,比如早已被新华社全文刊发过的中央"一号文件",甚至刑事案件中作为证据的死人头骨。

这些"秘密"背后是一个繁杂的"国家秘密"生产机制。那么在中国,一项事务从变成国家秘密,到最终解密让所有人知道,中间要经历哪些环节?

综合公开信息资料显示,大致有四个环节:比照—定密—备案—解密。但在实际操作中,可能要复杂得多。

谁主宰定密规则

简单来说,这个过程类似于"抓娃娃"游戏:如果躺在陈列箱里的娃娃当中,有的是需要标注为"秘密"的,必须抓出来,那么首先就必须观察哪些是"秘密",这就需要比照每个"抓娃娃"的人手里都会拿着一张对照单,根据单子的要求选"娃娃"。这些单子,即国家保密局分别会同各中央机关制定的92个保密事项范围,也就是92份分门别类的文件。

以公布在多个地方水利部门官网的《水利工作中国家秘密及其密级具体范围的规定》为例。"省级及省级以上防汛指挥机构未公布的洪涝和干旱灾情"被认定为是秘密,"省级及省级以上防汛指挥机构未公布的水库垮坝和堤防决口情况"也是秘密,所以如果在日常文件中出现了这方面的信息,就需要注意与认定。

只是这92个保密事项范围并非全部公之于众,《保密法》里对它们的规定是"在有关范围内公布"。2000年,曾有一位为某涉贪官员辩护的女律师将卷宗给当事人家属看,被法院一审判为泄露国家秘密罪,但因为检察院对她的起诉依据的是《检察工作中国家秘密及其具体范围的规定》——一份并未全国公布的规定。律师反驳,自己不属于应知晓人,也不可能知悉。最后,法院二审终审判其无罪释放。

很多人无法理解的某事项有时被定为国家秘密,其实大部分都能在这些未公布的规定里找到源头。比如财政预算、决算以前是不公开的,因为在1997年由国家保密局和财政部联合发布的《经济工作中国家秘密及其密级具体范围的规定》里就说,财政年度预算、决算草案及其收支款项的年度执行情况,历年财政明细统计资料等属于"国家秘密"。只是后来这个规定被修改了。

需要说明的是,一起参与保密的人也需要资质认证,他们是各单位的"保密工作领导小组"成员。而负责定密的,是"定密工作领导小组"成员。在制度安排上他们应该是两套人马,但在有的地方"保密"和"定密"小组是同一套人马。

至于具体操作的人,就是来自"定密工作领导小组"中的"定密责任人"。据《保密法》第十二条:机关、单位负责人及其指定的人员为定密责任人,负责本机关、本单位的国家秘密确定、变更和解密工作。

所以定密责任人一般是各单位一把手,不过有关调研报告显示,在某些地方,出现过将文件起草人甚至校核人员确立为"定密责任人"的情况,这显然是错误的理解。

由于定密责任人能认定什么是"秘密",所以这些人要接受培训考核,签订保密承诺书,如果出现错定、漏定行为,会追究其法律责任。

定密包括对"秘密"的分级,也就是将不同的"娃娃"抓出来后,放进不同的筐里。"秘密"依重要程度从高至低,分为绝密、机密、秘密三级,保密期限分别为不超过30年、20年和10年。秘密期限届满,自行解密。

定密容易解密难

解密也分两种情况:一是保密期满,自动解密;二是"定密责任人"在定期审核国家秘密时,研判发现形势有变,可以提前或延长解密时间。一旦做出解密决定,应当通知原知悉单位和个人。

只是,实践中提前解密的情况似乎并不多,因为定密人员都倾向于把保密时间定得足够长。不仅如此,定密单位还将"秘密"奉为至宝。曾任职国家保密局法规室主任的郭杰记述,有单位一度把"有无国家秘密"作为衡量本单位是否重要的标准,把一些非密事项确定为国家秘密,只是为让上级领导重视;还有单位借机生财,将本不该定密的资料标上密级,公开征订,称这是供党和国家领导人参考的秘密刊物。

如此造成国家秘密泛滥。全国人大在《保密法》的立法调研中发现:定密随意,解密不及时……

是否会用"国家秘密"做挡箭牌,日益成为考验政府的一道试题。2009年,有公民向广州和上海市政府递交申请,要求公开部门预算。8天后,两个城市都给出答复。广州市财政局称,会将内容放在网上,可公开下载;而上海市却以"国家秘密"为由拒绝。

以上种种让我们成为一个"秘密大国"。保密系统流传着这样一个玩笑,据媒体报道,境外间谍对来自中国的情报很头疼,数量惊人,但大部分不是秘密,可是为了不错过有用的信息,他们不得不紧盯住每一张纸片。

一直在"公开"的路上

吊诡的是,一方面非密信息成为国家秘密,而另一方面,真正的国家秘密却频频走光,比如经济数据泄密。

2011年10月,最高人民检察院和国家保密局联合通报,原国家统计局干部孙某、中国人民银行干部伍某泄露涉密经济数据,分别被判处有期徒刑5年及6年。伍某利用其国家统计局办公室秘书室副主任、局领导秘书职务之便,先后将国家统计局尚未公布的27项涉密数据,泄露给证券从业者。伍某则在中国人民银行金融研究所工作期间,"出手"25项涉密数据。

事实上,GDP、CPI等数据泄密屡见不鲜,时常有外媒抢先曝出高度吻合的数字,分布在数据链上的某些政府官员成了券商的"信息掮客"。

2008年5月,《政府信息公开条例》实施,成为公民要求政府公开信息的法律依据。"国家秘密"遭到挑战。据该条例,"涉及公民、法人或其他组织切身利益的"政府信息,行政机关应主动公开。

然而这难免同"国家秘密"相扞格。比如土壤污染数据,既"涉及公民切身利益",也属于"公开或泄露后会严重损害国家形象和社会安定的国土资源数据"。

2011年,98个中央部门晒出"三公"账单,而外交部等三个部门仍以涉密为由,拒绝公开。

从法律位阶来看,《政府信息公开条例》低于《保密法》,所以当前的信息公开仍是《保密法》控制下的信息公开。

但将视线拉长,信息公开仍是大势所趋。2005年8月起,因自然灾害致死人数解密。而在此之前,2003年的SARS病例仍是国家秘密;1970年,云南通海大地震的死亡人数在30年后的悼念集会上才得以披露。

解密之路往往曲折漫长。2010年,国土资源部作为第一个中央部委公布部门预算时,全国人大财经委副主任委员吴晓灵感叹:"中国新一轮预算改革即公共预算改革从1999年就开始了,时间过去了11年,今天才有中央部门公开自己的'账本',是否有点漫长啊。"

与财政预算类似,$PM_{2.5}$也曾被冠以"国家秘密"的帽子,最终还是摘掉了。

(本文引自《东南西北》,2014年第16期)

▲图表式新闻资料

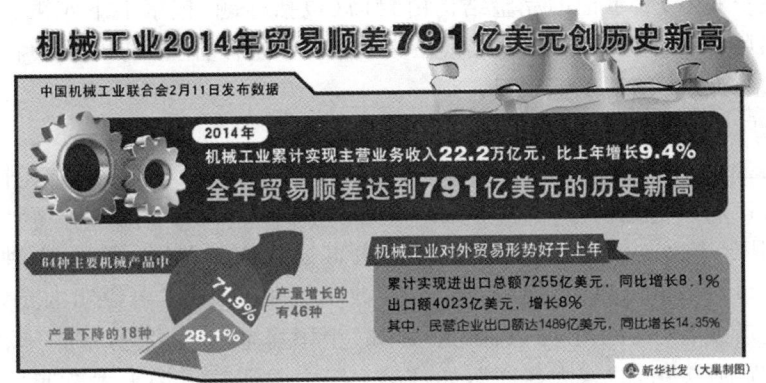

（本文引自中国政府网，2015年1月31日）

第二节 大事记

一、写作要点

（一）名称解释

大事记，是按照时间顺序简要记述一定范围内发生的重大事件和重要活动的一种新闻背景资料。

（二）主要特征

1. 要事性。大事记的"大事"是指那些意义重大、反响强烈、影响深远的事，具有新闻冲击力。

2. 价值性。大事记往往配合重要新闻而编写，具有较强的资治、科研、教育、查考价值。

（三）种类划分

1. 按对象分，有国际大事记、国家大事记、区域大事记、行业大事记、组织大事记、个人生平大事记（又称年谱）。

2. 按性质分，有综合大事记、专题大事记。

3. 按时间分，有古今大事记、断代大事记、年度大事记、季度大事记、月份大事记等。

4. 按位置分，有独立性大事记、链接性大事记。

(四)基本结构

从档案资料看,大事记的完整结构由封面(包括标题、记事上下年限、署名、编制年月或者出版社名称等)、序言、目录、正文、按语与注释、附录等组成。在新闻写作中,大事记结构主要包括以下项目。

1. 标题

大多是公文式单标题。主要有五种写法:一是期限、范围、事由、文种,如《2014年中国融资市场大事记》;二是期限、范围、文种,如《2013年中国内部审计协会大事记》;三是期限、事由、文种,如《2015年教育大事记》;四是范围、事由、文种,如《中国载人航天大事记》;五是事由、文种,如《财税改革大事记》。需要说明的是,有时把期限写在标题后或者标题正下方,加圆括号,如《中国房地产大事记(1949—2013年)》;有的期限、范围、事由加"×大新闻",如《2014年中国证券市场十大新闻》;有的从期限、范围、事由中选择相关要素加"×大××""×件大事""之最"等,如《三峡工程之最》。

有时拟双标题。如《为全面建设小康社会、开创中国特色社会主义事业新局面而奋斗——党的十六大以来大事记》。

标题写在文章第一行或者封面。

2. 署名

写在标题正下方或者正文后。有时不设此项。

3. 正文

前言。说明编制大事记的目的、意义、原则、对象、期限等。有时不设前言,起笔叙事。

主体。在体例上,有六种:一是编年体,以时间为中心,按年、月、日编排;二是分类编年体,综合大事记先把涉及的事件分成若干条目,然后分别按时间顺序说明;三是纪事本末体,以事件为中心,侧重于叙事;四是编年纪事本末结合体,以时间为序,记事比较完整;五是大事记述体,记述重要事件,方法有先记后述、夹记夹述;六是纪传体,采用人物传记的写法,专用于个人生平大事记。在写法上,有两种:一是大事时间。这一项目居前。一般情况写明年、月、日,特殊情况还要标出具体时、分、秒;历史事件除了公元年号外要写朝代年号。没有具体日期的附在末尾,称为"是年"或者"本年"、"是月"或者"本月"。二是大事记述。这是核心部分。一般一条一事,不能把几件事合为一条。在层次上,有两种:一是分部式,主体划分若干部分,用于篇幅较长的大事记;二是分段式,主体分为几个自然段,用于篇幅较短的大事记。层次有时用序数、小标题、序数加小标题、时间、特殊符号"●""★""◆"等作标志。

4. 注释

如有必要,在正文后注明重要资料的出处,解释术语或者其他生僻词语等,逐一标出顺序号、词语、解释。

（五）注意事项

1. 选材当严。选材是大事记写作的关键环节。要根据表达主题的需要，按照选择大事的标准，全面初选、认真复选、准确定选。

2. 表达贵简。新闻中的大事记是以时为经、以事为纬来勾勒一部简史，应该用概括说明的方法交代相关的人、事、时、地、因、果等要素，语言也要简洁明了。

二、范文阅读

▲综合大事记

2015年国际十大新闻

新华网北京12月30日电　新华社评出2015年国际十大新闻（按事件发生时间先后为序）

一、中国特色大国外交成果丰硕

1月8日至9日，中国—拉共体论坛首届部长级会议在北京举行，标志着该机制正式启动。一年来，中国外交全面进取、积极有为，取得瞩目成就：全方位外交不断拓展，既有大国关系良性互动，也有周边外交精耕细作，同广大发展中国家关系进一步深化拓展，多边外交精彩纷呈；成功举办纪念抗日战争暨世界反法西斯战争胜利70周年活动，积极参与联合国成立70周年系列峰会等多边活动，主客场外交协同呼应；提出的一系列中国特色外交理念广获赞誉，"一带一路"、亚投行等重大合作倡议开花结果，参与解决国际地区热点问题成效卓著。

二、尼泊尔发生强烈地震

4月25日，尼泊尔中部地区发生8.1级强烈地震。地震在尼泊尔境内造成约9000人死亡、2.2万多人受伤，全国受灾民众达800万，约占尼泊尔总人口的四分之一。地震还导致尼泊尔大量基础设施和文化古迹损毁，其中包括著名的世界文化遗产杜巴广场，尼泊尔重要经济支柱旅游业受到重创。灾害发生后，包括中国在内的国际社会施以援手，帮助尼泊尔灾区开展救援和重建工作。

三、世界纪念反法西斯战争胜利70周年

国际社会举行一系列活动，共同纪念世界反法西斯战争胜利70周年。5月5日，第69届联合国大会举行纪念反法西斯战争胜利70周年特别会议。5月9日，俄罗斯举行纪念卫国战争胜利70周年庆典，中国国家主席习近平和来自世界约20个国家和地区及国际组织的领导人出席。9月3日，中国举行纪念中国人民抗日战争暨世界反法西斯战争胜利70周年大会，65位外国领导人、政府高级别代表、联合国等国际组织负责人、前政要等应邀出席。9月，联合国成立70周年系列峰会在纽约举行，一个主要目的是重申对《联合国宪章》宗旨和原则的承诺，维护世界反法西斯战争胜利成果。

四、伊朗核问题全面协议达成

7月14日,伊朗核问题六国(美国、英国、法国、俄罗斯、中国和德国)与伊朗经过近两年谈判,达成解决伊核问题的全面协议。根据协议,伊朗放弃部分核计划,西方则逐步解除对伊经济和金融制裁。10月18日,协议开始生效。12月15日,国际原子能机构通过决议,结束对伊朗是否秘密研发过核武器等问题长达12年的调查,为有关方解除对伊制裁消除了不确定性,协议将进入执行阶段。尽管达成全面协议,但伊朗与以美国为代表的西方国家之间改善关系之路仍然漫长。

五、联合国通过2030年可持续发展议程

9月25日,联合国发展峰会正式通过2030年可持续发展议程。新议程包括17个可持续发展目标和169个具体目标,将为未来15年世界各国发展和国际发展合作指引方向,各国承诺努力使新议程到2030年得到全面执行。多年来,中国为全球可持续发展事业作出了重要贡献。国家主席习近平在出席联合国成立70周年系列峰会期间,宣布设立"南南合作援助基金"等对发展中国家最新援助举措,展现了中国负责任大国形象。

六、难民潮冲击欧洲

美国等西方国家推行的新干涉主义使包括西亚、北非在内的中东地区国家战乱进一步加剧,导致大量难民出逃。联合国的最新数据显示,今年涌入欧洲的难民已超过百万,其中绝大多数跨越地中海进入欧洲,并已有近3700因渡船沉没葬身海底。欧盟预计,难民潮仍将持续,到2016年年底,涌入欧洲的难民将突破300万。这场二战以来欧洲经历的最大难民潮已开始冲击欧洲原有的安全、社会、文化和经济秩序及一体化进程。

七、全球反恐形势严峻

10月31日,一架俄罗斯客机在埃及坠毁。11月13日,法国巴黎发生系列枪击爆炸事件。极端武装"伊斯兰国"宣称制造的这两起事件均造成重大人员伤亡。今年以来,恐怖分子还在肯尼亚、突尼斯、科威特、土耳其、马里、美国等地制造严重恐怖袭击事件,引起国际社会强烈公愤。联合国安理会多次通过决议,要求加大对恐怖组织的打击力度。俄、法以及美国主导的"国际联盟"加大对伊拉克和叙利亚境内"伊斯兰国"目标的打击力度。

八、人民币"入篮"特别提款权

北京时间12月1日,国际货币基金组织执董会批准中国人民币加入特别提款权货币篮子。特别提款权是基金组织创设的一种国际储备资产,用以弥补成员国官方储备不足。新货币篮子将于2016年10月1日正式生效。届时人民币将被认定为可自由使用货币,与美元、欧元、日元和英镑一道构成特别提款权货币篮子。人民币"入

篮"有利于中国深化金融改革,推动经济发展;有利于完善国际货币体系,维护全球金融稳定。

九、巴黎气候变化大会通过新协定

12月12日晚,《联合国气候变化框架公约》近200个缔约方在法国巴黎一致同意通过《巴黎协定》,为2020年后全球应对气候变化行动作出安排。根据协定,各方将以"自主贡献"的方式参与全球应对气候变化行动,把全球平均气温较工业化前水平升高控制在2摄氏度之内,并为把升温控制在1.5摄氏度之内而努力。全球将尽快实现温室气体排放达峰,本世纪下半叶实现温室气体净零排放。中国为推动达成协定作出了积极的建设性贡献,得到各方高度评价。

十、亚投行成立促进互联互通

12月25日,57国共同筹建、筹备800余天的亚洲基础设施投资银行正式成立,全球迎来首个由中国倡议设立的多边金融机构。截至当天,17个意向创始成员国已批准亚投行协定并提交批准书,股份总和占比达到50.1%。亚投行总部设在北京。根据筹建工作计划,亚投行开业仪式暨理事会和董事会成立大会将于明年1月在北京举行。亚投行的成立,将推动亚洲地区基础设施建设和互联互通,深化区域合作,实现共同发展。

(本文引自新华网,2015年12月30日)

▲专题大事记

2015年第三季度中国货币政策大事记

7月3日,发布《2014年中国区域金融运行报告》。

7月7日,中国人民银行与南非储备银行签署了在南非建立人民币清算安排的合作备忘录。

7月13日,中国人民银行货币政策委员会召开2015年第二季度例会。

7月14日,中国人民银行印发《关于境外央行、国际金融组织、主权财富基金运用人民币投资银行间市场有关事宜的通知》(银发〔2015〕220号),对境外央行类机构简化了入市流程,取消了额度限制,允许其自主选择中国人民银行或银行间市场结算代理人为其代理交易结算,并拓宽其可投资品种。

7月15日,中国人民银行向全国人大财经委员会汇报2015年上半年货币政策执行情况。

7月15日、7月20日,国家外汇储备分别向国家开发银行、进出口银行注资480亿美元、450亿美元,顺利完成改革方案要求的资本金补充工作。

7月18日,为鼓励金融创新,促进金融健康发展,明确监管责任,规范市场秩序,经党中央、国务院同意,中国人民银行等10部委联合印发《关于促进互联网金融健康发展的指导意见》(银发〔2015〕221号)。

7月24日,发布中国人民银行公告〔2015〕第19号,明确境内原油期货交易跨境结算管理规定。

8月7日,发布《2015年第二季度中国货币政策执行报告》。

8月10日,国务院印发《关于开展农村承包土地的经营权和农民住房财产权抵押贷款试点的指导意见》,明确由人民银行会同中央农办等11部门,按职责分工成立试点工作指导小组,慎重稳妥推进农村承包土地的经营权抵押贷款试点和农民住房财产权抵押、担保、转让试点工作。

8月11日,中国人民银行发布关于完善人民币兑美元汇率中间价报价的声明。自2015年8月11日起,做市商在每日银行间外汇市场开盘前向中国外汇交易中心提供的报价应主要参考上日银行间外汇市场的收盘汇率,并结合上日国际主要货币汇率变化以及外汇供求情况进行微调。

8月26日,中国人民银行下调金融机构人民币贷款和存款基准利率,以进一步降低企业融资成本。其中,金融机构一年期贷款基准利率下调0.25个百分点至4.6%;一年期存款基准利率下调0.25个百分点至1.75%;其他各档次贷款及存款基准利率、个人住房公积金存贷款利率相应调整。同时,放开一年期以上(不含一年期)定期存款的利率浮动上限,活期存款以及一年期以下定期存款的利率浮动上限不变。

8月31日,中国人民银行发布《关于加强远期售汇宏观审慎管理的通知》(银发〔2015〕273号),将远期售汇纳入宏观审慎管理框架,对开展代客远期售汇业务的金融机构收取外汇风险准备金。

9月3日,中国人民银行与塔吉克斯坦中央银行签署了规模为30亿元人民币/30亿索摩尼的双边本币互换协议。

9月6日,中国人民银行下调金融机构人民币存款准备金率0.5个百分点。同时,有针对性地实施定向降准,额外降低县域农村商业银行、农村合作银行、农村信用社和村镇银行等农村金融机构存款准备金率0.5个百分点,额外下调金融租赁公司和汽车金融公司存款准备金率3个百分点。

9月7日,中国人民银行印发《关于进一步便利跨国企业集团开展跨境双向人民币资金池业务的通知》(银发〔2015〕279号)。

9月15日,中国人民银行改革存款准备金考核制度,由时点法改为平均法考核。即维持期内,金融机构按法人存入的存款准备金日终余额算术平均值与准备金考核基数之比,不得低于法定存款准备金率。同时,存款准备金考核设每日下限。即维持期内每日营业终了时,金融机构按法人存入的存款准备金日终余额与准备金考核基数之比,可以低于法定存款准备金率,但幅度应在1个(含)百分点以内。

9月17日，中国人民银行与阿根廷中央银行签署了在阿根廷建立人民币清算安排的合作备忘录。

9月23日，中国人民银行货币政策委员会召开2015年第三季度例会。

9月25日，中国人民银行印发《关于推广信贷资产质押再贷款试点的通知》(银发〔2015〕299号)，决定在上海、天津、辽宁、江苏、湖北、四川、陕西、北京、重庆等9省(市)推广信贷资产质押再贷款试点。

9月29日，中国人民银行与赞比亚中央银行签署了在赞比亚建立人民币清算安排的合作备忘录。

9月30日，发布中国人民银行公告〔2015〕第31号，开放境外央行(货币当局)和其他官方储备管理机构、国际金融组织、主权财富基金依法合规参与中国银行间外汇市场。

9月30日，为进一步改善住房金融服务，支持合理住房消费，中国人民银行和银监会联合发布《关于进一步完善差别化住房信贷政策有关问题的通知》(银发〔2015〕305号)。

(本文引自中国经济网2015年11月13日)

第三节 简　介

一、写作要点

(一)名称解释

简介，是简明扼要地介绍新闻资料的文书。

(二)主要特征

1. 介绍性。简介属于最基本的新闻资料，通过各种新闻媒体介绍相关情况，让受众有个初步了解。

2. 简要性。简介短则几十字、多则几百字，针对主要内容用简洁的文字和精确的数字勾勒概貌。

(三)种类划分

1. 按对象分，有国家简介、区域简介、地区简介、行业简介、组织简介、人物简介、会议简介、事件简介、知识简介等。

2. 按性质分，有总体简介、专题简介。

3. 按位置分，有独立性简介、链接性简介。

（四）基本结构

1. 标题

大多是单标题。主要有两种写法：一是对象名称加文种"简介""概况"等，如《中国民航事业简介》；二是只写对象，如《第七届亚欧首脑会议》。

有的简介不拟题。

2. 署名

简介一般不署名。如需署名，写在正文后或者标题正下方。

3. 正文

在内容上，由于对象不同，简介各有侧重。例如，组织简介包括组织的名称、成立时间、地理位置、宗旨、性质、隶属关系、项目、员工人数等基本情况；历史沿革；目前规模、力量、效益、社会影响、获得荣誉；发展前景。会议简介包括会议名称及届次；时间、地点及主持人；与会人员；会议主题、议题；决议事项；意义。人物简介包括人物的姓名、性别、籍贯、民族；生卒年月；学历、简历、党派、职务；主要功绩及成果；反映人物精神风貌和本质特征的典型事例。事件简介包括事件的名称、时间、地点、主要人物、原因、经过、结果、评价等。

在结构上，有两种：一是篇段合一式，正文只有一段文字，段首指出对象，段中按时间顺序或者逻辑顺序介绍，段尾酌定；二是多段说明式，正文由多个段落组成，前言总括、主体展开、结尾酌定，也可以不设前言和结尾，全文按横式结构逐一排列。

在写法上，主要有十一种：一是诠注法，对有关对象的含义、特征、构成、功用等加以解释；二是分类法，把复杂的事物分成若干类分别介绍；三是循序法，按照事物本身的条理或者人们认识事物的过程，依循时间、空间、逻辑顺序说明；四是概述法，对事物简括介绍，使受众了解总体轮廓；五是例证法，举出实例来介绍，使抽象变为具体、深奥变得浅显；六是比较法，通过事物之间的纵向或者横向比较来突出其特征；七是比喻法，通过打比方来介绍，显得通俗生动；八是引用法，援引有关资料增强文章的真实性和说服力；九是数字法，用数据说明事物，便于读者从量的方面认识事物的本质特征；十是图表法，用图片、表格的方式介绍有关情况，有直观、简便的优点；十一是问答法，以提问和回答的方式介绍事物，内容集中、鲜明。也可以把以上几种写法综合运用。

4. 附录

有的简介还附有图片、表格等。

（五）注意事项

1. 善于概括。新闻资料涉及的内容较多，在简介里不可能面面俱到。所以，要对有关内容进行分析综合，概括出最基本、最重要的信息，做到条理分明。

2. 要言不烦。在表达上,也要力求精练,避免冗长烦琐。直截了当地说明是什么、怎么样,无须藻饰,也不必搞"迂回"战术。

二、范文阅读

▲组织简介

中国进出口银行简介

中国进出口银行成立于1994年,是直属国务院领导、政府全资拥有的国家银行,主要职责是为扩大我国机电产品、成套设备和高新技术产品进出口,推动有比较优势的企业开展对外承包工程和境外投资,促进对外关系发展和国际经贸合作,提供金融服务。截至目前,在国内设有20余家营业性分支机构;在境外设有巴黎分行、东南非代表处和圣彼得堡代表处;与1000多家银行的总分支机构建立了代理行关系。

(本文是《进出口银行主动适应经济发展新常态　新起点上开拓新局面》链接,引自《人民日报》,2015年2月12日)

▲人物简介

张秉贵(1918—1987,1958年入党)

张公秉贵,北京人也。少为杂货店徒工,颇历苦难。及国家新立,百业待举,乃入北京百货大楼为售货员。卅余年守职不怠,于微末之岗放伟大之光。人所称者,斤两"一抓准",价银"一口清",服务"一团火"是也。赞曰:七尺身躯,屹然风景;方寸柜台,譬乎乾坤。

(本文是《百位共产党员百篇小传》之一,引自《人民日报》,2014年7月2日)

▲事件简介

大庆油田的勘探开发

新中国成立后,国家投入大量人力物力进行石油勘探开发。1955年,根据陆相沉积构造中油气能够生成的理论,国家开始对东北松辽盆地进行地质勘探。1959年9月在松辽盆地找到工业性油流,并进而发现油田。这是中国石油地质勘探工作取得的重大成果。因临近国庆节,将油田命名为"大庆油田"。

1960年2月,中央批准石油部党组关于集中石油系统一切可以集中的力量打歼灭战的建议,决定集中力量在大庆地区进行石油勘探开发会战。以石油部、地质部为主,农垦、机械、冶金、电力、建工、铁道、林业、商业等部提供大力支援。中央还决定从人民解放军退伍军人中动员3万人参加石油会战。全国各石油管理局和30余个石油厂矿、院校,共抽调几十支钻井队、几千名科技人员、上万名工人和7万余吨器材、设备参加会战。

经过3年多时间,高速度、高水平地探明和建设了大庆油田,形成年产600万吨原油的生产能力。1963年,大庆油田产原油439.3万吨,占全国原油产量的67.3%。全国原油、汽油、柴油、煤油和润滑油等主要产品产量全面超额完成计划;中国自己设计和新建成的大型炼油厂,建设时间缩短了1年。周恩来宣布:"我国需要的石油,现在可以基本自给了。"

1965年底,我国实现国内消费原油和石油产品全部自给。大庆油田勘探开发过程中,以王进喜为代表的工人、科学技术人员和干部,奋勇拼搏,形成了"铁人精神",展示了中国工人阶级的崭新精神风貌。

(本文是《新中国成就档案》之一,引自《人民日报》,2014年10月7日)

第四节 文 摘

一、写作要点

(一)名称解释

文摘有广义和狭义之分。广义文摘,泛指对有关文章、著作所做的摘录;狭义文摘,特指"以提供文摘内容梗概为目的,不加评论和补充解释,简明、确切地记述文献重要内容的短文"(《文摘编写规则》GB 6447—86)。本节所述的是对有关新闻资料所做的扼要摘录。它不仅见于《新华文摘》《青年文摘》《文摘报》《书摘》等专门报刊,也经常用于各类新闻媒体。

(二)主要特征

1. 萃聚性。文摘把大量的新闻资料汇集在一起,并通过各种媒体向社会报道,让受众及时了解相关信息。

2. 浓缩性。文摘写作是一个去粗取精的过程,通过加工提炼,以较短的篇幅载入价值高的新闻,因而文摘在信息密集的当今愈受喜爱。

(三)种类划分

1. 按内容分,有时政文摘、经济文摘、科教文卫体文摘、政法文摘、军事文摘、外事文摘、社会文摘、娱乐文摘等。

2. 按构成分,有单篇文摘、系列文摘。

(四)基本结构

1. 标题

单篇文摘标题大多使用原题,如《走进众声喧哗时代:中国互联网20年》;也可以根据实际情况适当修改,如把原稿标题《新起点上,预算法如何捍卫超20万亿元国家财政》改为《预算法修改后如何看"国家账本"》。

系列文摘一般拟栏目总题,如《文摘报》所设的《新政策》《数字新闻》《案件快递》《丝语》《论点短辑》等专栏标题,专栏内单篇文摘是否拟分题酌定。

2. 署名

有两种写法:一是大多写原文作者的组织、部门、集体名称或者个人姓名;二是有时写文摘作者的姓名。其中,单篇文摘署名位于整篇文章标题正下方或者正文后,系列文摘署名位于该文标题正下方或者正文后。

3. 正文

在内容上,要认真分析原稿的主题及资料,根据需要进行筛选,做到重点突出、个性鲜明。

在结构上,单篇文摘有一段、多段两种,其中多段按前言、主体、结尾具体安排;系列文摘围绕同一主题、资料、行业把两个或者两个以上的短文摘组成一个专栏,层次用序数、小标题、序数加小标题、特殊符号"●""★""◆"等排列。

在写法上,主要有如下三种:一是摘要法,摘取要点,记述原文梗概;二是节选法,根据需要截取原文的部分段落或者章节;三是缩写法,把内容较多、篇幅较长的原文进行压缩,保留其主要内容。

4. 附注

在正文后标明原文的出处,要写得具体、明确。

(五)注意事项

1. 尊重原文。原稿是文摘的基础。要认真核对,不能出现疏漏;保持原稿的主题和风格,切忌搞得面目全非。

2. 突出亮点。文摘的作者不是"文抄公",文摘写作是一项创造性的工作。应该充分考虑编辑所需、受众喜好等因素,策划新颖的专栏,选取鲜活的资料,表达独特的见解。

二、范文阅读

▲单篇文摘

解读国务院常务会

林衍

……对于这个国家,国务院常务会议意味着什么?

在关注国务院常务会议达15年之久的学者彭真怀眼里,它是中央政府"给人民的答卷";在第十、十一届全国人大代表、湖北省统计局副局长叶青口中,它是"政策的风向标";而在一位中南海的工作人员看来,它是国家治理"行政系统中最高的决策平台",也是外界"观察施政重心的一个很好的视角"。

它召开的地点是中南海内国务院第一会议室。从2013年3月18日新一届政府第一次召开国务院常务会议至今,在这间会议室,李克强总理已主持召开了38次常务会议。

梳理38篇国务院常务会议新闻通稿就会发现,"改革"一词总计出现了191次,在所有有效词汇的出现频率中排名第一。这38次常务会议所讨论过的100个左右的议题中,涉及"改革"的议题数量同样排在首位。"改革真的来了!"在解读这38次国务院常务会议时,一位参会工作人员由衷叹道。

总理对决策品质是有标准的,如果达不到标准,绝不会迁就

2014年2月12日,李克强主持召开本届政府的第38次国务院常务会议。与往常一样,他坐在会场中央的椭圆形会议桌前,身后是一面国旗,桌上摆放着一支红笔、两杆铅笔与一瓶英雄牌的蓝黑墨水。

会议伊始,李克强语气沉重地说:"雾霾现在成了网上出现频率最高的词,已成为民生改善的当务之急。这个问题,政府决不能回避。"

一位在场的工作人员清楚记得,坐在总理对面汇报的是环保部部长周生贤。听汇报时,李克强一直在材料上记录着。当周生贤汇报结束准备离开时,李克强说:"你先别走,我还有几个问题要问你。"然后他便对着材料后面的具体措施逐条发问:"这几条措施以前就有同样的政策,这次是不是准备加大力度?这几条措施是新推出的,设计合不合理,有没有做过足够的论证?"

围绕这一议题,李克强的追问不少于数十问。

这位工作人员回忆,除了周生贤,还有几位相关部门的部长也依次回答了总理针对治污措施提出的问题,有位座位较远的部门负责人直接站起来大声回应总理的提问。通过彼此一系列现场问答,李克强对一些列出计划的工作要求"加码"。他强调,要加强科学论证,一旦做出承诺就一定要兑现,"政府不能放空炮"。

某种意义上,这一幕也可以代表一年来国务院常务会议鲜明的议事风格。在会上,汇报人汇报时间原则上不超过10分钟,至于参与讨论的相关部委负责人,李克强则要求他们直接提问题,有意见说意见,客套话免说,附和的可以不说。

一位部委负责人形容自己参会的感受:李克强外表看起来很谦和,但决策时有一种毫不动摇的意志和决心,近距离接触的人都能感受到这种"气场"。"参加他的会,需要格外备足功课。"他说。

除去紧凑的发言节奏,议题之间的切换也往往是"无缝衔接"。"把讨论第一个议题的部长们请出去时,要列席第二个议题讨论的部长们就已经进来了。"一位会务组的工作人员说,为了方便离开,他们往往会把只参加一个议题讨论的部长安排在靠近门口的位置,而并非完全按照级别、顺序排列座次。

"会风最大的特点就是务实。"一位参会者说,有的事儿刚在会上定下来要做,分管的副总理便马上起身,叫上相关部委的负责人到门口商量。据他回忆,总计召开的

38次国务院常务会议上,最多一次讨论了7个议题,而会议常常持续到过了午饭"饭点儿"。

相比于如何开会,国务院常务会议的议题如何确定,或许更为外界关注。

据一位会务组的工作人员介绍,国务院常务会议研究的议题,上会前都要经过充分调研论证。比如"将'注册资本实缴登记制'改为'认缴登记制'等放宽工商登记条件的方案",在2013年3月18日的第1次国务院常务会议上就已经被要求纳入相关部门的工作时间表,到10月25日相关部委准备成熟后才上会。

相较之下,像"促进光伏产业健康发展"等促进经济结构调整的议题,则是在复杂经济环境下由总理亲自圈定的。

原则上,国务院常务会议每周三上午召开。一旦确定议题上会,往往就意味着要"定事"。一位工作人员将这些上会的议题视为中央政府施政的重要路径:"民之所望,施政所向。"

作为中国人民大学国家发展与战略研究院研究员,彭真怀持续关注国务院常务会议。"对于老百姓来说,从国务院常务会议上能看出政府想解决什么问题。它是中央政府做出表率,引领地方各级政府对人民群众做出的承诺。所以你看,每次常务会议要解决的议题都是经济社会生活中最重大、紧迫的问题。"

"议题一旦上了国务院常务会议,就意味着要把改革方案转变成具体可操作的措施了,即时间表与路线图,落实到具体部门。就好比国务院画了一张标准像,底下要开始一级级临摹了。当然,可能有的标准也会走样。"曾兼具全国人大代表与官员双重身份的叶青根据自己所了解的情况分析道。

一位知情者透露,并非每项上会议题都能讨论通过。他说:"总理的执政理念非常清晰,对于决策的品质是有标准的。如果达不到标准,他绝不会迁就。"

就是要扭住改革不放,让改革之箭,箭箭中靶

2月7日,进入马年的第一次国务院常务会议,听取了关于2013年全国人大代表建议和全国政协委员提案办理工作的汇报。

一位与会者透露,这项议程在国务院常务会议的历史上从未出现过。他记得,2月7日那天,国务院的同志照例先行汇报,汇报内容对工作总体评价较好。

"看起来你对你的工作挺满意的,但我们还是要让人大、政协的同志发言,他们的意见才最重要。"李克强扭过头对准备发言的全国人大工作人员说,"你来讲,不要受他的制约。"在这位工作人员发言结束后,李克强又追问一句:"说说有什么问题?"同样,在全国政协的工作人员结束发言后,李克强也照样补上一句:"说说还有什么意见?"

会议的基调很明确:政府的权力来自人民,各项工作和决策必须体现人民意志。国务院各部门办理全国人大代表、全国政协委员提出的相关建议、提案,是接受全国人大及其常委会依法监督、全国政协民主监督的重要形式。而受领、办理建议和提

案,即是"接受人民监督、回应人民呼声的重要渠道"。

"改革的目的就是让人民受益,而回应关切正是通过兑现承诺来增进信任。"谈及新增的这一议程,一位工作人员这样评价。

在 2013 年的一次国务院常务会议上,李克强曾强调:"古人说,无信不立,政府必须有公信力,施政就是要以信为本。国务院和各部门确定的事,如果最后没落实,群众就难以对我们有信心。"

不出一个月,在另一次国务院常务会议上,李克强再次强调,国务院各部门不但要围绕改革"出题目",更要为推进改革"做答案"。

一位参加了新一届国务院所有常务会议的工作人员,总结这 38 次参会的感受时概括道:"就是要扭住改革不放,让改革之箭,箭箭中靶。"

来源:《中国青年报》2014 年 2 月 28 日
(本文引自《人民文摘》,2014 年第 4 期)

▲系列文摘

科人科语

从某种意义上说,建立符合科研规律的科技评价体系,营造良好的科研环境,使科研人员潜心做研究,是现阶段的一项紧迫任务,甚至比加大科研经费投入更重要。

——中国科学院生物物理研究所研究员张宏

当前我国的科教资源多集中于北京、上海等少数发达地区,建议对有基础、有条件的中西部区域中心城市,加快布局一批重大科学工程和国家实验室,大幅提升区域自主创新能力,形成长期稳定的科技和人才支撑。

——中国科学技术大学教授谢毅

科学普及是科学家的天职,目的是把科学知识传播给社会大众。只有把科学研究和科学普及结合起来,才能称得上是一位称职的科学工作者。所以,科学工作者应把自己的研究进展与研究内容告诉公众。这不是愿不愿意的问题,而是责任所在。

——中国科学院院士林群

科学研究要做真正意义上的原始性创新,而不是简单的集成创新。此外,要让创新为人类社会的发展领跑,创新的最终目的就是要让基础研究上书架,让应用研究上货架。

——中国科学院院士冯小明

来源:本栏目信息摘自《中国科学报》等
(本文引自《光明日报》,2015 年 8 月 14 日)